平松令三遺稿論文集
1

親鸞の生涯と高田門徒の展開

平松令三

法藏館

刊行の辞

真宗高田派法主　常磐井慈祥

平松令三先生の遺稿論文集が刊行されること、この上ない喜びです。今さら申し上げるまでもなく、平松先生は真宗および親鸞聖人に関する歴史学的研究においては第一人者で、右に出る者がありません。先生の研究は実証的かつ綿密ですが、それと共に独創的で先進的でもありました。現代の学界における親鸞像は平松先生の学説が基本になっているとして間違いありません。その先生の学説を、遺稿を元に再構成したのが本書ですが、随所に「平松史学」が溢れており、先生がお話しになっている口調やお顔までもが思い浮かぶような気がします。

さて、平松先生は私にとってもかけがえのない恩師の一人です。同じ歴史学を志した大先輩として、親鸞聖人や仏教史だけに留まらない多くの事をお教え頂きました。先生の博識ぶりには尋常ならざるものがありましたが、常に温厚で謙虚でいらっしゃいました。もっとも、学説の応酬には時には攻撃的と思われることもありましたが、これは学者としての研究意欲の強さの現れだったに違いありません。平松先生の提示された親鸞像はほぼそのまま私の親鸞像となっています。

先生の代表的な御著作としては、『真宗史論攷』（同朋舎出版、一九八八年）、『親鸞真蹟の研究』（法藏館、一九八八年）、『親鸞の生涯と思想』（吉川弘文館、二〇〇五年）が挙げられますが、私は『親鸞』〈歴史文化ライブラリー37〉（吉川弘文館、一九九八年）を第一に挙げたいと思います。この御著作は、先生の師である赤松俊秀先生の『親鸞』〈人物叢書〉（吉川弘文館、一九六一年）に拠りながらも、それを全面的にリメイクする画期的な書で、一般の読者にも親鸞聖人の人間的実像が的確に理解できる、類例を見ない好著です。私は、十数年来、東京の東方学院で親鸞聖人の生涯と思想に関する講義を担当させて頂いていますが、先生の『親鸞』を最初からテキストとして使わせて頂いております。

本書は、基本的に今までの先生の学説を復習する部分が多いかと思われますが、今まであまり知られていなかった「平松史学」の広さと深さを再発見する部分も少なくないことでしょう。さらに、「平松史学」の再評価は高田派および高田念仏の再評価にもつながるものとして、至上の意義があります。衷心より讃辞を呈するものです。

二〇二四年八月

親鸞の生涯と高田門徒の展開＊目次

刊行の辞……真宗高田派法主　常磐井慈祥　i

第一部　親鸞の生涯をめぐって

第一章　親鸞の生涯……5

一　つらかった幼年時代　5
二　比叡山二十年間の行実　13
三　六角堂での夢想をめぐって　16
四　法然門下の時代　29
五　越後流罪をめぐる諸問題　43
六　関東教化　55
七　帰洛とその後　68
八　遷化　82

第二章　親鸞の六角堂夢想について……86

一　なぜ六角堂に参籠したか　86
二　行者宿報偈文の問題点　95

第三章　後鳥羽院と親鸞……104
一　親鸞の著作の中に矛盾　104
二　承久の変が原因という松野説　106
三　尊敬した上皇とは誰か　107
四　「上皇」の意味　108
五　承久の変と親鸞　111
六　聖覚法印の説法　111
七　後鳥羽院配流に対する市民感情　113
八　怨霊への畏怖　115
九　親鸞の承久の変に対する感懐　117
十　源空讃の意図　119

第四章　善鸞義絶状の真偽について……123
一　義絶状偽作説に対する論争の経過　123
二　蔵田氏の善鸞事件虚構説　125
三　梅原隆章説について　129
四　顕智書写の底本　132

第二部　初期真宗教団と真仏・顕智

第一章　初期真宗教団の展開をめぐる諸学説……139
一　大谷廟堂から本願寺へ　139
二『親鸞伝絵』の成立と展開　144
三「絵系図」を必要とした教団　154
四　神祇と民衆への対応　158
付表　本章掲載文献一覧　160
第二章　真仏上人の生涯……164
一　生い立ち　164
二　出家　165
三　高田専修寺の草創　166
四　門弟たち　168
五　終焉　169
第三章　真仏上人の筆跡……170
一　親鸞聖人筆跡との誤認混同　170

二　真仏筆跡の発見　171
三　真仏筆跡の拡大　173
四　まだまだ出るか真仏筆跡　175

第四章　顕智上人の生涯……176

一　越後出身とする伝説　176
二　真仏上人の聟とする説　178
三　「ひじり」なればこその行状　179
四　関東教団の中での位置　181
五　大谷廟堂とのかかわり　183
六　終焉　185

第五章　新発見の古写本『三河念仏相承日記』……187

一　これまでの経緯　187
二　解説　189

第三部　下野国高田から伊勢国一身田へ――真宗高田派の展開――
第一章　下野国高田山専修寺史考……209
一　草創期の高田専修寺　209
二　中世期の専修寺　215
三　近世期の専修寺　218
第二章　寺内町一身田……224
一　江戸時代の景観　224
二　中世にも遡る寺内と地下　228
三　中世交通路と一身田の集落　231
四　惣村的自治の農村風景　234
五　国人領主と専修寺　237
六　貫徹していた無縁・公界の原理　242
七　中世的風景の終焉　246
第三章　専修寺真慧の教化について……252
一　初期真宗教団の伊勢国進出　252

二　真慧の出自についての問題について　254
三　真慧の加賀・越前などでの活動　255
四　真慧の伊勢国教化の通説とその疑問　259
五　一身田無量寿寺創立時期の補正　262
六　真慧の活動とその地域　263
七　室町幕府御料所と一身田無量寿寺　265
八　直参門徒の取りたて　266
九　野袈裟の創案　269
十　俗道場への簡易葬式用具設置　271

第四章　堯秀・堯円両上人の御事績とその背景……278

一　堯秀上人少年期の専修寺　278
二　堯秀上人の勉学　279
三　道場から寺院へ　282
四　江戸幕府の宗教統制と、越前と一身田との本山争い　285
五　堯秀上人大僧正昇進による受難　287
六　堯朝上人の死　290

七　寺地拡張　292
八　御堂を東面させるか、南面させるか　294
九　御堂建立は寛文六年か、どうか　297
十　「千部読む花のさかりの一身田」　299
十一　堯円上人の遺品　301
解題と補記　306

第五章　円猷上人御事績の歴史的意義……310

一　皇族出身法主の実現　311
二　円猷という命名をめぐって　312
三　十六弁裏菊紋の採用　313
四　如来堂建立の辛苦　314
五　一光三尊仏の出開帳　315
六　広域組織〝大講〟の状況　317
七　「三重郡廿八日講」について　318
八　講による伊勢国内高田派寺院の組織化　320
九　伊勢国三十六講　321
十　大講への積極的な御書の発給　322

十一　古文書学から見た御書の特徴　324
十二　円猷上人御書の歴史的意義　326
付記　円超上人の伝灯相承について　328

第六章　「かんこ踊」と「おんない念仏」……330
——顕智上人の濡れ衣を晴らす——

一　教団外の人々の眼に映った高田派教団の行事　330
二　高田派では踊り念仏を行っていたとの疑惑　331
三　鈴鹿市三日市の伝統行事「おんない念仏」　332
四　五来重氏の「おんない念仏」観　335
五　『顕正流義鈔』に対する誤評価　337
六　「おんない念仏」はやはり顕智上人忌の行事　338
七　『本願寺文書』による疑惑　340

初出一覧　342
図版一覧　345
解　説　349

凡例

一、章・節・見出しのつけ方など、一書としてなるべく体裁を統一するようにした。年号は和暦（西暦）とし、数字や単位記号の記載様式、語句の表記なども統一するように努めた。
一、本文は誤植も含め、明らかな間違いを修正した。ルビは、一般向けに多めに付けられているものもあるが、地名そのほか難読の語に限定して付した。地名は最新の住所表記にするように努めた。
一、漢字は原則として当用漢字を用いた。ただし人物名については、研究者名は正字で表記し、高田派歴代は平松令三責任編集『高田本山の法義と歴史』（同朋舎出版、一九九一年）の表記に準じた。人物に対する敬称は論文によって有無があるが、初出時のままとした。
一、真宗高田派の本山は「専修寺」であるが、初出論文には多く「高田専修寺」と表記されている。本書ではこれを尊重した。栃木県にある「本寺」専修寺は「栃木県専修寺」とした。
一、略称を統一した。例えば『顕浄土真実教行証文類』は、論文によって『教行信証』と『教行証』の二種類が用いられているが、本書では『教行信証』に統一した。ほかに『親鸞伝絵』『正統伝』など。
一、引用史料は、出典が明記されているものとされないものが論文によりまちまちである。また、註記することなく漢文を書き下し文にして引用したり、濁点や傍点などを私に付したりしたものもある。これらは初出のままとした。
一、註は、文末註か本文中に追い込みか、論文によって異なるが、初出時の形式を維持した。言及された研究文献に関しては、後学の便に供するため、編者がその出典情報を追記挿入したものがある。
一、図版は、遺品の紙焼き写真あるいは代替の写真を用い、なるべく初出時に近いものを掲載するようにした。しかし諸事情により、やむを得ず割愛したものもある。逆に、本文理解のため必要と判断した写真を追加したところがある。
一、必要に応じて編者による補註を付した。

親鸞の生涯と高田門徒の展開

第一部　親鸞の生涯をめぐって

第一章　親鸞の生涯

一　つらかった幼年時代

1　誕生をめぐって

親鸞聖人は、承安三年（一一七三）、日野有範の第一子として生まれた。この承安三年という年時については、親鸞晩年の自筆本の書写奥書などに年齢が書かれているので、それから逆算して確認することができる。たとえば津市高田派本山専修寺所蔵『西方指南抄』（国宝）上巻末の奥書に、

康元元年（一二五六）丙辰十月十三日

愚禿親鸞八十四歳　書之

（『親鸞聖人真蹟集成』第五巻、法藏館、一九七三年）

などその例は数多い。これらの年齢は、いうまでもなく当時の習俗によっていわゆる「数え歳」であるから、逆算すれば容易に生年を知ることができる。

しかし誕生の月日については、親鸞自身何も記しておらず、信頼できる古い史料にも全く記載がない。これは当時の社会が誕生日についての関心が薄かったためであろう。親鸞の誕生日を記した最も早い文献は、江戸時代初期

高田派の学僧普門が著した『絵伝撮要』（『真宗史料集成』第七巻、同朋舎、一九七五年）とされている。この書はまず親鸞の母堂に霊夢があって懐妊したことを記した上で、

十月満ジテ誕生シ給フナリ。比《コロホヒ》人王八十代高倉院承安三年発巳四月朔日ニ誕生シ給フ。

と記している。そして「十八公若」（「松若」の文字の分解）と名付けられたことも述べたのち、

爾ルニ、此ノ誕生ノ日ノコトハ諸伝ニ不レ記。下野《しもつけ》ノ縁記（起）ト云フ書アリ、作者ハ順信房トアリ。此レハサダメテ二十四輩ノ随一ナリ。此ノ伝流布ハナハダマレナリ。

（括弧内、濁点、句読点は平松。振り仮名も、適宜直したり、増やしたりした。以下同じ）

と註記している。『下野縁起』というからには、高田派関係の書籍のように思われるが、高田派にはそのような書は伝わっておらず、どうやらいかがわしい書籍のようである。したがってこの誕生日についての記事も信頼し難いが、ほかに所伝がないところから、その後の親鸞伝にはこれを掲げる向きが多かった。

そして明治六年（一八七三）、明治新政府によって、暦制が改正されたとき、太陽暦によって過去に遡及する換算が行われた結果、承安三年四月一日は太陽暦の西暦一一七三年五月二十一日に相当することが判明した。西本願寺などでは五月二十一日をもって親鸞の誕生日と認定し、明治七年（一八七四）五月二十一日に降誕会の祝典を初めて挙行し、それ以来、毎年この日をもって降誕会が挙行されてきている。

ちなみに、親鸞の遷化年月日についてもこのとき太陽暦換算が行われたことを付言しておきたい。親鸞は弘長二年十一月二十八日に遷化したのだが、これを太陽暦に換算すると、一二六三年一月十六日とのことである。これを重視した西本願寺や高田専修寺などでは、明治七年（一八七四）以降一月十六日を親鸞の祥月命日と認定し、それに基づいて報恩講を勤修している。

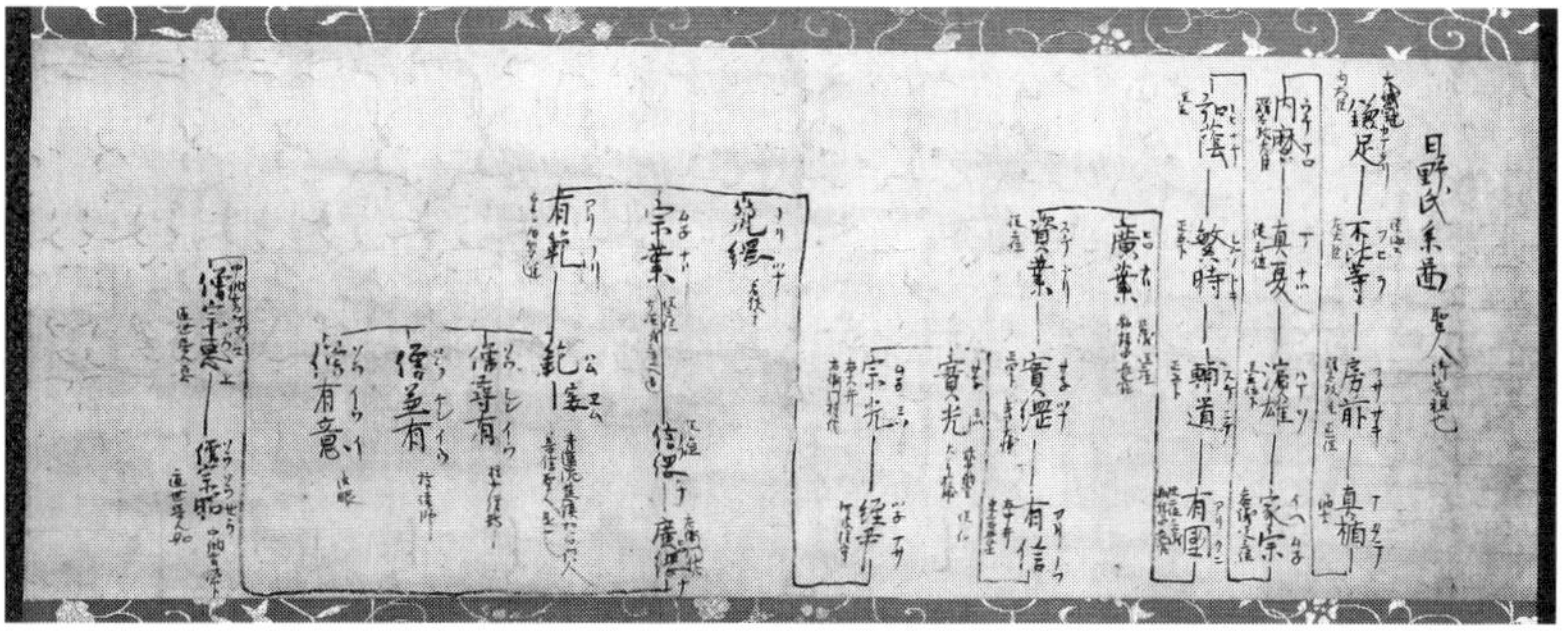

図1　日野氏系図（鎌倉時代・重文・高田専修寺蔵）
親鸞の家系を表示した系図で、現存するこの種の系図のうち最古と認められる。親鸞の名「範宴」を記すにあたって、「宴」の一字を縦棒一本で表示し、横に小さく「宴」と記すのは中世特有の敬称表記である。

2　中流貴族の家系

親鸞の生まれた日野氏については、親鸞の曽孫覚如が制作した『親鸞伝絵』（以下『伝絵』と略称する）冒頭の詞書に、

夫《それ》聖人の俗姓《ぞくしょう》は藤原氏、天児屋根尊《あまつこやねのみこと》二十一世の苗裔……

と誇らしげに述べている通り、藤原氏の一門であって、現在の京都市伏見区日野を本拠地としていたのでこの名がある。丈六の阿弥陀像で美術史上有名な法界寺はその氏寺であった。

もっとも大正年間、この経歴は親鸞を飾るための作り話だと疑われたこともあった。しかし諸先学の詳細な研究によって、決して偽作ではないと論証された。また戦後には、高田専修寺の宝庫から、上に写真（**図1**）を掲げたような鎌倉時代の日野氏系図（重文）が発見され、これによって日野氏説は事実であることが一段と確実になった。

日野氏は代々儒学をもって朝廷に仕え、氏祖の資業は従三位式部大輔まで昇進したが、日野氏一族ではそれが最高位で、貴族としては中堅クラスだったといっていいだろう。だが親鸞にとって祖父にあたる経尹については、南北朝期に作成された系図本『尊卑分脈』（『国史大系』）の日野氏系図（貞嗣卿孫の中）に「放埓人」（勝手きままで身持ちの悪い人）と

いう註記がつけられていたりするので、一族としては評判の良い方ではなかったらしい。

3　父有範の行実

親鸞の父有範は、『尊卑分脈』には「皇太后宮権大進」の肩書と「三室戸大進入道出家」との註記がついている。つまり、いったん皇太后宮職という役所に仕官して権大進というポストに就いてから、それを退職し、出家して三室戸（現在の宇治市菟道）に隠棲していたことがわかる。しかしどういうわけがあって出家したのかはわかっていない。

また皇太后宮権大進という役職だったというが、まず『伝絵』には「権」を欠いて「皇太后宮大進」としている。しかしこれは誤りであろう。こういう肩書は立派な偉いお役人のように思わせようとの意識が働いて、「権」の一字を削ったのであろう。皇太后宮職というのは、臨時に設置される令外官（律令によって規定された役所ではない役所）であって、しかも「大進」というのはその役所に勤務する役人の中では末席近くの役職で、『官位相当表』にあてはめると、正六位程度の官職でしかない。しかも「権」とは「副」の意味だから、それ以下ということになり、日野家のような貴族の出身者としては、まだまだ駆け出し程度のポストである。したがってその出家には裏に何か特別な事情があったのではないか、と勘繰られてもしかたがあるまい。

それかあらぬか、昔から有範は若くして死去した、との説が有力であった。それは『伝絵』上巻第一段の詞書と画面からの推測である。この段は親鸞が九歳のとき、父有範の兄範綱につれられて、叡山の有力僧だった慈円の坊舎へ行き、そこで剃髪してもらった、という段だが、問題はその得度の儀式に、父有範は同席せず、伯父範綱が後見役として同席している。次頁にその場面の絵の写真（**図2**）を掲げたが、幼童親鸞の背後に烏帽子をかぶり、衣

図2 『伝絵』親鸞得度の場面（重文・高田専修寺蔵）

冠をつけた、いかにも偉そうな貴族風の男が描かれている。息子が得度するのなら父親が同伴してやるのが常識だろうに、伯父が同伴している。しかも詞書をよく見ると、伯父範綱の下には割註して「聖人養父」と書かれている。親鸞は長男である。長男を養子に出すには何か特別な事情があったのではないか、と考えるのは当然であろう。

それについて明解な記述をしているのは、覚如の高弟乗専の著書で、文和元年（一三五二）の奥書を持つ『最須敬重絵詞』（以下『敬重絵詞』と略称する）にある次の記事である。

（親鸞は）俗姓ハ藤原、皇太后宮ノ大進有範ノ息男ナリ、幼稚ニシテ父ヲ喪シ給ケルヲ、伯父若狭三位範綱卿、猶子トシテ交衆ヲイタス。

このように父有範の若年死去が明記されているので、これが定説となっていた。

ところが、戦後しばらくして、西本願寺の宝庫から、覚如の長男存覚が書写した『無量寿経』が発見され、（補註1）その巻上の末尾に次のような奥書があって、従来の定説は逆転させられることになった。

その奥書は次のようなものである。

正平六歳（一三五一）辛卯十二月十五日切句差声畢、朱点是也。本者御室戸大進《みむろどのだいしん》入道殿有範聖人御親父御中陰之時、兼有《けんう》律師被レ加レ点之由、往年承置之間、

所レ写レ之也。外題《げだい》者、上人御筆也、少々不慮事等雖レ有之、併任本畢、先卒爾ニ写レ之、後日加二料簡一可レ点二他本一者也

存覚

これによると、父有範はその第三子、つまり親鸞の二番目の弟、兼有が成人して出家し、律師にもなり、経本に加点できるまでになってから死去したことがわかる。史料としての確度は、『敬重絵詞』よりもこちらの方が高いと認められるので、有範若年死去説は消し去らざるを得ない。

ともあれ有範という人は、早く出家しているらしいし、その上に若死というデマまで出されるというところを見ると、その生涯はあまり芳しいものではなかった、と推察される。

4　母吉光女

次に親鸞の母親についてであるが、源氏の出身で吉光女という名だったと言い伝えられている。しかし私はそれを確認する史料を知らない。伝承としては、愛知県岡崎市願照寺所蔵「親鸞絵伝」（『真宗重宝聚英』第四巻、同朋舎出版、一九八八年）第一幅最下段に、病臥しているらしい中年の女性が、枕許の幼童の頭を撫でている光景が描かれており、母が親鸞に出家するようさとしている場面だといわれている。とすれば、この絵伝は室町時代初期の制作であるから、親鸞の母にまつわる古い伝説と言えよう。しかしこの絵については、小山正文氏が『親鸞と真宗絵伝』（法藏館、二〇〇〇年）において指摘されたように、先行する法然絵伝からの流入と考えられるので、歴史事実に基づいたものというべきではあるまい。親鸞のその後の行動に影響を与えたのは、やはり先に記した父有範だったようである。

5　わずか九歳での出家得度

親鸞の出家については『伝絵』はその詞書に次のように記している。

興法《こうぼう》の因《いん》うちに萌《きざ》し、利生《りしよう》の縁《えん》ほかに催《もよお》しによりて、九歳の春の比《ころ》、阿《あ》伯《はく》従三位範綱卿（于時、従四位上、前若狭守 後白河上皇近臣、聖人養父）前大僧正（慈円、慈鎮和尚是也、法性寺殿御息、月輪殿長兄）の貴坊へ相具したてまつりて、鬢髪《びんぱつ》を剃除《たいじょ》したまひき。

例によってやや難解な語句が使われているが、ここではまず「興法利生」すなわち仏法を興隆し衆生に利益をもたらすため、九歳の春に剃髪した、というのである。しかしこの段の記述については、従前からいろいろと疑問が投げかけられている。その第一は、九歳といえば現代では小学校二、三年生の児童だが、そんな児童が「興法利生」というような高い理想を掲げて出家を自分で決意するだろうか、そんなことはあり得ない、という疑問で、出家の理由については先学の間でいろいろと議論されてきた。しかしいまだに定説をみていない。

次に私が疑問を感じるのは、出家得度の年齢である。「九歳の春」とはあまりにも早く、いささか異常という感がするからである。たとえば、親鸞の師法然の得度は十五歳であったし、親鸞の曽孫で『伝絵』の著者覚如の得度は十七歳であった。また親鸞と同時期の高僧日蓮は十六歳だったというし、親鸞と全く同じ承安三年生まれの高山寺明恵は十七歳であったという。

こうして並べてみると、親鸞の「九歳の春」とは、いささか疑問に思われる。しかしこれについて史料がほかにない以上、今は『伝絵』に従っておくしかしかたがない。そしてなぜそんなに早く出家させられたのかを考えてみることとする。

そこで改めて気がつくのは、親鸞を筆頭とする日野有範の子五人（系図によっては六人）の全員が出家して僧侶となっていることである。『尊卑分脈』を網羅的に詳しく調査した訳ではないが、ザッと頁をめくって見た限りでは、このように兄弟全員が僧侶となっている例は、ほかに認められなかった。

　この事実と親鸞の出家年齢の早いこと、および前項で触れた父有範が若くして官界から身を引いて隠棲したこと、親鸞を兄範綱の猶子としたこと、の四つを併せ考えると、これは有範が何らかの不祥事を起こし、日野家の一員として与えられていたはずの所領などを召し上げられた結果、生活が苦しくなり、子どもを寺院へ預けたからではなかろうか。幼年時代の親鸞は、こういう悲しく、つらい家庭環境の中で育ったと考えられる。

　それにしてもわずか九歳での出家とは、よほど窮迫していたのではあるまいか。

　この得度の件については、親鸞七百回大遠忌記念に刊行された『本願寺史』第一巻（浄土真宗本願寺派宗務所、一九六一年）においても大筋でほぼ同様に指摘されているところで、私もそれに同意したい。

　ところで、この得度が行われた場所について、付言しておかなければならない。『伝絵』には「前大僧正慈円の坊舎」と記しており、従来はそれを現在は京都東山にある青蓮院だと断定してきた。しかし赤松俊秀氏が史料を克明に調べると、親鸞が得度したという治承五年（一一八一）当時には、青蓮院は現在の地ではなく、比叡山の山上にあったことと、治承五年当時の青蓮院住職は慈円ではなかったことが判明して（『親鸞』〈人物叢書〉吉川弘文館、一九六一年）、従来の説は消えざるを得ないことになった。しかも先年、大阪大学の平雅行氏によって、治承五年当時の慈円はいまだ弟子を得度させる権限を持っていなかったことが発表され、『伝絵』の記載そのものが否定された（平雅行「若き日の親鸞」〈『真宗教学研究』第二六号、二〇〇五年〉）。ではどうなるのか、今はお先真っ暗の状態で、すべては今後の研究に俟たねばならない。

二　比叡山二十年間の行実

1　少納言公という名

出家した親鸞について、『伝絵』は、「範宴少納言公と号す」と記している。この「範宴」については、先に写真を掲げた専修寺所蔵の日野氏系図の親鸞の箇所が「範―《宴》」と表記されていることでもわかるのがその一つの証拠である。鎌倉時代に特別に尊敬する人の実名を標記しなければならない場合は、このように一字を隠して、それを傍らへ小さく書き加えるのが礼儀だった。専修寺の日野氏系図はその作法を忠実に実行しているのである。

ただこれから見て「範宴」が親鸞得度後に与えられた実名であることは『伝絵』の記す通りで、まちがいないと思われる。「範宴」の「範」が父有範から譲り受けたことは言うまでもない。それに対して「少納言公」については疑問がないわけではない。父有範は前記の通り「皇太后宮権大進」であって、とても少納言のような高官ではなかった。伯父の範綱や宗業は、官位の高い役職に就いてはいるが、史料に当たってみると、どちらも少納言という役職を経験していない。それなのになぜ「少納言公」という公名がつけられたのか、わかっていない。将来の研究課題として残さざるを得ない。

『伝絵』はこのあと親鸞が叡山でいろいろと勉強と修行に励んだことなどについて、格調高い文言を連ねるが、ほとんどが抽象的であって、具体的な事実としては、叡山の山内の横川首楞厳院が修行の場であった、というぐらいである。しかしそのことは、親鸞伝としては大きな意義を持つものと思われる。というのは、横川は恵心僧都源信が日本浄土教を大きく展開させた場である。横川での修行は、のちの親鸞思想の形成にあたって、底流となった

図３　『伝絵』親鸞が法然の禅房を訪れる場面（重文・高田専修寺蔵）

と思われるからである。

２　『伝絵』が描く比叡山での親鸞

『伝絵』は、詞書では抽象的な言葉を羅列するだけだが、絵では具体的な親鸞の姿を表現してみせる。それはここに写真（**図3**）を掲げた上巻第二段で、親鸞が吉水の禅房にいた法然を訪れたときの様子である。

まず門前に一台の輿が置かれていて、それを担いできたらしい人夫役の僧が二人ほど腰を下ろしている。そして門内に、白衣に白い袴をはき、白い五条袈裟を着け、首の後ろに三角形のいわゆる僧綱襟をつけ、木履を踏いて、禅房に向かってスックと立っているのが親鸞である。それは正に貴公子と呼ぶにふさわしい出立ちである。そしてその後ろに、従者らしい僧が一人かしこまっている。高田本『伝絵』はこの親鸞に、「聖人、聖道の行粧《カウサウ（よそおい》にて参ぜらるゝところ也」と註記（本文と同筆）している。

つまり親鸞は、従僧を一人従えて、輿に乗って比叡山からやって来たことを示しており、しかもその服装は比叡山僧侶の中で相当高いポストに就いていることを窺わせる。

『伝絵』から知るのはこれだけだが、江戸時代の親鸞伝になると、この傾向をさらに発展させる。たとえば『高田開山親鸞聖人正統伝』（以下『正統伝』と略称する。『真実史料集成』第七巻、同朋舎出版、一九七五年）では親鸞二十五歳のころに、「範宴ヲ少僧都ニ任ジ、聖光院ノ門跡ニスヱタマフ」とある。宗祖を偉大視する感情が、伝承を煽ぎたててここまでになった、と言えよう。

3　比叡山では堂僧だった

以上のような宗祖観を一挙に逆転させたのは、後にも述べる西本願寺での『恵信尼書状類』（重文、真宗教団では「恵信尼消息」と称している）の発見であった。その第三通の追而書が次のような文句で書き始められていたからである。

殿のひへ（比叡）のやまにだうそうつとめておはしましけるが……

この追而書の冒頭は、一部分だけを抜き出すと理解し難いかもしれないが、まず「殿」というのは、この恵信尼書状に頻出する語で、親鸞を指している。夫婦として生活しているころ、これが恵信尼の親鸞に対する呼びかけの言葉だったらしい。それからは親鸞に対する深い尊敬の気持ちを窺うことができよう。

次に問題となるのが、「だうそう」が何であるかであって、この書状発見当初はいろいろと議論になったが、今では比叡山の山上にある常行三昧堂の念仏僧ということで落ち着いている。この堂は阿弥陀如来像を本尊とし、その周囲を絶えず念仏をとなえながら廻って歩く僧が、延暦寺から任命されていた。それが「堂僧」であった。のちの親鸞の行動にも大きく関連しそうな職務の僧であった。と同時に、少僧都や聖光院門跡などとは全く無縁な平凡な僧であったことが明確になった。

三　六角堂での夢想をめぐって

1　法然門下への入門を記す文献

親鸞は、二十九歳の建仁元年（一二〇一）比叡山を下りて、京都東山の吉水に草庵を構えていた法然の門下に入った。以下これを「吉水入門」と略称する。従来はこれを「吉水入室」と称する向きが多かったが、「入室」というのは「住み込み」を意味することが多いらしいので、そういうまぎらわしい表現を避けて、本章では「吉水入門」と略称することとした。

この行実については、親鸞自身が自著の『顕浄土真実教行証文類』（以下『教行信証』と略称する）化身土巻のいわゆる後序の中で、

愚禿釈《ぐとくしやく》ノ鸞、建仁辛酉《かのとのとり》ノ暦《れき》、雑行《ぞうぎよう》ヲステヽ、本願ニ帰《き》ス。

と記していてまちがいないが、どういう動機で、どんな経緯をたどってそうなったのかは述べられていない。そこで『伝絵』の「吉水入門」段を見ると、次のように短い文章にとどまっている。

建仁第三《（ママ）》の暦春のころ聖人二十九歳、隠遁のこゝろざしにひかれて、源空《（法然）》聖人の吉水《よしみず》の禅房に尋参《たずねまいり》たまひき。

（ただ西本願寺本だけは「建仁第一の暦」とする）

この「建仁三年」というのは、明らかに『伝絵』の誤りである。しかしそれは単純なケアレスミスではなく、背景にあるものを思わせる。したがって詳しく検討すべきであるが、今は紙数に余裕がないので省略することとしたい。

それにしても、「隠遁のこゝろざしにひかれて」という一言で親鸞を法然のもとへ行かせるのは、あまりにも安易に過ぎるのではあるまいか。何分にも叡山を捨てて吉水へというには、親鸞の生涯にとって最大の方向転換だったはずだから、もう少し深刻な事態があったと考えるべきではないだろうか。

この設問に対して答えてくれるのは『恵信尼書状類』であろう。これは大正十年（一九二一）、西本願寺の宝庫から発見せられた親鸞の妻恵信尼の自筆書状類であって、下人譲状二通、書状（「消息」と呼ばれることもある）八通、『無量寿経』音読仮名書き下し一通よりなっている。これらは越後国に住んでいた恵信尼が、京都に住んでいた末娘の覚信尼へ書き送ったもので、女性の書状として当然のことながら平仮名書きで、細やかな感情をこめて、しかもみずみずしい迫力のある文章で綴られている。

しかもその内容は、これまでには知られていなかった親鸞の行実に関する記事が多く含まれていて、親鸞伝を大きくゆさぶった。とくにその第三通は、覚信尼から夫親鸞示寂の通知を受け取った後、しみじみと親鸞のことを想い起こし筆をとった書状である。

そんな状況下で書かれているので、深い感慨がこもるのは当然だが、とくに覚信尼の場合、年齢は四十歳だが、幼時に父親鸞と別れたので、詳しい行実は知らないだろうとの母としての思いやりから、格別にこまごまと親鸞の過去を書き綴ったものと思われる。次にその一端を述べることとする。

2　『恵信尼書状類』第三通に見る吉水入門

この書状は、まず恵信尼が親鸞の死去を報告した十二月一日付の覚信尼からの書状を、二十日過ぎに受け取った、との書き出しで始まる。その覚信尼の書状には、「父は偉大な宗教者と聞いていたので、臨終には阿弥陀如来のお迎えを暗示する芳香が漂ったり、妙なる音楽が聞こえてくるかと期待していたが、そんなことは何もなかった。父の浄土往生は大丈夫だったんだろうか」という意味の言葉が書き添えられていたらしい。

それに対して母恵信尼は、夫親鸞のご往生は「中々はじめて申におよばず候」と、親鸞の浄土への往生はまちがいないことを強調した上で、それを立証するかのようにその生涯を語り始めるのだが、まず「やまをいで丶、六かくだうに」とズバリ叡山を下りるところから始められていて、実に切れ味の良い語り口である。

やま《山》をいで丶、六かくだう《角堂》に百日こもら《籠》せ給て、ごせ《後世》をいのらせ給けるに、九十五日のあか月《暁》、しやうとくた《聖徳太》いし《子》のもん《文》をむすびて、じげん《示現》にあづからせ給て候ければ、やがてそのあか月いでさせ給て、ごせ《後世》のたすからんずるえん《縁》にあいまいらせ□《ん》とたづねまいらせて、ほうねん《法然》上人にあいまいらせて、……

これは言葉を少し補ってこの大意を現代語的に書き直してみると、

比叡山を下りた親鸞は、京都の六角堂へ行き、そこで百日間の参籠をした。すると九十五日目の暁に、聖徳太子が偈文を紙に書いて結び封にして出現していただいたので、まもなくその夜明け方に六角堂を出て、死んだ後に地獄に堕ちないように助けてもらえるような手がかりを教えてくれる人にお会いしたいものだと、あちこち探して、法然上人にお会いすることができた。

というのである。これは『伝絵』の「隠遁のこゝろざしにひかれて、源空聖人の吉水の禅房に尋参たまひき」というだけの抽象的な記事と違って、実に具体的で迫真的であって、歴史事実をそのまま伝えるものとして信頼したい気持ちにさせられる。ただ親鸞の六角堂参籠は、『伝絵』ではその次の段すなわち第三段に、吉水入門から二年後の建仁三年（一二〇三）親鸞三十一歳のときの出来事として、詳しく記されている。したがってこの両者を信用すると、親鸞は二十九歳のときと三十一歳のときと二度も六角堂へ参籠していることになって、いささか不自然な感がしないではないが、といって両者は親鸞伝には最も重要な史料なのだから、どちらも簡単に否定することはできない。となるとまず両者を共に事実だと認めたくなるのは当然だろう。

3　聖徳太子廟窟偈説

そこで問題になるのは、二十九歳のときの参籠では、「聖徳太子の文を結びて示現にあずかった」と恵信尼の書状にあるが、「聖徳太子の文」とはどういう文だったか、が書かれていないことである。恵信尼は追而書の最後のところで、

やまをいでゝ、六かくだうに百日こもらせ給て、ごせの事いのり申させ給ける、九十五日のあか月の御じげん《（示現）》のもんなり、ごらん候へとて、かきしるしてまいらせ候。

と書き終わっているところをみると、この「示現の文」だけを別紙に書いて同封して送って来たらしい。ところがその別紙が今は失われていて、何が書かれていたのか知る由もない。

そこでこの書状の発見以来いろいろと論議されてきた。何分にも「聖徳太子の文」というのだから、捜索範囲は限られている。そこで浮上したのはまず第一に「聖徳太子廟窟偈」ではないか、という説である。それは大阪府南河内郡太子町にある聖徳太子廟（俗に磯長廟といわれている）の中の洞窟に太子自ら筆をとって書き付けた、という伝説の偈文である。その内容は、この廟が聖徳太子とその母君および太子妃の三人を葬ってあることから、それを阿弥陀三尊のこの世に化現した姿だと説き、この廟へ参詣した者はみな臨終には極楽浄土へ往生させてやる、というものである。言うならば磯長太子廟を宣伝し、参詣を勧奨するＣＭみたいな内容である。

しかしこれが成立したのは平安時代極末期から鎌倉時代初期のことで、広く流布した。親鸞もこの偈文を信じた

らしく、自筆でこれを書写した断簡が金沢市専光寺に伝蔵されている（『親鸞聖人真蹟集成』第九巻、法藏館、一九七四年）。

聖徳太子に関する文で、浄土信仰に関係のありそうな文献はこれぐらいしか見あたらない。ということから、恵信尼が覚信尼へ書き送ったのはこれだろうとする説が一時有力だった。しかしこの説には大きな難点があった。それはこの偈文を夢見たのであれば、夢覚めたとき、まず磯長の太子廟へ直行したはずである。先に記したように、この廟へ参詣に来いと言っているのであって、親鸞を法然のもとへ押しやる推進力とはなり得ない、という大きな欠陥がある。それは致命的とも言えるので、今ではこの説をとる学者は少ない。

4　赤松俊秀説による新展開

そこへ登場し、恵信尼書状の解説に新しい息を吹き込んだのが赤松俊秀氏の『親鸞』（前掲書）であった。氏は大胆にも『伝絵』がまちがっていると論断した。『伝絵』上巻第二段（吉水入門）と第三段（六角堂夢想）とは、順序が逆になっている、というのである。もう少し詳しく言えば、親鸞が三十一歳の建仁三年（一二〇三）に六角堂に参籠し夢告を得たというのは、実は、二十九歳のときの行実であって、『伝絵』が吉水入門の二年後に六角堂へ参籠したとするのは誤りで、二十九歳吉水入門の前に六角堂へ参籠とすべきだ、と力説した。つまり六角堂へ参籠したのは二十九歳のとき一回だけであって、二回も参籠していないというのである。

『伝絵』は親鸞伝としては最も権威ある史料であって、各派の『真宗聖典』に必ず収載されている貴重史料であるが、赤松氏は大胆にもその記述を否定したのである。

その理由は、覚如が『伝絵』を制作した永仁三年（一二九五）には、まだ二十六歳の若輩であったこと、そしてそのころ彼は『恵信尼書状類』の存在を知らなかったこと、徳治二年（一三〇七）四月十二日に父覚恵が死去して、その初七日にあたる四月十六日に、この書状類を相続して初めて知ったのだ、と述べている。『恵信尼書状類』にはあちこち別筆の書き入れがあるが、氏はそれを父覚恵の筆跡と覚如の筆跡と区別して、その意味を考え、とくに第五通末尾にある「徳治二年丁未四月十六日」が父の中陰中で、そのような年時だと見抜いたのは赤松氏の慧眼であった。

ただ覚如はこのとき三十八歳だったが、二十六歳のときに作った『伝絵』の誤りに気づいたはずなのに、終生これを訂正しようとしなかった。八十二歳で没するまで両三度『伝絵』の増補改訂などを行っているのに、この吉水入門と六角堂夢想との順序の逆転には手をつけなかった。その理由について、赤松氏の説明にやや不適切な表現があったため、非難の声をあびせた学者もあったが、『伝絵』上巻の第二段と第三段とを逆転して、六角堂夢想を経てから吉水の法然を訪れたとする大筋は、大多数の研究者の支持を得たようである。

5　行者宿報偈文の夢告

赤松説が正しいとすると、六角堂での聖徳太子の夢告文は、『伝絵』上巻第三段に詳しく述べられている「行者宿報設女犯云々」の四句の偈文ということにならざるを得ない。この際少し気になるのは、恵信尼の書状には、先に引用したように、「聖徳太子の文」となっているのに、『伝絵』はこの段は、六角堂の救世菩薩が親鸞の夢の中に現れて、この偈文を教えたというのであって、聖徳太子の名は出ていない点である。しかしこれは懸念には及ぶまい。救世観音という観音は、聖徳太子の本地仏として広く信仰せられていて、同一視されることもしばしばあったので、恵信尼が混同したのだろう。

図4　高田派第二世真仏筆「親鸞夢記云」（重文・高田専修寺蔵）

次にこの偈文や『伝絵』の記事には、有力な味方がいる。それはここに写真（**図4**）を掲げた高田専修寺所蔵の「親鸞夢記云」との題で書かれている一軸である。その全文を読み下し文にしてみると次のようになる。

親鸞夢記云（ニイワク）
六角堂ノ救世《くせ》大菩薩、顔容端政《けんようたんじやう》ノ僧形《そうぎやう》ヲ示現《じげん》シ、白納《しろきのう》ノ御袈裟ヲ服《ふく》著《ちやく》セシメ、広大ノ白蓮ニ端座《たんざ》シテ、善信（親鸞）ニ告命《がうみやう》シテ　言《のたまは》ク、
行者宿報設女犯（行者宿報《ぎようじやしゆくほう》ニテタトヒ女犯《によぼん》ストモ）
我成玉女身被犯（我玉女《われぎよくによ》ノ身トナリテ犯《ぼん》セラレム）
一生之間能荘厳（一生ノ間《あいだ》ヨク荘厳《しようごん》シテ）
臨終引導生極楽（臨終ニ引導《いんどう》シテ極楽ニ生《しよう》ゼシメム）文
救世菩薩此ノ文《もん》ヲ誦《じゆ》シテ言ク、此ノ文ハ吾誓願《わがせいがん》ナリ。一切群生ニ説キ聞カスベシト告命《がうみやう》シタマヘリ、斯《こ》ノ告命ニヨツテ、数千万ノ有情《うじやう》ニコレヲ聞カシムト覚《おぼえ》テ夢悟了《さめをはん》ヌ。

この筆跡は親鸞の筆癖に倣ったものであり、片仮名も「キ」を「乀」と書くなど鎌倉時代の字体で書かれている。そのため専修寺では親鸞の真蹟と認定してきた。とくに冒頭の「親鸞夢記云」の一句において、親鸞に対し聖人号を加えていないことから、親鸞自筆説が強かった。

しかし高田派内研究者の間で親鸞の筆跡についての研究が進んでくると、

これに疑問を寄せる声が高まり、昭和九年（一九三四）の『高田学報』第九輯「真仏上人研究」号編集にあたって、宝庫の精密な調査が行われた結果、これは親鸞自筆ではなく、親鸞の直弟真仏（高田派第二世）の自筆ノート『経釈文聞書』の中から三頁分だけ取りだして掛幅装にしたものだとわかった（『影印高田古典』第一巻「真仏上人集」真宗高田派宗務院、一九九六年参照）。

これが親鸞真蹟でないとわかると、この一幅の評価はぐんと下がると思いきや、学界では今までが真偽未決に近い取り扱いとなっていただけに、その正体がはっきりしたことに加えて、真仏が親鸞より四年前の正嘉二年（一二五八）に亡くなっているので、これは親鸞在世中に直弟によって書かれたことはまちがいないというので、史料としての評価は逆に急上昇した。つまり親鸞は生前に『親鸞夢記』というノート風のものを自筆で作っていて、それを真仏など一部の高弟にも見せていたことが明らかとなった。『伝絵』上巻第三段も前半はこれと全く同文だから、覚如もその自筆本またはその写本を見て『伝絵』制作の資料としたと思われる。そして『伝絵』の引用状況を見ると、前半は真仏の書写した「親鸞夢記云」の通りだが、後半はもう少し註記風の記事を付属して書き続けている。後に述べるように、この偈文が親鸞を法然の禅房へ行かせた一因ともなったようである。

ついでに付言すると、この『親鸞夢記』の制作は、親鸞が法然門下だった時代のような早い時期ではなく、老後の八十三、四歳以後ではなかろうか。というのはこの文中に「有情」という語が使われているからである。これは生桑完明氏が生前に、いろいろの論文で指摘しておられるところで、親鸞は建長七年（一二五五、八十三歳）ごろを境に、「衆生」の語を「有情」と取り替えて使用するようになったらしい。その「有情」がこの『親鸞夢記』にも使われているからである。もう一つは、「告命善信言」の「善」の字が、「菩薩」の「菩」の字に似た字体となっている点である。これは親鸞の八十歳代の筆跡に特徴的に現れる字体として知られている。これも『親鸞夢記』の原本が、親鸞八十歳以降に書かれていたであろうことを推測させる理由の一つである。

晩年になって壮年期の夢を記録するというのはどういう意図があったのだろうか、今後の研究課題である。

6　「やま」を下りた理由

以上のようにして、『恵信尼書状類』第三通に付属していた聖徳太子示現の文が「行者宿報偈文」だったと確定すると、この書状についてはいろいろと検討されるべき余地のあることに気がつく。次にそれを追究してみたい。

先に記したようにこの書状（第三通）は、親鸞の生涯を語り始めるにあたって、「やまをいでて」と比叡山を下りるところから始めていて、これが親鸞の生涯での重要なポイントであったことを暗に示しているが、なぜ親鸞が「やま」を下りることにしたのか、その理由は書かれていない。何分にも二十年間修行を積んだこの山を下りるについては、なみなみならぬ決意が必要だったのではないかと思われる。そこで従来から学界ではいろいろ討議されてきた。その中で最も有力だったのは、叡山腐敗堕落説である。そのころの叡山は、裕福な貴族の子弟が荘園を手みやげに入山し、叡山の上級ポストに就任する、という風潮が顕著になっていた。そんな叡山の腐敗堕落が進行していたのに対して、正義感の強い親鸞は嫌気がさして、比叡山を見限ったのだ、という説である。この説は今も残ってはいる。しかしそれなら親鸞は静かで深遠な修行の場を求めてそこへ行ったはずである。六角堂のような、京都市街のド真ん中にある俗っぽい寺院へ行った理由が理解できない。その点から高度な修行の場を求めての下山であったとは考えられないのである。

それに対して恵信尼の書状は、「やまをいで〻、六かくだうに百日こもらせ給て、ごせ《後世》をいのらせ給けるに」と書いているから、「後世」を祈るための下山であったことは明らかである。誰のためでもない、自分の「後世」を祈るためだったのである。

ではなぜ後世を祈るのか、というと、六角堂で得た夢告でもってその答えを出そうとしたのが赤松俊秀氏（前掲書）であった。六角堂の偈文はまことに難解だが、次のように理解できる。

行者宿報設女犯　我成玉女身被犯
一生之間能荘厳　臨終引導生極楽

この偈文の大意は、

仏道を修行する者が、前世からの報いによって、たとい女犯をするということになった場合でも、私（救世観音）が玉のような美しい女の体になって、その女犯の相手をしてやろう。そして一生の間、その行者にきっちりとつかえて、臨終には導いて極楽浄土へ往生させてやろう。

ということになり、女犯という破戒行為を正当化する訳である。

比叡山を下りた親鸞が、六角堂の観音に祈ったところ、こういうセクシュアルな夢を見たということは、比叡山を下りる原因がそういうセクシュアルなものだったのではないか、と赤松氏は推測した。そして下山の動機は「性の悩み」と断定したのであった。

この赤松説は大きな反響を呼び、学界は動揺した。とくに教団の幹部の人々の中には、「赤松は宗祖を性欲の奴隷にしようとしている」と強い非難の声をあげる人もあった。それに対して若い研究者には赤松説に共感する声が多く聞かれた。

ことに大谷大学の名畑崇氏が真宗連合学会第十回大会において、「親鸞聖人の六角夢想の偈について」という題で研究発表を行い、この行者宿報偈文は、親鸞の少し先輩にあたる金胎房覚禅という密教僧の著『覚禅鈔』に収載されている如意輪の文と酷似しており、これが親鸞の意識の底に眠っていて、それが六角堂での夢となって現れたのではないか、と指摘した。この研究発表はのちに『真宗研究』第八輯（一九六三年）に掲載された。これは赤松説をバックアップすることにもなり、赤松説は次第に優勢となっていった。私も赤松説を支持する者の一人であるが、一言付け加えておきたいのは、論者の中には、この偈文をもって「女犯の解禁」とか、「妻帯の承認」などと理解する向きがあるらしいことである。私はそこまで拡大解釈すべきではないと考える。「行者宿報設女犯」という字句からは、女犯がただ単なる性欲によるものではなく、前世からの「宿報」であり、しかも「設へ」とあるから、「今後仮に」という仮定に立ってのことである。その点を踏まえて論じなければなるまい。

「性の悩み」といっても、単純な性的欲望のためというのではなく、親鸞はいくら修行を積んでも、性的欲望を断ち切ることのできない自分に絶望して、山を下り、六角堂の観音に今後の自分はどう行動したらよいのか指示をもとめようとして参籠したのではあるまいか。

7　夢の中での比叡山への訣別

六角堂の夢想は、以上のように絶望の底にあった親鸞に、一筋の光明を与えるものであった。ところが、親鸞の曽孫で、親鸞の生涯の絵巻物を制作した覚如は、制作に際して、そうしたセクシュアルな女性問題には触れたくなかったようで、この偈文について全く別の見解を下している。それを追究してみたい。

先に示した『親鸞夢記』の記事に続けて覚如は、「倩《つらつら》此《この》記録を抜《ひら》きて彼夢想を案ずるに」と自分の意見を長々と述べ始める。その中で注目されるのは、六角堂から東方の群衆に向かってこの夢想を説き聞かせたのは、後年に親鸞が東国に入って、民衆を教化したことの前触れだ、六角堂の夢想は東国真宗繁昌の前兆だった、と主張するので

図５　『伝絵』「六角堂夢想」の場面（重文・高田専修寺蔵）

ある。そして『伝絵』下巻の第二段において、親鸞越後流罪のあと、東国に入って教化を行ったところ、成功し繁昌したことを記した上で、「此の時聖人仰せられて云く、救世菩薩の告命を受し往《いにしえ》の夢、既に今と符合せり」と述べて、六角夢想段の記述と辻褄を合わせようとしている。

しかしこれはあまりにも強引な、こじつけ的な辻褄合わせではあるまいか。親鸞は東国教化の最中に、仏教東漸と思い合わせて、そんな感慨を抱き、それをポツリと言葉にしたかもしれないが、六角堂参籠のころにはそんな後年のことなどが念頭に浮かぶはずはないからである。

六角堂から東方に向かってこの偈文を宣説したという夢について、真仏は書き写していないけれども、『親鸞夢記』に書かれていたであろうことは、この段の画面が証明してくれる。

この段の画面は、ここに写真（**図５**）を掲げたように、六角堂の御堂が大きく描かれ、その室内で親鸞は居眠りをしていて、その傍らに白衣の観音がいて、親鸞に偈文を授けているらしい様子が描かれている。その一方で、それと同じ画面の中で、堂の向かって右の縁側に立った親鸞が、さらに右方の山の群衆に向かって叫んでいる様子を描いている。六角堂の本堂は、今も昔も南面だから、親鸞が立っているのは東の縁側ということになり、親鸞は堂の中で観音から夢告を得ると共に、東の縁側に出て、そこから東方の高山の群衆に向かって叫んでいることになる。親鸞が一つの画面の二か所に描かれているので、不合理に思われるかもしれないが、これは「異時同図画法」といって、鎌倉時代の絵巻などで、主人公の動きを画面に強調して表現する際にしばしば使われる画法であった。したがってこの画面で異時同図画法が使われているのは、詞書を忠実に絵にしているのである。

親鸞は夢告を得て、それを東方の山岳の群衆に伝えるために、東の縁側へ動いたことを表現しているのである。しかし覚如の時代にはその行動の意味がすでに忘れられてしまっていたので、こじつけた解釈をしたのではあるまいか。今改めてこれを考え直してみると、六角堂から東方に見える高山といえば、比叡山しかないのだから、親鸞は比叡山に向かって叫んだことになる。ということは、親鸞が夢の中で、比叡山とそこに群がる人々に対して、「俺はこれからは行者宿報偈に従って、女犯を恐れずに行動するんだ」、との訣別宣言をしている夢を描いた図ということになる。

宣説を終わったところで夢は覚めた。しかしそこで親鸞の心に残ったのは、救世菩薩の「一切群生ニ説キ聞カスベシ」との告命である。つまり観音様はこの偈文を親鸞に教えてくれただけでなく、「これを広く社会の人々に説き聞かせなさい」、と命令しているのである。自分一人の問題ではないのである。

そこで親鸞は六角堂を出て、誰かこうした問題を共に考え、共に行動してくれる人はいないか探し廻って、法然のところへ行きついたのであった。

四　法然門下の時代

1　法然への傾倒

六角堂での夢告を得て寺を後にした親鸞は、法然を訪ねて京都東山の吉水の草庵へきたが、そのときその場で眼から鱗が落ちるように、「雑行を棄てて本願に帰」したかというと、そうではなかった。『恵信尼書状類』第三通によると、親鸞は六角堂へ参籠したときと同じように、また百か日間、「降るにも照るにも、いかなる大事[補註2]にも、まいりて」、と通いつめてようやく眼が覚めたらしい。なぜ百日もかかったのか、その辺の事情は何も書かれていない。二十年もの間、比叡山での修行で身に沁み込んでいたものを洗い落とすのには、それだけの日数が必要だったのだろうか。ただ決断したときの心中は、次のように記されている。

たゞごせ《後世》の事は、よき《善》人にも、あしきにもおなじやうに、しやうじ《生死》いづべきみち《道》をば、たゞ一すぢ《筋》におほせられ候しをうけ給はりさだめて候しかば、しやうにん《上人》のわたらせ給はんところには、人はいかにも申せ、たとひあくだう《悪道》にわたら□《せ》給べしと申とも、せゝ《世々》しやう〳〵《生々》にもまよひ《迷》ければこそありけめとまで思まいらするみ《身》なればと、やう〳〵に人の申候し時も、おほせ候しなり。

これはいささか「くどい」という感はあるものの、それは八十二歳の老婆の筆なんだからしかたがないと許せば、文章はすごい迫力のある記述で、納得させられるのではあるまいか。その内容も、「よき人（善人）にもあしき（悪人）にも同じように生死出ずべき道をばただ一筋に」というのは、いわゆる悪人正機説とはちょっと違うかもしれないが、「上人の渡らせ給わん処には、人はいかにも申せ、たとい悪道に渡らせ給うべしと申すとも、世々生々にも迷いければこそありけめとまで思いまいらする身なれば」というあたりは、『歎異抄』第二条の「タトヒ法然聖人ニスカサレマヒラセテ、念仏シテ地獄ニオチタリトモ、サラニ後悔スベカラズサフラウ」という有名なくだりのあたりの気分と全く同じである。親鸞は恵信尼にも門弟らにも同じように話していたのだろう。

恵信尼の文字は、そのときの感動の大きさを窺い知らせてくれる。百日という時間は要したけれども、法然との出会いはやはり衝撃的だったに違いない。だからこそ、妻恵信尼にも門弟らにもそのときの心情を同じように語ったのであろう。

2　『選択本願念仏集』の相伝

法然門下へ入門後の最初の大きな出来事は、入門からわずか四年目にあたる三十三歳のとき、法然からその著『選択本願念仏集』（以下『選択集』と略称する）の書写と、師法然の肖像画の制作を許されたことであった。どちらも親鸞の自著『教行信証』化身土巻の後序に自ら詳しく記している。親鸞にとっては、とても嬉しかったようで、「悲喜ノ涙ヲ抑ヘテ由来ノ縁ヲ註ス」（原漢文）とまで書いている。

この『選択集』は親鸞も註記しているように、法然が六十六歳の建久九年（一一九八）、前関白九条兼実の請によって著した書で、法然の思想が体系的に述べられており、浄土宗の根本聖典とされている。ただ注目されるのはその奥書である。

コヒネガハクバ、ヒトタビ高覧ヲヘテノチ、壁ノ底ニウヅミテ、窓ノ前ニノコスコトナカレ。ヲソラクハ、破法ノ人ヲシテ、悪道ニ堕セシメザランガタメナリ。（原漢文）

一般に著書を制作したとき、できるだけ多くの人に読んでもらいたい、というのが著者の本音だろう。それを日本人の多くは、「拙いもので人前に出すほどのものではありませんが、おひまなときにどうか御読みください」などと奥書することがある。しかしこの『選択集』の奥書は、そういう謙虚な気持ちで書かれたものでないことは、この語調からして瞭然であろう。それはこの奥書に「破法人」の出るのを心配していることからわかるように、この書が当時としてはあまりにも革新的で刺激的であったため、旧仏教側の反撃を招き、悪くすると叩きつぶされそうな危険が感じられたからだろう。そしてこの二年後から、法然の杞憂は現実となって現れるのだが、それについては後に述べる。

ともあれ、『選択集』はこうした非公開の「秘書」として誕生した。そして九条兼実に贈呈された後は、法然門弟のうち格別に信頼の厚いごく一部の人にだけ見写が許された。そのメンバーについては、細川行信氏（『法然――その生涯と教え――』法藏館、一九七九年）などいろいろの研究があるが、それらを総合すると、それはわずかに十名前後のようである。

親鸞がそのうちの一人であることは言うまでもない。『教行信証』化身土巻の後序に、「元久乙丑《きのとのうし》ノトシ恩恕《おんじょ》ヲカウフリテ選択《せんじゃく》ヲ書シキ」と記している。「元久乙丑歳」は元久二年（一二〇五）、親鸞三十三歳にあたる。

それは思いがけぬことだったらしいが、それだけでなくさらに思いがけなかったのは、「オナジキトシ初夏中旬第四日、選択本願念仏集ノ内題ノ字ナラビニ南无阿弥陀仏往生之業念仏為本ト、釈ノ綽空《しゃくくう》ノ字ト空《くう》ノ真筆ヲモテコレヲ書カシメタマヒキ」と法然自ら筆をとって、この本の内題や名号、さらには「綽空」というその当時の親鸞の名前まで書いて与えた、というのである。それは四月十四日のことだった、と月日まで明記しているところをみると、親鸞はそれをどこかへ書き留めておいたのだろう。そんなところにも親鸞の喜びようがわかる。

ここで不思議なのは、その『選択集』がどこにも伝わっていないことである。伝わっていないどころか、それを書写したという記録はもちろん伝説すらない。九条兼実に与えた本の奥書の文字通り「壁の底」に塗り込んでしまったのだろうか。

親鸞は晩年になって、関東の門弟たちにいろいろな聖教を読むように推薦しているが、その中に『選択集』の名は一度も現れていない。親鸞は法然の指示を頑固なくらい忠実に守り続けたのであろうか。

3　法然肖像画の制作と相承

『教行信証』の「後序」は先の『選択集』への法然加筆の記事に続けて、

オナジキ日、空《くう》ノ真影《しんねい》申シ預カリテ、図画シタテマツル。オナジキ二年閏七月下旬第九日、真影ノ銘ハ、真筆ヲモテ南无阿弥陀仏ト若我成仏十方衆生、称我名号下至十声、若不生者不取正覚、彼仏今現在成仏、当知本誓重願不虚、衆生称念必得往生ノ真文《しんもん》トヲ書カシメタマヒキ。

と法然の肖像画の制作について記している。師資相承が著書と肖像画との一セットで行われたことを示す好例として著聞するところであるが、この記事でまず注目されるのは「空ノ真影申シ預カリテ」という点にある。つまり法然の肖像画を作るのに際して、本人をモデルにして直接スケッチしたのではなく、手本になる肖像画があらかじめ作られていて、それを貸し出し複写させて制作したらしいのである。このことに気付いて指摘されたのは小山正文氏で、『真宗重宝聚英』第六巻（同朋舎出版、一九八八年）の全体解説（二六二頁以下）において論じられている。日本の絵画史上にこんな例がどれだけあったか、私は寡聞にして存知しないが、法然がこういう手段をとったのは、門弟の間に肖像画を欲しがる傾向が強かったためではなかろうか。『法然上人行状絵図』などの法然伝を見ると、いろんな門弟の求めに応じて肖像画を制作させたとの説話が数多く収載されている。各宗の宗祖などの高僧で、これほど多く「寿像」（生前の肖像）を制作させたとの伝承を持つ僧侶はほかにないのではなかろうか。

ちょうどそのころ中国大陸では宋朝の時代で、禅宗が興隆し、「頂相《ちんぞう》」といわれる肖像画による師資相承が盛んになりつつあった。そんな頂相がいくつか日本へも伝えられたことが知られている。法然の寿像のしきりな制作の背景には、そんな風潮も考えられるかもしれない。またそんな寿像の制作にあたって、右に記したように「親本」とも言える一本を制作しておいて、それを弟子に貸し出して複写して作らせるという手法も、あるいは中国からの伝来かもしれない。

そんなことを視野に入れながら、親鸞が得た法然の肖像画について検討してみたい。実は「これがその画だ」という法然像が、愛知県岡崎市妙源寺（高田派）に伝蔵されているからである。

4　妙源寺本「選択相伝の御影」について

妙源寺は境内の太子堂（通称「柳堂」）が正和三年（一三一四）の棟札を持つ古建築で、重要文化財に指定されており、寺宝では親鸞・法然・善光寺の各絵伝がそれぞれ重要文化財に指定されているという、真宗寺院としては極めて豊富な文化財を持つ寺院であるが、そこに伝わる法然像「選択相伝の御影」は、右の『教行信証』「後序」に記された肖像と言い伝える。次頁に写真（**図6**）を掲げたこの像は、絹本著色、縦五四・一センチメートル、横二七・九センチメートルの比較的小柄な掛軸で、高麗縁上畳に、黒衣墨袈裟を着て斜め左向きに坐する法然を描く。口許に無精髭を生やしているのと、畳の前に草履一足がぬいであるのが、この画の特徴である。

像の右上隅には、白く下地を施し銀色の雷文繋ぎで縁どりした短冊型を作って、「南無阿弥陀仏」の六字名号を墨書し、その左に善導の『往生礼讃』の中の「本願加減文」と俗称される文言を六行にして料絹へ直に墨書する。

図６　「選択相伝の御影」（岡崎市妙源寺蔵）

この賛銘と名号とが法然自筆と言い伝えている。

この名号と『往生礼讃』文とは、先に記した『教行信証』の「後序」に記されているところと対比すると、六字名号の「南無」が、『教行信証』では親鸞お得意の「南无」なのに対して、この像の方は一般的な「南無」となっているという違いがあるほか、像の賛銘には、第一行が「若我成仏十方衆生称我」となっているのに、第二行が「称我名号下至十声……」と、「称我」の二字を誤まって二度も書いているという全くのケアレスミスがあるが、『教行信証』には二度も重複させず、正しく書いている。違いはそれだけであって、それ以外は両者全く同様である。とくに問題になるのは、賛銘のうち「彼仏今現在成仏」というのは、『往生礼讃』の原本には「彼仏今現在世成仏」とあるのに、「世」の一字を欠落させているという点である。しかもこの賛銘と『教行信証』の記事とは一致している点が注目される。これも先の「称我」と同じく法然のケアレスミスではないかと疑われるのだが、それは修正せず、そっくり賛銘の通りに記されているのである。その点から、これが寺伝の通り法然から親鸞へ書き与えられた御影である可能性は極めて高いと考えられよう。

そこでこの名号と賛銘の筆跡を、すでに法然の自筆と認定せられているほかの筆跡と比較してみると、ほとんど一致すると認めてよいようである。たとえば六字名号は、京都市廬山寺本『選択集』（重文）巻頭の六字名号と一致するし、賛銘は京都市清涼寺の熊谷入道直実宛法然自筆書状（重文）と対比すれば、「願」や「念」などの共通字をはじめ書風が全く同一であって、同筆と認められる。

ではこれを親鸞が伝授された法然御影そのものとして認定してよいかとなると、異論をとなえる向きがある。それは美術史の専門家であって、「この画像はその描法から見て、鎌倉時代にまで遡り得ないのではないか」と言うのである。美術史に弱い我々としてはタジタジとならざるを得ないが、先に述べたように、この画は法然本人を直接スケッチしたものではなく、親本からの転写本だったので、写実性に欠けるのは止むを得ないことであり、しかもその画家の画技が当代一流とは言えなかったことや、若干近世の補筆もあるために、現存する鎌倉時代の肖像画（ほとんどが重要文化財指定）とくらべれば、遜色のあるのは否めず、それが美術史家の心象を損じ、時代判定に影響を与えたのではあるまいか。

次に問題となるのは、右に述べたように、これが「親本」からの転写本だったとなると、ほかに類本の存在する可能性がある。そこで現存する法然像を調べてみると、福岡県久留米市善導寺（浄土宗）に所蔵される法然像が妙源寺本と同一図型で、図上の賛銘も同文であることがわかってきた。もっともこの図は上畳の前の草履が描かれていないとか、賛銘では六字名号に「往生之業念仏為本」のいわゆる標宗の文が加えられていたり、『往生礼讃』の文では、妙源寺本では欠落している「世」の一字がキチンと書かれているところを見ると、この本は妙源寺本とは直接の相互関係はないことがわかる。このことは一つの「親本」から別々に制作されたことを示唆する。

そして善導寺本には、料絹の裏面へ直接に「元久二年二月十三日」の墨書がされているという。現存の画像がこの元久二年（一二〇五）二月のものか、あるいはその後の模写かは問題のあるところだが、模本であるとしても、その原本が元久二年二月に制作されたことはまずまちがいなかろう。『教行信証』「後序」に記す親鸞の法然像制作も、同じ元久二年である。となると、法然真影の親本は、その年の二月には善導寺本制作者に貸し出されて一本が制作され、その四月十四日に親鸞に貸し出され、閏七月二十九日までかかってもう一本が制作されたことになる。それが妙源寺に伝わる「選択相伝の御影」であることは、もう言うまでもあるまい。

それにしても、以上の賛銘の状況から推察されるのは、法然という人はザックバランな性格なのに対して、親鸞は緻密に事にあたる性格であり、師の誤りも明確にケアレスミスとわかるもの以外は、誤りらしいと思われても、自分の作為を加えず、師の書かれた通り忠実に従うという姿勢である。

後年、覚如が『口伝鈔』第十章において、この賛銘の「世」の一字欠落について言及している。彼はこの「世」の一字欠落をミスではなく、わざと省略したのだ、と述べている。「世」のない方がよく意味が通じるという。随分「こじつけ」た解釈だと思うが、その当否は別として、そうした自分の我意によって作り換えようとしないで、師の書かれたものは素直にそのまま受け入れているところに、親鸞の性格の一端が窺えるように思うのだが、如何だろうか。

5　「信行両座」のドラマ

親鸞の法然門下時代の行実として、『伝絵』上巻第六段には「信行両座」といわれる出来事が収載されている（次頁**図7**）。それは法然の門弟たちの意識を調査してみようと親鸞が提案して、門弟三百余人参集の際に、「信不

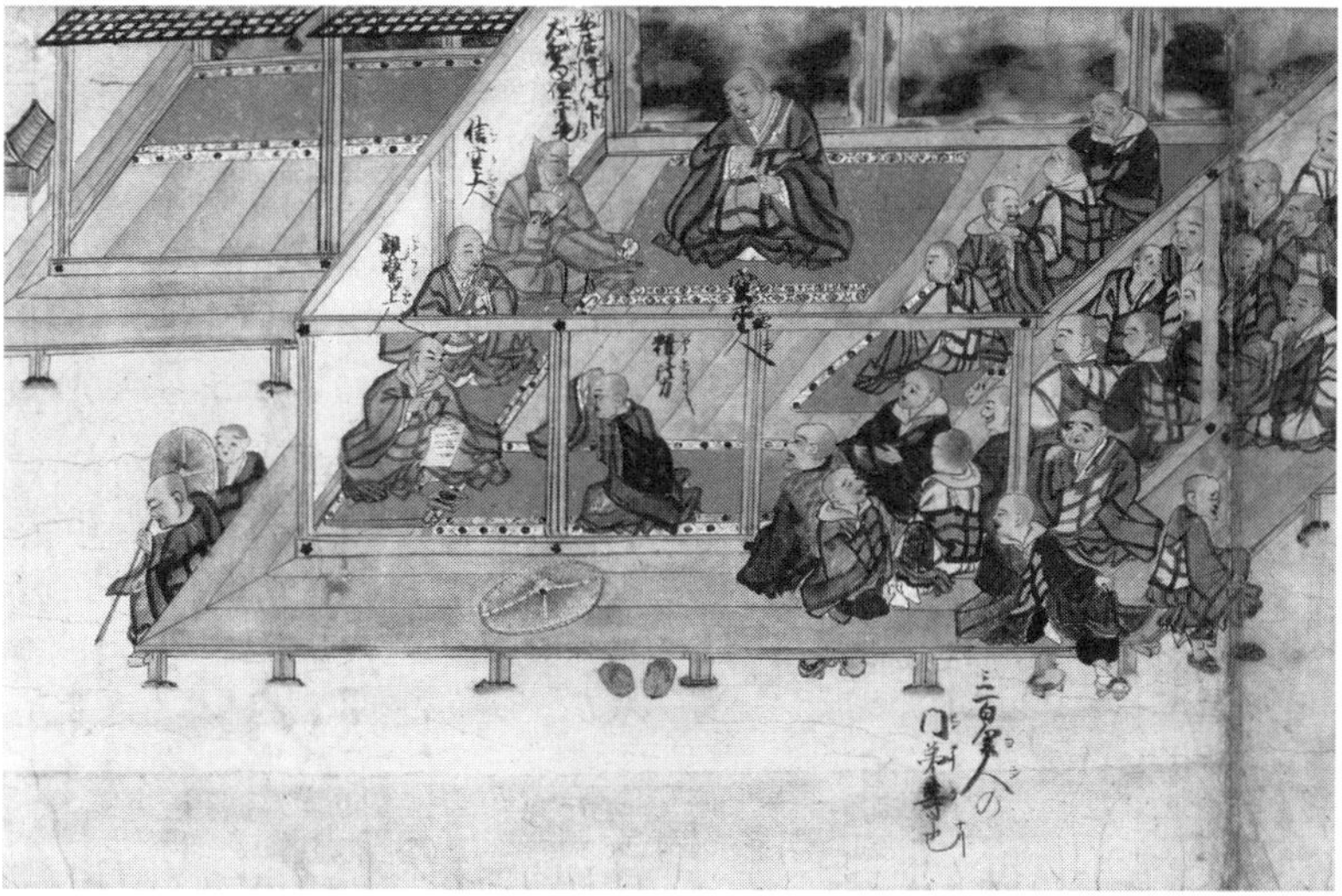

図7　『伝絵』「信行両座」の場面（重文・高田専修寺蔵）

退（阿弥陀の本願への信心を重視する立場）と行不退（念仏の行を重視する立場）の二つの座席のどちらかを選んでそこへ坐ってください」と発言した。するとまず聖覚法印と信空とが信の座に坐り、遅れて入ってきた熊谷入道直実も信の座に坐った。残りの者はためらっているので、書記役をしていた親鸞は信の座に坐った。しばらくして師匠の法然も「俺もこちら」と信の座に坐った、という説話である。

この説話はほかの史料に全く見えないところから、はたして事実であったのかどうか疑問視する向きがある。親鸞晩年の消息であるが、建長八年（一二五六）五月二十八日付の高田覚信房宛自筆消息（高田専修寺蔵）に、「信を離れたる行もなし、行の一念を離れたる信の一念もなし」と書かれていることと矛盾するように思えてならないので、私も疑問視する側へ廻りたい。

法然教団でのことだから、そんな教義面についてはさしおくとしても、三百余人の門弟中で、師法然の思想を理解していた者が、わずかの四人というのはあまりにも非現実的で、話を面白くするためと、親鸞の存在感を大きくするために仕組んだ、との感じがする。また門弟三百余人が集まったというが、法然の禅房にそんなに多くの人が集合できるような広い会場があっただろうか、疑問は多い。

6　法然の前での信心論争

『伝絵』はもう一つ、法然と親鸞とのエピソードを収載している。それは親鸞と同じ法然門下で、親鸞よりも先輩格にあたる聖信房・勢観房・念仏房らと親鸞とが論争をし、それを法然が裁定した、という話である（上巻第七段）。ことの始まりは、親鸞が「私は知識では師上人と大きな違いがあるが、信心では全く同じだ」と言ったのを、この三人が聞きとがめて論争になった。そこで法然に裁定を仰いだところ、「親鸞の言い分が正しい。私の信心と違う信心の人は、私が行こうとしているお浄土へは一緒に行くことにはならないだろう」との言葉があったという説話である。

　この説話は『歎異抄』の「後序」にも記されていて著名な説話だが、中で使われている法然の文言もほぼ同一であって、口頭伝承が同じだったという以上に、出典の文献が共通していたのではなかったかと思われる。それは両者の書き出しが、『歎異抄』は「故聖人の御ものがたり」であり、『伝絵』は「聖人親鸞のたまはく」であって共通しているからでもあるのだが、しかし『伝絵』の著者覚如は親鸞没後の誕生であって、親鸞から直接にこれを聞いたはずがないし、『歎異抄』にしても、直接親鸞から聞いたのなら、『歎異抄』前半の親鸞語録部分に収載されるはずであって、「後序」の一部分に位置させられるべきではないように思える。これらの点から、『親鸞語録』とでもいうべきものの存在が推察されるのだが、これ以上手がかりはない。

　以上この節に記した親鸞の行実は、すべて親鸞が法然門下にあって、その教えを忠実に継承したことを強調するものであった。親鸞が終生師法然の教えを祖述するとの姿勢を貫いたことは今さら言うまでもないが、それでは親鸞の独自色が打ち出されてくるのはいつごろからなのか、この法然門下時代には、その萌しも見えなかったのだろうか、という疑問が起こらぬでもない。後の節で、若干この問題に触れるが、これも残された研究課題の一つではあるまいか。

7　結婚、そして妻と子

親鸞の妻子を記した古系図のうち、最も信頼度が高いとされる実悟（蓮如の第十男）編『日野一流系図』（『真宗史料集成』第七巻）によると、親鸞の子は男四人、女三人の計七人で、第一子範意の母が後法性寺摂政兼実公女、ほかの六人は母兵部大輔三善為教女となっている。

この後法性寺摂政兼実というのは、当時の政界での実力者九条兼実のことで、法然に帰依し、『選択集』を授与されたことは先に述べた。その兼実の娘が親鸞と結婚し一子をもうけたというのである。

これについては『親鸞聖人御因縁』という談義本（『真宗史料集成』第七巻）があって、そのいきさつを詳しく載せている。それによると、九条兼実が「在家止住のままでも仏道に精進できる」との法然の説法を聞き、法然門下の中から適当な人材の推薦を求めたところ、法然は親鸞を推挙した。そこで親鸞は止むなく兼実の娘玉日と結婚した、というのである。

この談義本は宮崎圓遵氏によって、『伝絵』に先行するか、または同時代別系統の教団で行われていた作品と評価されたこともあって、今もこの玉日伝説を信ずる研究者はないでもない。しかし兼実には著名な日記『玉葉』があって、彼の家族は明確になっているのだが、彼の子のうち女子は二人で、一人は後鳥羽上皇の中宮となって入内しており、ほかの一人は九歳で死去している（多賀宗隼編著『玉葉索引――藤原兼実の研究――』吉川弘文館、一九七四年）。これからみて親鸞が兼実の娘玉日と結婚したというのは完全に事実無根といえる。ただ実悟の系図にあるように範意という第一子があったことだけは否定できず、したがってその母は不明ということになる。

次に実悟の『日野一流系図』には、女子（小黒女房）、善鸞、明信、有房、女子（高野禅尼）、女子（覚信尼）の六人の母として「兵部大輔三善為教女」を記している。これは覚如著『口伝鈔』の第十一章に「恵信（尼）御房　男女六人の君達の御母儀」と記しているのと一致し、史実として確認できるし、その自筆書状類が西本願寺に伝わっていて、親鸞伝の研究に大きく貢献していることは先に述べたところである。ただ研究者の中には、善鸞が「まま母の尼」という言葉を使っているらしいことが、親鸞の書状（いわゆる『義絶状』）に見えることから、恵信尼は善鸞の実母ではないとする研究者もあるようだが、これは後に述べるように善鸞に宛てた親鸞のその書状の解釈を誤ったものであって、系図の通り善鸞の母は恵信尼であることはまちがいない。

系図にいう「兵部大輔三善為教」については、九条兼実の日記『玉葉』治承二年（一一七八）正月二日条に「越後介」として見える三善為則であろうと考えられ、恵信尼が晩年は越後国府の近辺に居住し、相当な家産を持ち、多くの下人を使役していたことがその自筆書状によって知られること、ならびにその子孫とみられる三善氏がそのあたりで活躍していることなどから、三善氏は今の新潟県上越市付近の豪族と認定し、それを受けて親鸞との結婚は、親鸞の越後流罪を契機とするものとの説がかつては有力であった。しかしそれでは実悟の系図や『口伝鈔』の記事とも齟齬することになる。

それに対して恵信尼は越後の出身ではあるが、若いころ京都に住んでおり、そのとき親鸞と知り合って結婚した、という説がある。その根拠は、恵信尼の書状が高い教養を示していることと、第一通・第二通の差出人名が「ちく

青蓮院慈鎮和尚弟子　出家九歳　天台宗碩学　養和元年戒師鎮和尚
廿九歳遁世　法然上人上足門弟　浄土宗嫡流相承　善信房綽空
依夢告改親鸞
少納言　上人　童名、、
元忠宴ィ

山範宴
母
本願寺開祖
伯父範綱卿為子
弘長二壬戌十一月廿八日入滅
満九十歳　天親菩薩
曇鸞和尚化身云々
号善法院僧都
大輔　権少僧都

山尋有
東塔東谷　善法院々主　中堂
執行兼常行堂検校

寺兼有
聖護院、、、門人
侍従　権律師
三室戸　号萱房律師
範綱卿為子
三位　阿闍梨　法眼

山有意
刑部卿　権律師

寺行兼
聖護院、、、門人
兼有律師弟子
猶子
範綱卿為子

寺範意
母後法性寺摂政兼実公女
月輪殿也
阿闍梨
大弐　遁世改印信

女子
号小黒女房
母兵部大輔三善為教女
法名恵信
宮内卿　遁世号慈信房

善鸞
母同上
「依上人不孝　無相続義」（抹消）

明信
母
号栗沢信蓮房

有房
母
号益方大夫入道
叙爵　従五位下
出家法名道性

女子
母
号高野禅尼

女子
母各同
左衛門佐広綱室
宗恵阿闍梨母
出家法名覚信
号右兵衛督局
壮年之時　堀河右大臣忠親家女房
其時　小野宮禅念房室也　産唯善房云々
又
久我太政大臣通光公家女房

実悟編『日野一流系図』より

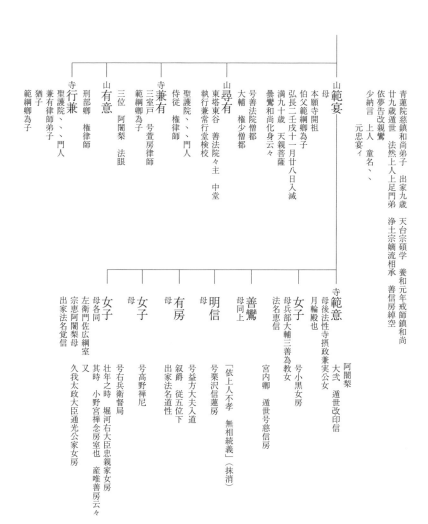

せん（筑前）」と記されていて、これが彼女の呼び名であったと考えられるからである。一般にこういう国名の呼び名は、当時の朝廷や貴族の家に女房（女官）として仕えている女性につけられることが多い。それと共に書状の中で親鸞を「殿」と呼んでいるのも女房らしいし、比叡山を「やま」というのも京都に住み慣れたことを示すとも言われる。

ことに近年、国語学の手法によって書状第三通を分析し、彼女は法然門下に加わっており、そこで親鸞と知り合ったことを立証する研究が現れ注目されている。

それは『行信学報』第一〇号（一九九七年）に掲載された山本摂氏の「恵信尼文書再読」という論文である。この中で山本氏は『恵信尼書状類』第三通の六角堂で夢告を得て法然を訪れる場面を表現する文章で、過去を表現する助動詞「き」と「けり」とが使い分けられていることを指摘し、六角堂の参籠と夢告などの記述には「けり」という間接経験を表現する助動詞が使われているのに対して、法然のもとに通う親鸞の記事には直接経験を示す助動詞「き」が使われているので、法然の庵へ通う親鸞の姿は恵信尼自身が自分の眼で直接見ていた、と論断されたのである。これはまことに説得力の大きい論証であって、私もこれに賛同したい。つまり親鸞は吉水門下として京都に居住していたころ、恵信尼と知り合い、結婚したと考えられる。

その場合、後年越後へ流罪になったとき、恵信尼を帯同していることについて疑問を抱かれる向きもあろうが、この件については、当時の法律（『獄令』第十一条）は、現代人の感覚とは反対に、流人は妻妾を帯同しなければならないことになっているので、矛盾することはない。

五　越後流罪をめぐる諸問題

1　専修念仏禁止への道のり

親鸞の生涯での最大の出来事は、三十五歳のときの越後流罪であろう。中流から下級だとはいうものの貴族の家に生まれ、仏門に入って人生を送っていた身に、まさか流罪というような刑事罰が科せられようとは思ってもいなかったに違いない。しかしそれは専修念仏一門に帰依したからには、起こるべくして起こった必然的事件であった。法然は早くからそれを心配していた。建久九年（一一九八）六十六歳で『選択集』を著作したとき、それを予感していたことは先に述べた。法然の説くところは、当時としてはあまりにも革新的であって、旧仏教側の反撥を招くのは必然だったからである。

そのころ専修念仏が、一般社会にどのように受け入れられていたかを知るのに、一つの有力な史料がある。それは慈円の『愚管抄』（『日本古典文学大系』第八六巻、岩波書店、一九六七年）の記事である。慈円は言うまでもなく天台座主を四度もつとめたバリバリの天台僧だから、法然に対して反対側であることは言うまでもないが、九条兼実の弟であり、後に述べるようにこの事件によって流罪と決定した僧二人の身柄を預かって、事実上の執行猶予とするなど、この事件の関係者の一人として、この事件に大きな関心を抱いていたこともまちがいない。その慈円は法然一門の布教活動について次のように記している。

建永ノ年（一二〇六～〇七年）、法然房ト云上人アリキ。マヂカク京中ヲスミカニテ、念仏宗ヲ立テ専宗（ママ）念仏ト号シテ、「タヾ阿弥陀仏トバカリ申ベキ也。ソレナラヌコト、顕密ノツトメハナセソ」ト云事ヲ云イダシ、不可思議ノ愚痴無智ノ尼入道ニヨロコバレテ、コノ事ノタヾ繁昌ニ世ニハンジヤウシテツヨクヲコリツヽ、ソノ中ニ安楽房トテ、泰《やす》経《つね》入道ガモトニアリケル侍、入道シテ専修ノ行人トテ、又住蓮トツガイテ、六時礼讃ハ善導和上ノ行也トテ、コレヲタテ、尼ドモニ帰依渇仰セラル、者出キニケリ。

これは評判記として世間の様子をよくとらえている。しかし「顕密ノツトメハナセソ」というところに、旧仏教側は危機感を抱き、反対運動に出てきたのである。

2　比叡山への対応

その第一弾は元久元年（一二〇四）十月、比叡山の衆徒が集会して専修念仏禁止を議決し、天台座主へ申し入れたことから始まった。座主はこれを受けて、当時天台僧として在籍していた法然に、厳しく詰問した。法然はこれに対して十一月七日付をもって弁明の書状を提出すると共に、門弟を召集して七か条からなる制誡に一人ずつ署名させた。

天台座主へ提出した文書は『漢語灯録』に「送山門起請文」と題して収載されているが、法然としては決して天台の教えをないがしろにしている訳ではないことや、教化しているのは老齢になって出家し念仏よりほかに何もできない者であるとか、その弁明は多分に表面を糊塗する言い逃れ的な言辞が見える。こんな弁明では天台座主としては納得し難いかに見えるが、門弟らに決して他宗他門を誹謗しないことなど七か条からなる制誡を示し、その遵守を確約する署名をさせたことが好印象を与えたのか、天台宗からの攻撃は一時鳴りを静めたらしい。この七か条制誡と署名は、その実物が京都二尊院に伝えられていて、重要文化財に指定されているが、署名は百九十名に及ぶ見事なもので、親鸞はその八十七番目に「僧綽空」とその当時の名を自筆で署名している。

3　「興福寺奏状」と朝廷の対応

しかし事態はそんなことぐらいでは収まらなかった。翌元久二年（一二〇五）十一月、今度は奈良の興福寺が中心となって専修念仏禁止の訴状を朝廷に提出した。これが「興福寺奏状」で、「新宗を立つる失」以下九項目の欠点を挙げ、朝廷の権力をもって専修念仏を禁止すべきであると論じている。起草者は笠置の解脱房貞慶と言われ、新旧仏教の対立点を鋭くえぐり出しており、しかも名文だというので評判が高い。

ただし、この奏状が提出されたときの朝廷は、あの『選択集』を法然から授与された九条兼実の子良経が太政大臣という最高責任者の地位にあり、その九条家と親密な三条長兼が蔵人頭という、今の内閣官房長官に似たポストにあった。この三条長兼は日記『三長記』を残しており、奏状を受理して困惑した朝廷の内部状況を詳しく窺い知ることができる。

朝廷側は、この事件をあまり大袈裟にしないで処理してしまいたい、とくに法然にまで罪の及ぶのを避けたいと、門弟の中でとくに過激分子だった法本房行空と安楽房遵西を逮捕して事を済まそうとした。しかし興福寺側は納得しない。三条長兼は上洛して来た興福寺の幹部に会ったり、自ら奈良へ出かけたり、折衝を重ねている。そして「この時に当たり、この事を奉行するは、先世の罪業の然らしむるか」と愚痴めいた述懐を書き残している。仲介役の蔵人頭としては、随分とつらかったらしい。

4　死罪と流罪へ急展開

その後も朝廷と興福寺との折衝は何度も繰返されたが、建永元年（一二〇六）十二月、後鳥羽上皇が熊野詣の行幸に出られたその留守中、上皇の後宮に性的スキャンダルが発生し、上皇は年末に帰還してのちにこれを知って激怒したという。そして年を越した建永二年（一二〇七）二月法然教団の中から四人が死罪、八人が流罪（うち執行猶予二人）というまことに厳しい刑が執行された。覚如の『拾遺古徳伝』の記事や『歎異抄』収載の「流罪記録」などの諸史料によると、

死罪＝安楽房、住蓮房、性願房、善綽房

流罪＝法然（土佐国）、浄聞房（備後国）、禅光房（伯耆国）、好覚房（伊豆国）、法本房（佐渡国）、成覚房（阿波国）、
　親鸞（越後国）、善恵房は慈円が身柄預かり（『歎異抄』は成覚房も身柄預かりという）

という処罰であった。この処刑について、親鸞は『教行信証』の「後序」において、専修念仏の繁昌をねたんだ旧仏教側の奏状を受け入れた不当な処刑であり、「主上臣下、法ニ背キ義ニ違シ、忿《いかり》ヲ成シ怨《うらみ》ヲ結ブ」と激しい抗議の言葉をつらねている。

この「後序」の文は、この事件の直接の被害者が書き残した現存する唯一の文献として、その史料的価値は極めて高い。しかしながら事件の当事者なるがゆえに、事件に対する主観的立場からの主張が強く、客観性に欠けるのは否めない。たとえば『歎異抄』では、被害者は死罪四人と流罪八人とに分かれているが、なぜそんな区分があるのか、それについての記述は全くなく、死罪も流罪もすべて念仏弾圧によるものとしている。したがってこの事件の真相を究明するためには、別の史料をもって補う必要がある。

5　事件の真相は

そこで注目されるのが慈円の『愚管抄』の記事である。それは、専修念仏の繁昌を記したのに続いて、次のよう

に述べている。

院ノ小御所ノ女房、仁和寺ノ御ムロノ御母マジリニコレヲ信ジテ、ミソカニ安楽ナド云物ヨビヨセテ、コノヤウトカセテキカントシケレバ、又グシテ行向ドウレイ《（同僚）》タチ出キナンドシテ、夜ルサヘトヾメナドスル事出キタリケリ。トカク云バカリナクテ、終ニ安楽・住蓮頸《くび》キ《（斬）》ラレニケリ。法然上人ナガ《（流）》シテ京ノ中ニアルマジニテヲ《（追）》ハレニケリ。

なにか傍観者的な記述だが、慈円はこの受刑者のうち二名の身柄を預かって事実上執行猶予としているので、単なる傍観者ではなく、事件の真相をよく知っていたと考えられる。そうしてみると、この記事は週刊誌的ゴシップ記事のような書きぶりだが、実は意外と真相に近いと考えてよいのではあるまいか。この記事について上横手雅敬氏の研究（「念仏停止、法然流罪の背景」〈『日本史の快楽――中世に遊び現代を眺める――』講談社、一九九六年〉）によると、「仁和寺ノ御ムロノ御母」とは坊門局であり、「院ノ小御所ノ女房」とは伊賀局であって、共に後鳥羽上皇の寵愛を受けた妃たちだが、とくに伊賀局はその所領荘園の地頭が気に入らないので、鎌倉幕府に罷免を要求したところ、幕府に拒否され、それが引き金となって承久の変という大事件が勃発したことで知られている。そして上皇が隠岐島へ流されたときも、隠岐まで同伴しているという間柄である。そんな女性がからんでいたため、その件に関係を持った四人が死罪となったのであろう。

いくら人命が軽い中世の出来事であっても、それまでの例を調べてみると、よほどの兇悪事件は別として、一般に朝廷に対する反乱罪でなければ死刑は執行されていない。たとえば平安時代は三百五十年間死刑の執行は一件もなく、保元・平治の乱が起こって初めて反乱軍の首謀者が死刑となっているだけである。このたびの処罰はそうした法の規定を無視し、一定の手続きを踏まないで、処刑されたようである。

藤原定家がその日記『明月記』建永二年（一二〇七）二月九日条に、「近日只一向専修之沙汰、搦《から》めとられ、拷問せらると云々、筆端の及ぶところに非ず」（原漢文）と記しているところを見ると、拷問は相当激しいものだったらしい。また、刑罰を科するには、明法博士の勘中を経たり、会議にかけたり、いろいろの手続きを踏まねばならず、そのためには相当の日数を必要とする。ところが、安楽、住蓮らは、逮捕後わずか十日前後で首を刎ねられてしまっているのである。こういう無法な処刑は後鳥羽上皇の特命によるとしか考えられない。親鸞が「後序」の中で、「主上臣下、法ニ背キ義ニ違シ」と激しい言葉をあびせかけているのは、こういう私的で感情的な処刑への怒りを表現したのではあるまいか。

6　流罪の決定と態様について

死罪の四名に対して、流罪は八名であったが、そのうち二名が慈円による身柄預かりによって実質六名となった。これについては別に論ずることとし、今は八名ということで論を進めることとする。

そこで、最大の問題は、三百余名あったといわれる法然門下の専修念仏門徒の中で、なぜこの八名が選ばれたのかである。とくに我々にとって最大の関心事は、親鸞がどうしてこの中に入っているのかである。それは親鸞がこの門徒の中で重要な存在だったからだ、と説く人がある。親鸞の優秀な才能からすれば、それはあり得ないことではない。しかし、法然門下には、信空を筆頭として、ほかに有能な先輩が数多くいたのに、彼らは逮捕されていないところをみると、その説は妥当とは思われない。専修念仏衆のリーダー法然の逮捕流罪は当然としても、それ以外の七名については、なぜ逮捕されたのか全く史料を欠いている。強いて憶測すれば、やはり専修念仏の教化伝道について、とくに目立った活動をしていたと検非違使たちの目に映ったとしか考えられない。

図8　『伝絵』越後へ向かう親鸞の場面（重文・高田専修寺蔵）

　ところで、流罪というのは、死罪に次ぐ非常に重い刑罰のように理解されているが、この当時の状況を見ると、それほどでもなかったようである。先に引用した『愚管抄』の文章にも、「法然上人ナガ（流）シテ京ノ中ニアルマジニテヲ（追）ハレニケリ」とあるように、京都からの追放が主目的であったらしい。奈良時代にこの法令（『獄令』）が制定された当時は、流人に苛酷な生活を強制したようだが、それから四百年が経って、鎌倉時代ごろになると、伊豆国へ流された源頼朝が、北条政子と愉しい恋の生活を送ったことでも知られるように、自由な生活になっていたらしい。

　法然の場合も、流罪地への道中は、何人かの門弟を同伴し、道中で遊女に説法したことも知られている。親鸞の場合も『伝絵』の画面では、流人の親鸞は輿に乗せてもらっており、その傍に一人の僧（性信房と伝える）が護衛するように歩いて随行している（**図8**）。流罪といっても、我々の抱いているイメージとは、相当異なったものだったらしい。

　流罪地の決定についても、ある程度、希望が容れられたのではないだろうか。史料が少ないから、あまり断定的なことは言えないが、法然が土佐国へ流されることになったのは、法然の外護者であった九条兼実領の荘園が土佐国にあったからだ、といわれているし、親鸞の場合、妻恵信尼の実家が越後国で、しかも流罪先の国府からわずか数キロメートルの板倉町（現在の上越市板倉区）近辺だったことが、恵信尼の書状によって明らかである。それだけではない。親鸞の父有範の兄宗業がこの建永二年（一二〇七）の正月に「越後権介」に任命されているのである（『公卿補任』建保五年条）。「権介」といえば、おそらく現地へ赴任し、国府の在庁官人らの指揮監督にあたり、流人の監視もつとめる役職であった。

親鸞がそんな所へ配流になるというのは、単なる偶然的好運ではなく、流罪となったとき希望を出して、それが認められたからではなかろうか。

これらを総合してみると、この「承元の法難」と言われる事件は、死罪四名、流罪八名と一括して取り扱われてきたけれども、以上に述べたように、死罪は後鳥羽上皇の正に暴君的な非人道的極刑であり、それに対して流罪は「興福寺奏状」に基づいて、旧仏教側の顔を立てるのが主眼の刑だった、と区別して考えるべきだと思われる。旧仏教側からの要求による処刑だから旧仏教の大立物である慈円が保証すれば、その受刑者二名の執行猶予がいとも簡単にできたのだろう。

もう一つ疑問があるのは、処刑のための還俗名についてである。僧尼を処刑する場合は、『僧尼令』の規定によって、すべて還俗させられることになっている。そのため法然は還俗させられ藤井元彦、親鸞は藤井善信という名をつけられた、と諸史料が記している。しかしなぜこんな名にされたのか理由はわかっていない。

こういう還俗名についての先例は、私は寡聞にして一例しか知らない。その一例というのは、『平家物語』巻二の「座主流し」で、それによると天台座主を辞した明雲は還俗させられて「藤井松枝」という名を与えられ、伊豆国へ流されたという。これは法然や親鸞の藤井姓の先例だと思うが、この場合もなぜ「藤井」なのかわかっていない。

さらに疑問なのは、明雲も法然も僧侶名とは全く関係がない名を与えられているのに、親鸞だけが、善信房という房号をそのまま還俗名としてもらった、という点である。あるいはこれは史料が誤っているのかもしれない。

最後に『伝絵』が描く親鸞の道中について一言付言しておきたい。それは輿に乗っているのは親鸞と妻恵信尼で、その傍らに寄りそって歩いているのは、伝説によると横曽根の性信房ということになっている。流人が輿で送られるところに疑問を感じるが、先に記した天台座主明雲も『平家物語』によると輿で送られているところをみると、この時代はこのようなものだったのかもしれない。

7　流罪赦免について

当時の法律によると、流罪という刑は終身刑であった。しかもそれが一時に八人も大量に発令されたので、法然門下の人々は直ちに赦免要求の運動を始めたらしい。善恵房証空と成覚房幸西の身柄が前大僧正慈円に預けられたのはその最初の成果だと思われる。それにしても、なぜこの二人だけが執行猶予となったのかはわかっていない。ただ法然については、七十五歳という高齢のゆえをもって、流罪先の土佐国へ向かう途中の讃岐国に滞在中、勅免の宣旨が下った。しかし洛中へ入るのは許されず、今の大阪府箕面市にある勝尾寺にとどまることとなった。このあたりは法然門下側と、反専修念仏側との政治的駆け引きの結果であろう。

親鸞については、古田武彦氏がその著『親鸞思想――その史料批判――』（冨山房、一九七五年。のち著作集親鸞・思想史研究編Ⅱ『親鸞思想』明石書店、二〇〇三年）において、『教行信証』のいわゆる「後序」のうち、「ヒソカニオモンミレバ」から始まって、「五年ノ居諸ヲヘタリ」までを、越後流罪中に書いて提出した赦免要求の上奏文だ

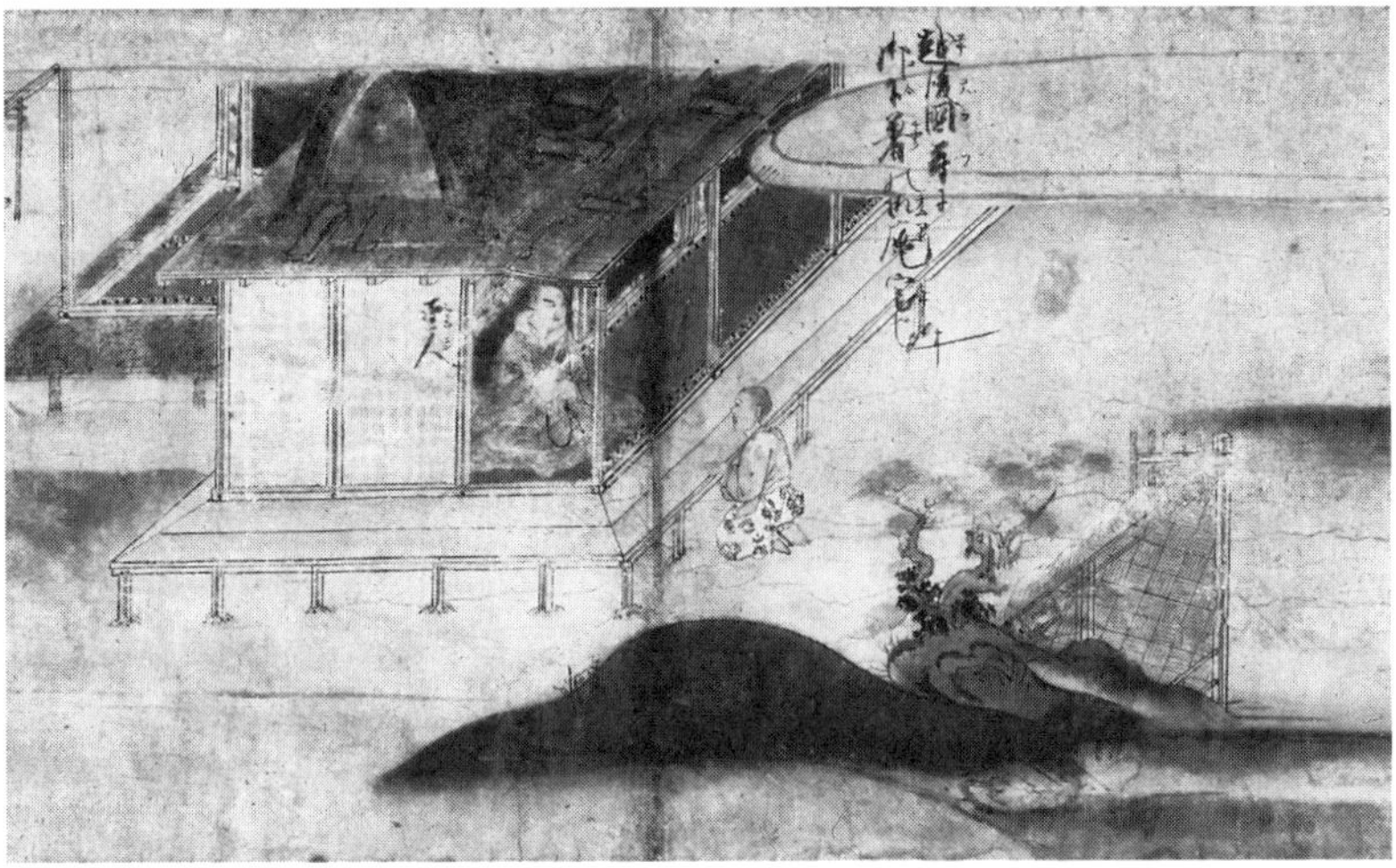

図 9　『伝絵』越後国府での親鸞の場面（重文・高田専修寺蔵）

とする説を発表した。これはこの本文中に在位中の天皇を「今上」と呼んでいるのをキーワードにしての実証的研究であり、説得力を持って、これが越後流罪中に書かれたことと認められる。しかし一般にこうした赦免要求は、若干の反省の言葉を述べたのち、為政者側のお慈悲を賜りたい、と結ぶのが通例であって、その点は今も昔も変わることはないと思われるのに、この「後序」には「主上臣下、法ニ背キ義ニ違シ」などと念仏弾圧を強行した朝廷を手厳しく非難する語句が並んでおり、その点で朝廷への赦免請求とは考えられない。越後での流刑中に執筆されたという点を生かすなら、これは鎌倉幕府への提出ではなかろうか。恵信尼の実家三善氏からは源頼朝の乳母を出しており、その縁をたどれば、幕府へのアプローチはそう難しくはなかったのではないか、と考えるのだが、如何だろう。

8　赦免後京都へ帰らなかった理由

受刑者が刑期を終えるなどして釈放されるとき、真っ先に目指すのは「我が家」である。それは今も昔も変わらないだろう。一般的な人情として当然の行動である。ところが親鸞の場合、そうではなかった。それは先に述べたような家庭事情があって、「恋しき我が家」が京都にはなかった。それどころか、『恵信尼書状類』第五通によると、赦免が行われた建暦元年（一二一一）十一月より八か月前の三月に、のちに信蓮房と名乗る男の子が誕生していることが大きくかかわっていたと思われる。当時の交通事情では、そんな乳呑み児をかかえて長途の旅行など、とてもできなかったからである。またそんな赤ん坊のいる家庭は正にスイートホームであり、何も京都へ帰る必要はなかったのである。

『伝絵』は例によってそんな家庭事情には触れず、「勅免ありといへども、かしこに化《け》を施さんため、なをしばらく在国し給けり」と記している。「なをしばらく在国」はその通りだが、「化を施さんため」というのは如何なものであろうか。『親鸞聖人門侶交名牒《もんりよきようみようちよう》』（以下『交名牒』と略称する）には、越後の直弟としては「覚善越後国府住」が一人が見えるだけで、親鸞がそれほど強く教化したようには思われない。

親鸞が京都へ帰らなかったもう一つの理由として、師法然の遷化をとり上げる向きもある。たしかに法然は、親鸞たちの赦免と同時に洛中へ入ることを許された。そしてわずか二か月で京都で示寂している。「地獄へ落ちるのならもろ共に」とまで心酔していた師の死去は何よりも悲しいことに違いはなかったが、それにも増して彼の脚を京都へ向かわせなかったのは、法然の遺言によるものでもあった。

それは法然六十六歳の建久九年（一一九八）、重病で生命の危険が予測されたとき、「起請、没後二箇条の事」と題してしたためられた遺言状で、後年親鸞は『西方指南抄』の中でこれを書写している。その第一条に、「遺弟同《ゆいていどう》法等《ぼうら》、全ク一所ニ群会《ぐんえ》スベカラザルモノナリ。ソノ故イカントナレバ、マタ和合スルニ似タリトイヘドモ、集レバスナハチ闘諍《とうじやう》ヲ起ス」（原漢文）と前提した上で、「吾ガ同法等、我没後ニオイテ、各住各居《かくぢゆかくこ》シテ会ハザルニシカジ」と断じている。この遺言が親鸞の帰洛を思いとどまらせる重要な一因となったのではあるまいか。

9　法然教団の旧体制化

それに加えて、京都の法然教団は、法然の意向とは全く反対の行動に出ていた。それは法然の中陰法要であって、諸史料一致して盛大に執行せられたことを伝えているが、問題はその仏事で、本尊を次のように設定し、それを教団の幹部が導師となって執行しているのである。

初七日	本尊	不動尊	御導師	信蓮房
二七日	本尊	普賢菩薩	御導師	求仏房
三七日	本尊	弥勒菩薩	御導師	住信房
四七日	本尊	正《(聖)》観音	御導師	法蓮房
五七日	本尊	地蔵菩薩	御導師	権律師隆寛
六七日	本尊	釈迦如来	御導師	法印大僧都聖覚
七七日	本尊	両界曼荼羅と阿弥陀如来	御導師	三井の僧正公胤

これは全く平安朝以来の伝統的旧仏教の仏事である。法然はこれを排除して革新的な仏教を提唱したはずなのに、それが生かされていない。

先に示した「没後二箇条」では、死後の追善として、図仏・写経・浴室・檀施などの善行を禁止し、「モシ追善報恩ノ志アラン人ハ、タダ一向ニ念仏ノ行ヲ修スベシ」と命じている。京都の遺弟教団は、この法然の遺言を無視しているのである。

八百年も昔でマスコミもなかった時代のこととて、京都を遠く離れた越後の親鸞にまでこのニュースは伝わらなかったかもしれないが、こうしたムードぐらいは伝わっていたのではなかろうか。
いずれにしても、京都は親鸞にとって帰るべき土地ではなかったのである。

六　関東教化

1　善光寺勧進聖を縁として関東へ

以上のようにして親鸞は流罪赦免後も二年ほどを越後で過ごした。その間の行実については全く史料がない。赦免直前に生まれた赤ん坊が、長途の旅行に連れて行けるように成長するのを待っていたのかもしれない。それと同時に今後の教化伝道をどうするか思案工夫の日々ではなかったろうか。

そして多くの選択肢の中から選び出したのが、関東地方への教化であったが、なぜ関東を選んだのかについては諸説がある。たとえば笠原一男氏の提案した恵信尼の実家三善氏の所領説とか、赤松俊秀氏の『教行信証』著作資料の一切経を求めてという説などである。しかしどの説も学界の賛同が得られていないようである。ただ一つ生き残っているのは、五来重氏（『善光寺まいり』平凡社、一九八八年）と松野純孝氏（『親鸞――その生涯と思想の展開過程――』三省堂、一九五九年。のち『増補　親鸞』真宗大谷派宗務所出版部、二〇一〇年）が提唱した善光寺勧進聖説で、私もそれに賛同したい。

長野の善光寺は、治承三年（一一七九）大火によって全焼し、礎石を残すだけになったので、その復興資金募集活動の一つとして、寺僧がグループを組んで各地へ出かけ、いろんな企画による募財活動を行った。これが「善光寺聖」で、それを積極的に支援したのが鎌倉幕府の将軍源頼朝である。彼はこの募財に協力すべきことを支配下の武士全体に命じている。とくに信濃国の荘園公領の沙汰人に対しては、「勧進上人」に協力して土木工事の人夫を差し出すよう命じ、この命に従わなかった御家人については、所領を取り上げる、とまで厳しい文言を連ねている（『吾妻鏡』文治三年七月二十八日条）。

こうした鎌倉幕府の援護を背景に、東国で最も精力的な宗教活動を行っていたのが善光寺勧進聖であった。親鸞はこれに便乗して関東へ入ったものと考えられる。

当時の交通事情や治安状況は、個人単独の旅行を不可能にしていた。少し長途の旅行になると、少なくとも数名が団体を組んで下人に荷物を持たせて、出かけなければならなかった。『歎異抄』はその第二条に、関東から京都の親鸞を訪ねてやってきた門弟への親鸞の言葉を記しているが、「オノ〳〵十余ヶ国ノサカヒヲコエテ、身命ヲカヘリミズシテタヅネキタラシメタマフ御コ、ロザシ」というのは、門弟たちへの形式的なねぎらいの言葉ではなく、真実を衝いていたからこそ門弟たちの心を打ち、こうして記録されたのだろう。それほど当時の旅は命懸けだった。この親鸞の関東への旅も同様であった。というより妻子を同伴しているだけにより一層の重大な決意に基づいていたと思われる。

これらのことから憶測してみると、親鸞は旅行に出るにあたって、まず自分の信仰や好みに近いグループを探し、善光寺勧進聖グループと合流することとした。そしてそのグループが関東地方、中でも常連となっていた北関東へ行くことになったので、一緒に関東に向かった、ということである。つまり親鸞の関東入りは、その自主的発意ではなく、親鸞の所属した善光寺勧進聖が関東へ向かったから、それに随行した偶然的なものと考えたいのだが如何だろうか。いうなれば親鸞の関東教化は、善光寺勧進聖の縁によって生まれたものと言えよう。

2　善光寺勧進聖に参加の経緯

親鸞と善光寺との接触は越後国府でのことと考えられる。越後国府の所在地直江津は、今ではＪＲのターミナルでしかないが、鎌倉時代は日本海海上交通の要衝として繁昌した。しかも善光寺との距離は約八〇キロメートル。若者ならちょっと頑張ればやや厳しいながら一日の行程である。善光寺ではここを重視し、早くから「新善光寺」を設置して、教線拡大の前進基地としていた。少し後年の史料になるが、佐渡へ流されていた日蓮が、文永十一年（一二七四）に赦免を得て鎌倉へ帰るため越後国府を通ろうとすると、多くの善光寺僧が集まって、それを妨害したという（『昭和定本日蓮聖人遺文』第二巻「種々御振舞御書」総本山身延久遠寺、一九八八年）。親鸞は流人として服役中からそんな善光寺僧と接触していたのではあるまいか。

親鸞が善光寺に関心を抱いたのは、その御本尊が「生身《しょうじん》の御影《ごえい》」と呼ばれて、広く民衆から信仰されていたことによると思われるが、それと同時にこの像が日本へ渡来した当時の権力者物部守屋から迫害を受けて、金槌で叩き壊そうとされたり、難波の堀江に投げ込まれたりしたという点にあったのではなかろうか。この御本尊と親鸞が共に権力者からの被害者という点が共感を呼んだと思われる。

もう一つ親鸞が善光寺の勧進聖に加わった理由が考えられる。それは先学諸氏が触れておられないことだが、勧進聖となることによって、親鸞は生活の糧を得たのではないか、ということである。勧進聖は善光寺の復興に努力しようという善意の人々であるが、無償奉仕のボランティアだったとは思われない。募財をして得た寄進金品のうち、なにがしかは報酬として勧進聖の手許に残されたと思われる。それを具体的に明記した史料は残念ながら寡聞にしていまだ発見していないが、いわゆる寄進地系荘園にあっては、名主分何割、領家分何割、本所分何割と、得《とく》分《ぶん》（取り分）の率を決めている場合が多かったと聞いている。最もハッキリしていたのは伊勢神宮の荘園で、平安末期以来、御厨《みくりや》を寄進してもらうと、その仲介にあたった神主は「口入《くにゅう》神主」と呼ばれ、その御厨から神宮へ上納される「上分《じょうぶん》」（年貢）の五十パーセントが口入料として口入神主に与えられることになっていたという事実がある。これが鎌倉時代の経済機構であったとすると、善光寺聖も募財が成功すればなにがしかの得分をもらっていたに違いない。またそれがなければ隊伍を組んで各地を廻ることなどできなかっただろう。

親鸞の場合、恵信尼の実家を離れると、生活の糧を得るためにも、勧進聖の仲間へ身を寄せざるを得なかったと考える。それは親鸞の宗祖としての尊厳を汚す考え方かもしれないが、私はそれが当時の親鸞の現実であった、そういう苦労をして関東へ向かった、と考えている。

3　佐貫での三部経千部読誦

関東での親鸞の行実で最初に現れるのは佐貫での出来事である。それは恵信尼の書状第五通に書かれているように、「しんれんぼう《信蓮房》の四のとし、むさし《武蔵》のくにやらん、かんづけ《上野》のくにやらん、さぬき《佐貫》と申ところにて」とあるから、承元五年（一二一一）に生まれた信蓮房が四歳になった建保二年（一二一四）親鸞四十二歳のとき、今の群馬県邑楽郡明和町大佐貫で、浄土三部経の千部読誦を始めたというのである。

この佐貫という所は、関東平野をつらぬいて流れる大利根川の中流域にあたり、今は利根川の巨大な護岸堤防のすぐ下にある小さなひっそりとした集落である。昔は利根川を利用する舟運交通の拠点として繁昌したらしい。

長野の善光寺から碓氷峠を越え、利根川に沿って東へ下ってきた親鸞一行が、たどりついた関東平野のド真ん中、「むさしのくにやらん、かんづけのくにやらん」というように、利根川を境界とする国境にあり、おそらく利根川が分流していて、どれが本流だかわからなくなっていたのかもしれない。今でこそ堤防に守られて安全だけれども、これができるまでは利根川の氾濫に悩まされ続けたのではあるまいか。いま現地で大きな堤防の上に立ってみると、「ここは水害の常襲地帯だったろうな」と感じる。私自身が何度も水害を経験し苦労してきたからである。

また鎌倉時代の善光寺は、非業の死を遂げた亡者を追善供養するのを信仰の一つの拠り所ともしていた。たとえば有名なところでは、工藤祐経を仇討ちしたものの、将軍の命によって処刑された曽我五郎・十郎兄弟の骨も善光寺へ納められたし、『沙石集』巻第七に載せる恋の病で死に、蛇となって男へとりついた娘の骨も、巡回してきた善光寺勧進聖に託されたという。そんな善光寺信仰を背景にして、この水害常襲地で、不遇の死を遂げた亡者の追善供養を営もうとしたのだと思われる。それが功を奏し、住民の共感を呼んで盛大な法会を勤修することとなったらしい。

浄土三部経を一千回も読むというのはたいへんなことで、仮に一人で読むとすると、せいぜい一日に二回ぐらいだろうから五百日はかかる。だから二十人から三十人もの僧を集めて、並んで一斉に読む、という豪華な法会となる訳である。長野善光寺なら一年に一度や二度はできるだろうが、田舎ではよほどのことでないと行われることのない大法会である。そんな人々を驚かせる法会を企画し、そして善光寺への志納金を集めるのが、善光寺勧進聖の一つの手法だったようである。

この法事が旧仏教的であることは言うまでもなかろう。たとえ「衆生利益」のためであっても親鸞の思想からすれば許されるものではない。親鸞は法事が始まって四、五日経ってそれに気付いた。そして、

みやうがう（名号）のほかには、なにごとのふそく（不足）にて、かならずきやう（経）をよまんとするや

（み仏のみ名を称えるほかに、何の不足があって、一途に経を読もうとするのか）

図10　『伝絵』稲田草庵の場面（重文・高田専修寺蔵）

と考えた。この言葉は、たしかに親鸞らしい反省の弁である。しかし、これをそのままこの千部会の主催者や同僚たちに言っただろうか。もしこのまま言ったら、口論になることは必至だろう。そして今後、このグループの中で行動を共にすることはできなくなるに違いない。それは、親鸞にとっても困ることである。善光寺聖との縁を維持しつつ教化活動を続けるためにも、ここは別の適当な口実を作って、千部会をぬけ出し常陸国へ向かったのであろう。

4　「稲田幽栖」をめぐって

関東での親鸞については、先の佐貫での三部経千部読誦の事実以外には史料が乏しい。『伝絵』は「越後国より常陸国に越て、笠間郡稲田郷といふ所に隠居したまふ」と記されているが、この「隠居したまふ」については大いに異議がある。親鸞が関東へ入ったのは教化を行うためであって、隠居の地を求めてでは決してなかったはずである。しかも年齢わずかに四十二、三歳、働き盛りであって隠居など考える年齢ではない。それなのに「隠居」などというのは、実はそれに続けて、

　幽栖《ゆうせい》を占《しむ》といへども、道俗跡をたづね、蓬戸《ほうこ》を閉《とず》といへども、貴賤《きせん》衢《ちまた》に溢《あふ》る

と言うためであったらしい。大袈裟に美辞麗句を連ねている点で眉をひそめたくなるが、要するに親鸞の行くところへは人が集まってきたと言いたいのが見え透いている。

図11　『伝絵』康永本　稲田草庵の場面（重文・東本願寺蔵）

そんな覚如の意図をよく表現しているのが『伝絵』康永本（東本願寺蔵）の稲田草庵の場面である（**図11**）。初稿本の姿をよくとどめている西本願寺本では、草庵の中に親鸞と僧二人と俗人一名が対話するだけであり、初稿からわずか二か月後の制作とされる高田本は、庭前に男女二人と僧一人を加えて少し賑やかにしている（前頁**図10**）。ところがそれから四十八年後、覚如七十四歳のときに制作した康永本（上図）では、すっかり構図を変えて、視点を高くとり、門前から庵室へ入ろうとする民衆など十数名を俯瞰する図柄となっている。正に覚如の思惑通り、「貴賤ちまたにあふれる」状況となっている。

しかし、実際にこういうことがあり得ただろうか。一介の無名の僧侶のもとに、そんなにいろんな人々が集まってきてくれただろうか。

私は、これは親鸞をカリスマ化しようとする作者覚如の意図を、次第に増幅させていった状況を示すものであって、実際の親鸞は反対に旅から旅を続けて、各地へ教化に出歩いたに違いないと考えている。妻子だけは一定の地にとどめておいたかもしれないが、自分は善光寺勧進聖を縁として各地を訪問し、機

図12　『伝絵』「山伏教化」の場面（重文・高田専修寺蔵）

会をとらえて自分の考えを披露して教えを広めていったに違いないと確信している。『交名牒』によって知られる直弟の住所が各地に散在しているのが何よりの証拠だろう。またそういうひたむきな教化が言わず語らずに人々の胸を打ち、帰依する気持ちを湧き起こらせた、と考える。私は親鸞の関東二十年の教化の陰には大きなご苦労があったことはまちがいないと信じている。

5　「山伏教化」の背景

親鸞が参加した善光寺勧進聖一行が、どこでどういう行事を行って勧進したかは全くわかっていない。しかし、それがすべて旧仏教的であったであろうことは想像に難くない。そしてその間、隙をぬっていろんな人々と対話をかわし、専修念仏の思想を広めていったと考える。

中には、それに対する反撥もあった。『伝絵』下巻第三段には、念仏が広まるのを嫉妬した山伏が仲間と組んで板敷山というところで親鸞を待ち伏せしたというエピソードが載せられている。しかし、危害を加えようとして果たせず、親鸞の宿所へ出向いたところ、親鸞は平常のままの姿で出て応対されたので、それを見た山伏はたちどころに加害する心が消え失せ、弓矢を投げ捨てて弟子となったという（図

12)。

この話はどこまでが事実なのか。親鸞の人柄を表現するために仕組まれた説話である可能性が大きい。ここで思い起こされるのは、親鸞が法然を訪れたときのことで、親鸞は法然の弟子となるのに百日間通いつめたというのに、この山伏はただ一目見ただけで瞬間的に帰依したという。話があまりにも調子良すぎるとも言えよう。しかし、法然に対する親鸞の場合はその素地に高度な仏教教学があったのに対して、この山伏の場合は、単純な感情的反撥に発しているという違いがある。「一目惚れ」ではないにしても、それに近い感動が心を動かした可能性も否定できまい。それは関東という純情な土地柄ゆえの話であろうし、それはまた次に述べる関東での教化にもつながるものでもある。

6　自由な東国での自由な宣説

約二十年間に及ぶ親鸞の関東での教化活動についての具体的事実は、『伝絵』に記す先の「山伏教化」の話ぐらいで、ほかに信頼できる史料は伝わっていない。ただ、関東の直弟唯円が著したとされる『歎異抄』には、親鸞から教えられたとする言葉がいくつも収載されていて、関東での教化状況を窺うことができる。それらはみな珠玉のような言葉であって、親鸞思想の真髄とも言われ、真宗の至上の聖典となっていることは、今さら言うまでもあるまい。

その中でとくに関東以外ではあり得なかったと思われる一例を挙げると、それはかの「善人ナヲモテ往生ヲトグ、イハンヤ悪人ヲヤ」の著名な一句である。これは先年明らかにされたように、醍醐本『法然上人伝記』の中にほとんど同じ言葉が収載されてあって、法然が初めて言い出した言葉だということに落ち着いている。ただ法然の場合、あまり声を大にして発言しなかったらしい。というのは、これがこの「法然伝」の片隅にこっそり書かれているだけでほかに全く見えないこと、しかもその言葉の下に小さく「口伝有之」との割註が付記されているからである。法然がなにかの機会に、遠慮しながらソッと話したらしいことが窺える。

これはおそらく、この言葉が誤解されるのを心配したからではあるまいか。この「悪人正機」の語は、ちょっと踏みはずすと、「造悪無碍」（どんな悪行をしても最後は阿弥陀如来が救ってくれる）を誘発することになり兼ねないし、それが旧仏教側にとって絶好の攻撃材料となるのを恐れての配慮だったと思われる。

それが『歎異抄』に正々堂々と収載されているということは、親鸞が関東での教化において、正々堂々と語ったことを示している。関東はそのように旧仏教側の目も届かない自由な発言の場であった。『歎異抄』に親鸞の言葉として収載されているそのほかの珠玉のような言葉の数々は、そんな関東の地域性なればこそ生まれたのである。親鸞の関東での教化の姿勢をそこに摑み取ることができよう。

7　高田専修寺草創伝説の虚と実

親鸞のそんな教化の中から生まれ、それを数多く親鸞真蹟と共に現代まで伝えていると自負する高田派教団には、親鸞による創立伝説をはじめとして、独特の縁起伝説を言い伝えている。それは多くの寺院縁起がそうであるように、ほとんどが非合理的で信頼できないものであるが、その一部には歴史事実の一かけらをとどめていると思われる点もないではないので、それを検証してみることにする。

高田専修寺の草創縁起は、江戸時代中期に刊行された『正統伝』などに記されている。それによると、親鸞は五十三歳のとき、下野国芳賀郡大内庄柳島（のち高田と改称）において夢告を受け、そこに寺院建立を始めたという。

その後再び夢告があり、信濃国長野善光寺へ行くように命ぜられた。そこで善光寺に行くと本尊と一体分身の像をもらいうけ、帰国して新築寺院の本尊としたという。高田派ではこの像を「一光三尊仏」（一つの光背に三体の仏が並びたっているとの意）と呼んで、十七年ごとに開帳の秘仏としている。

この縁起のうち、まず親鸞の寺院建立というのは事実とは考えられない。覚如の『改邪鈔』第九条に、「造像起塔等ハ、弥陀ノ本願ニアラザル所行ナリ」と記されているように親鸞は生涯一か寺も寺院を建立しなかったと考えられている。ただこの縁起の夢告が、『正統伝』には虚空蔵菩薩の出現によると書かれているのが注目される。真宗には全く関係のない仏だからである。そこでふと気がついて、この高田の土地の氏神社を調査させてもらうよう、氏子総代にお願いした。ご快諾を得て拝見したところ、なんとその社のご神体は、五仏宝冠を戴き、右手に宝剣を持つ、まぎれもない虚空蔵菩薩の立像であった。制作年代は江戸時代と認められたが、神社のご神体が仏像で、しかも専修寺開創縁起と一致するのに驚いた。これを判断すると、ここに専修寺が造営される以前からの、いわゆる「地主神」と考えてまちがいあるまい。現在も専修寺境内は、本堂（御影堂）の背後に広い雑木林が大きくひろっているので、元来は何らかの虚空蔵信仰の聖地だったのではないか、と推測される。

専修寺の開山は今はもちろん親鸞となっているが、文明四年（一四七二）高田派第十世真慧の著した『顕正流義鈔』（『真宗史料集成』第四巻、同朋舎出版、一九八二年）には「高田開山真仏上人」との記事が見える。専修寺では真仏を第二世としているが、この記事からみて、これが実質上の開山と考えられる。また、専修寺には真仏の書写した聖教が数多く伝えられ、先日これらがすべて国の重要文化財に指定された。真仏は、筑波山西麓を支配した豪族真壁氏の一門で、椎尾氏という武士の家に生まれたと考えられるので、何らかの縁故で、この高田の地にあった虚空蔵信仰の寺に入り、のち親鸞に帰依したと推定されている（『影印高田古典』第一巻解説参照）。

8　一光三尊仏伝説

親鸞による専修寺草創伝説が虚構だとすると、同じように夢告によって善光寺へ行き、善光寺本尊と一体分身の像を授かったとする伝説も怪しいということになろう。しかし現に専修寺如来堂の本尊となっている像は、「一光三尊仏」と称されているように、大きな光背の前に阿弥陀三尊が並んでいる像であって、善光寺本尊と伝える像と同じ形状をしている。細かい点を挙げると、中尊は右手施無畏印、左手刀印、両脇侍は共に梵篋印で、三体とも臼型蓮台上に立っている点も完全に善光寺式である。

この種の模像は、善光寺信仰が盛んになった鎌倉時代から作られ始め、今でも関東を中心に全国で二百例を越すようである。専修寺像はその一例なのである。

そこで問題はこの像の制作年代であるが、建久六年（一一九五）の最古銘を有する甲府市善光寺像を先頭にして、鎌倉時代の造像銘を持つ作品十例ほどを年代順に並べてみて変遷をみると、十三世紀後半以降「三国伝来」との伝承を表現しようとしてエキゾチックな作風が顕著となるのに対して、この像は柔和な純和風的相貌であり、衣文にも宋朝様が淡い。これらからみて十三世紀前半の制作と認められる。もちろん銅造であるが、十三世紀後半以後は需要増加のためか、木型による鋳造がほとんどなのに対し、本像は明らかに蠟型を使用したとみられる。

以上のように本像が十三世紀前半の制作ということになると、それは親鸞の関東教化中に相当し、前記の伝承通り、親鸞が善光寺へおもむいて受領した可能性は否定できないことになる。ただし親鸞がこの像を下野国へ持ち帰り、これを専修寺如来堂の本尊としたという点については賛同し難い。というのは、こうした像はほとんどが善光寺勧進聖が笈に納め背負って各地を行脚するのに用いられた。そのため像の大きさが中尊一尺五寸、脇侍一尺というポータブルなサイズとなっているのである。これを本尊とした寺院を作れば、それは必ず「新善光寺」と名付けられたはずである。

これからみてもこの像を拝戴した親鸞は、この拝戴によって勧進聖の中での地位が一段と向上し、「勧進上人」と呼ばれ尊崇されるようになって、グループのリーダーとして、各地を遍歴して歩いたに違いない。

この像が、いま栃木県高田専修寺に安置されているのは、次に述べるように、親鸞の帰洛を機会にこの像を真仏へ委託したことによるものだと考える。

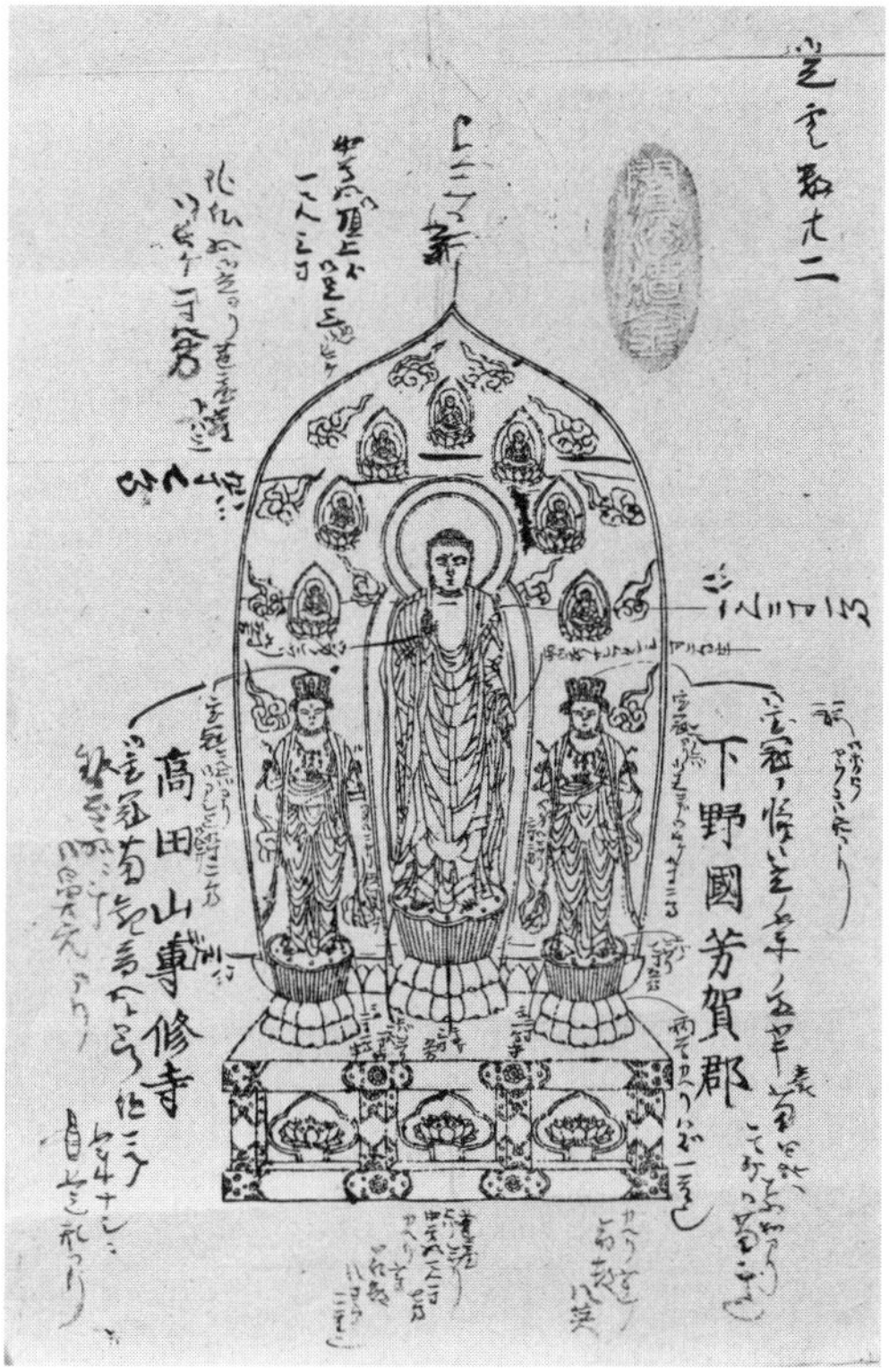

図13　一光三尊仏計測図（計測と記入は高田派第十七世円猷・高田専修寺蔵）

七　帰洛とその後

1　恵信尼や子どもとの離別

晩年の親鸞は、恵信尼やその子たちと別れて住んだらしい。『恵信尼書状類』によると、恵信尼とその子の多くは越後国に、親鸞は京都に住んでいたことが明確である。一般に夫婦というものは、老後になると互いに助け合って一緒に住むものだが、親鸞と恵信尼とは六人の子どもをもうけながら、晩年に離別しているのはどうしてか、これについては全くわかっていない。

いつごろからどうして、と言われても答えようがないが、一つの手がかりは、『恵信尼書状類』の第三通から第六通までの書きぶりである。この四通は京都に住んでいた末娘の覚信尼から親鸞の死を報じられてきて、それに対して親鸞の比叡山を下りてから後の行実をこまごまと書き綴った長文の手紙である。このことは、覚信尼は親鸞のそうした行実については全く無知であったことを思わせる。覚信尼はせいぜい七、八歳ごろまでに親鸞と別れたのではあるまいか。ということは、覚信尼は親鸞五十二歳の元仁元年（一二二四）の生まれであることが恵信尼の書状などからわかっているので、覚信尼十歳ごろというのは親鸞六十一、二歳、恵信尼五十二、三歳ごろということになる。

後に述べるが、親鸞が関東から京都へ帰るとき、覚信尼を連れて帰ったとの説をなす人があるようだが、これには賛成できない。というのは、鎌倉時代の社会は、結婚という制度がまだ確立されておらず、同棲していない男女間に生まれた子どもは、男の子は男親が引き取り、女の子は女親が引き取って育てるのが慣例であった。それは

『御成敗式目』にも記されている。

だから、親鸞が男の子は恵信尼に預け、女の子の覚信尼だけを同伴して帰洛するということはあり得ない。幼い覚信尼は母に連れられて越後に帰り、住んでいたはずである。覚信尼も恵信尼に育てられ、成人してから、何らかの縁によって京都へ上り、久我家に女房（女官）として仕えた。それは、恵信尼が同じように女房として奉公したのと同様である。その間に、縁あって又従兄弟にあたる日野広綱と結ばれ、一子をもうけたのであった。だから、その彼女が親鸞のそれまでの行実について全く無知なのは、関東で一緒に暮らしたのが幼少時代だけだったからであろう。

もう一つ、彼女が親鸞について無知であったことを立証する証拠は、彼女が父親鸞の死を母に報じた手紙である。もちろんその手紙は残っていない。しかしそれを受け取った母恵信尼の書状によると、親鸞の臨終は実に静かに息を引きとったようであって、あたりに妙なる香が漂ってきたり、音楽が聞こえてきたりするような臨終来迎を象徴するような現象は全くなかったらしい。そのために覚信尼は「お父さんは本当にお浄土へ往生したのだろうか」という意味の言葉を書き送ったようである。それだから恵信尼は書状の冒頭に、「なによりも殿の御わうじやう（往生）、中々はじめて申におよばず候」という書き出しで長い手紙を書くことになったのである。この恵信尼の親鸞を信頼した毅然とした言葉は、親鸞の妻として実に立派である。ところがそれにくらべて、娘の覚信尼の言うところは、親鸞の娘にふさわしくない。それはその当時の社会の一般的通念ではあったけれども、臨終来迎を否定した親鸞の娘としては、実に情けないものである。しかしそれは覚信尼のそれまでの経歴を思うと、父からは全く教育を受けていないのだから止むを得ない、と納得せざるを得ない。

覚信尼は右に述べたように元仁元年（一二二四）の誕生だが、この「元仁元年」は『教行信証』化身土巻にとり上げられ、釈尊入滅後の末法年代計算の基点とされている。覚信尼はそんな記念すべき年に生まれたのだが、残念ながら父親鸞からは何一つ教えてもらえなかったらしい。しかしそれは覚信尼に限ったことではない。七人（玉日の子と称する一人と恵信尼の子六人）の子のうち、京都時代に生まれた三人はもちろん、信蓮房以下の越後や関東で生まれた四人も父から宗教上の特別な訓育をうけた形跡が認められない。どうやら親鸞は、自分の子を自分の後継者にしようという意欲がなかったように思われる。その点、世襲制が一般的な真宗寺院とは大きく異なっている点が注目される。

なお、恵信尼と離別したあと、親鸞の身の回りを世話した女性は、「いまごぜんのはゝ」だと思うが、この点については後に述べることにする。

2　関東を離れた理由と関東へ残したもの

親鸞は六十二歳（文暦元年、一二三四）ごろ、関東を離れて故郷の京都へ帰ったといわれている。しかし『伝絵』にも、そのほかの史料にも、帰洛の年時や、帰洛の理由を何も記していない。伝承もなかったのであろうか。だから帰洛については昔から諸説がある。

その最も多いのが、還暦が過ぎて故郷が恋しくなったからというものである。それは心情的には理解できるものの、そんなことぐらいで、二十年も住み慣れた関東の地を去る気になるものだろうかという思いもわいてくる。まして二十年の教化によって多くの門弟が生まれている。彼らの親鸞を慕う気持ちは並大抵のものではない。京都へ帰った親鸞に会いたくて、わざわざ「オノ〳〵十余ヶ国ノサカヒヲコエテ、身命ヲカヘリミズ」（『歎異抄』第二条）旅をして訪ねてくる、というほどの慕い方である。そんな連中を関東に残したまま京都へ帰るには、それなりの理由があったに違いない。それは大きな問題点である。

ところで、親鸞にとってもう一つ重要なものを関東に残してきたことを、忘れてはならない。それは善光寺から授けられた阿弥陀三尊像である。この像は前節で述べたように、善光寺から親鸞個人に授与せられたものであった。したがって、これをどう処理するかは親鸞に委されていたはずである。京都へ持って帰ろうと、どうしようと、親鸞の自由であった。ところがこの像は、現に関東に今も残されている。京都へ持って行かなかったのである。なぜだろうか。これもまた大きな問題点である。

こうしてみると、親鸞帰洛の理由と阿弥陀三尊像残留の事実とは、どうやらからみ合っているように思われてくる。そこでいろいろ考えてみると、帰洛の問題を解く鍵の一つはどうやら三尊像にあるらしい。

まず、親鸞が阿弥陀三尊像を手離したということは、この像が善光寺勧進聖のシンボルだったことを思うと、親鸞が勧進聖であることを辞任したことを意味するのではなかろうか。還暦を過ぎた親鸞としては考えそうなことである。そして勧進聖を引退することになった場合、現代の我々だったら、善光寺へ行って三尊像を返納して勧進聖を引退することを承認してもらいたいと願い出るのではなかろうか、ところが中世の勧進聖たちは、返納ということをしなかったらしい。それは、現に二百体を越える善光寺式三尊像が全国に散在して残っていて、善光寺には一体も返納されていないらしいからである。この事実から、親鸞も返納ということは考えなかったに違いない。となると、この像はどう処理したらいいのか。選択肢は二つだろう。その一つは勧進聖の後継者を作ってその者にこの像を譲って、勧進聖を継続してもらうという道で、もう一つは、どこかの寺へ客仏として安置してもらうという道である。

親鸞がどちらを選んだか、明確な史料はない。しかし私は前者、つまり後継者へ委託する道を選んだのではないか、そしてその後継者として、高田の真仏を選んだのではなかったか、と考える。横曽根の性信や鹿島の順信など古参の有力門弟が多いのに、それをさしおいて、親鸞とは親子ほども年齢差のある若輩の真仏を選んだのは、人物識見が卓越していると同時に、椎尾氏という武士の家に生まれ、一族を代表して下野国高田にある虚空蔵信仰の聖地寺院を管理していたことから、万一勧進聖をやめた際には、その境内に別堂を建てて、この三尊像を安置してもらうにも好都合だろう、とも考えたからかもしれない。

そして真仏は勧進聖の活動を引き継ぎ、各地を遍歴したと思われる。『交名牒』によると、親鸞直弟の中で、真仏の付弟は十八名もあってずばぬけて多く、しかもそれが奥州を含めて広く各地に散在しているからである。親鸞と同じように、勧進聖として各地を遍歴しなければ、このように広範囲な教化活動はとてもできなかったのではないか、と思われるからである。

もう一つ有力な史料としては、南北朝期に著作された『三河念仏相承日記』である。その冒頭に、「真仏聖人」と記して「シンフチヒシリ」と振り仮名を同筆で記しており、真仏の弟子「顕智ヒシリ」が活躍したことを繰返し九回も記している。『三河念仏相承日記』は、近年その原本に近いとみられる南北朝期の古写本が発見せられて、その史料価値は一段と高くなった（真宗高田派『教学院紀要』第一五号、二〇〇七年。本書第二部第五章）。これによって、ヒシリ活動は真仏から顕智（高田派第三世）まで継承されたことは、ほぼまちがいない。ただ「顕智ヒシリ」とあるだけで「善光寺聖」とは記されていないので、「専修寺聖」であったかもしれず、その点一抹の不安はないではない。

ともあれ、以上によって真仏・顕智らが勧進聖的活動を継承していたことは、明確になったと言えよう。そして、顕智の晩年、あるいはその後継者専空（高田派第四世）が、専修寺境内に如来堂を建立し、ここに一光三尊仏を安置したとみられる。というのは、『専修寺文書』（重文。『真宗史料集成』第四巻）の中に、文和四年（一三五五）の「如来堂葺萱料足施入状」（断簡）と、応安二年（一三六九）の「高田荘如来堂堂職安堵状」などが、伝えられているからである。現在の堂は、江戸中期の再建だが、権現造風の屋根を載せた、やや特異な形状の堂で、古態を伝えるものと思われる（次頁図14）。堂の内部はさらに非真宗的な様相を見せる。たとえば正面欄間の彫刻は、馬上の聖徳太子像を中心として、左右に梵天と帝釈天の像を彫り（次頁図15）、さらにその左右の欄間に四天王像を二体ずつ彫っている。長野善光寺の影響を受けたものであろうか。なおこの一光三尊仏は宗派として「秘仏」となっており、十七年ごとに三重県の本山などへ出開帳が行われている。こうした「秘仏」という取り扱いが、いつからどういう理由によるものか、わかっていない。

以上のように勧進聖の後継者を作ることによって、親鸞の関東での仕事は一段落したので、京都へ帰ることになった、というのが私の親鸞帰洛説なのだが、これに付記しておかねばならぬのは、真仏たち後継者が募金に成功した場合、上部の「勧進上人」にそのうちのどれだけかを「得分」として献納することになっていたのではないかということである。それは、先にも少し触れたが、日本中世経済の慣例であった。親鸞もその慣例に従って、京都へ帰っていても、真仏たち関東門徒からなにがしかの上納金が送られてくるようになっていたのではなかろうか。親鸞消息の中に見える現金受け渡しの記事には、そういう上納金も含まれていたのではあるまいか。そういう周到な配慮をした上での帰洛であったと考えたい。

なお帰洛の途中、『伝絵』下巻第四段には箱根神社で厚遇をうけたことを記すほか、道中にあたる寺院にはいろんな伝説があるが、史料的裏付けもないので、この際は省略する。

図14　栃木県専修寺如来堂
入母屋造の屋根の正面に、大きな千鳥破風がつけられていて、権現造の神社建築を思わせるスタイル。

図15　堂内の内陣と外陣の境にある欄間彫刻
中央は甲斐の黒駒に乗った聖徳太子。向かって右側が梵天、向かって左側が帝釈天。太子は善光寺如来と手紙のやりとりをしたとの説話に基づくもので、一つの趣向として納得できるが、梵天帝釈のような密教像をここへ配置した理由はわかっていない。さらにこの欄間の左右の欄間に四天王像が彫られているのも、また異様である。

3　帰洛後の親鸞

『伝絵』下巻第五段によると、京都へ帰った親鸞は、京都市中をあちらこちらと転居したという。『伝絵』詞書は「扶風（右京）馮翊（左京）ところ〴〵に」と美辞麗句を並べているが、なぜそんなに転々と移住しなければならなかったのだろうか。その理由はわからないが、少なくとも大きな邸宅だったらそんなに簡単に引越しができるはずがないから、路地裏の小さな家に住んでいただろうことが窺い知られるのではなかろうか。

『伝絵』詞書は右に続けて、

五条西洞院わたり是一《これひとつ》の勝地なりとてしばらく居をしめたまふ。

という。五条西洞院といえば、今も鎌倉時代の昔も庶民の住む地域である。還暦を過ぎた御隠居さんの住む町にはあまり似つかわしくない。そんなところを「一の勝地なりとて」というのは通常の感覚ではない。覚如得意の文飾かとも思われるが、親鸞は二十九歳で比叡山を下りたとき、沈思黙考のできる静かな地を求めず、京都のド真ん中、庶民信仰の寺六角堂を選んだ。今回もまたそんな人間臭い所を選んだのである。そこに親鸞の性格と好みを見ることができる。と同時に親鸞の思想の底にそういう意識が流れていることを忘れてはなるまい。

そんな親鸞が帰洛したころ、京都にも善光寺の信仰が伝わってきた。善光寺式如来像の御開帳によって、多くの市民の参詣があったことである。それは藤原定家の日記『明月記』の嘉禎元年（一二三五）閏六月十九日条で、次のように書かれている。

近日聞く所の三尊の像に礼す。近日、京中の道俗騒動して礼拝すと云々。善光寺の仏を写し奉ると云々。（原漢文）

この像は京都で作られたらしいが、御開帳がどこだったのか書いてない。この像に親鸞がかかわっていたとすると面白いのだが、それは史料に現れない。また現在京都市内に「新善光寺」を称する寺院が三か寺あるので、それとの関係を調べてみたが、これもわからなかった。したがって今のところ何も言えないが、ひょっとすると、この像が親鸞を関東から京都へ呼び寄せた可能性があるかもしれない。

親鸞の五条西洞院の住居は、建長七年（一二五五）十二月、火災に遭って焼失し、親鸞は三条富小路にあった舎弟尋有の自坊善法院へ避難したことが、親鸞自筆消息（真仏房宛）および『恵信尼書状類』第一通の研究などによって判明している。そしてここが親鸞最後の住居となった。

4　関東の門弟たち

親鸞の門弟の名簿としては、『交名牒』がある。名前の下に住所を略記し、横に書き並べ、師弟関係を系図風に線でつないで表している。最初が親鸞の直弟四十四名で、そのあとにそれぞれの付弟を載せる。「交名牒」という名称は、岡崎市妙源寺（高田派）所蔵本の末尾に、

大概注進如斯
康永三季甲申十月廿七日書写之

とあって、幕府かまたはどこかの役所から求められて、提出した書類に依っていると考えられるからである。そしてその制作時期は康永三年（一三四四）を少し遡る鎌倉末期と推定されている。現在七本ほどが発見されていて、それぞれ若干の違いはあるが、そのほとんどは所蔵寺院の伝承を加えたりしたものなので、親鸞直弟部分には異動は少ない。そこでこれを史料として直弟と一般付弟の中でも「上人面授」と註記のある三名を加えてその分布を調

べてみると次のようになる。

常陸国　十九　下野国　六　下総国　四　武蔵国　一
相模国　〇　奥州　七　越後国　一　遠江国　一
京都　七　不明　一　合計　四十七

こうしてみると、直弟の大部分は関東の北東部と奥州（といっても福島県）を加えた地域に集中している。これは親鸞の教化がそのあたりだったから当然のことであろう。

ところで、この地域の現在の真宗寺院の分布数を他宗派と対比してみると、次頁の表のようになる。ここで注目されるのは、真宗寺院が非常に少ないことである。なぜこんなことになったのか。親鸞が二十年間かけて教化し、しかも朝廷からの弾圧をおそれることなく、自由に専修念仏の真髄を披瀝して聞く者を感動させたあの影響は、どこへ消えてしまったのだろう。これは大きな問題で、いろんな角度から研究を加える必要があろう。私がいま考えていることを一つ申し述べると、親鸞の教化そのものに地縁性を持たせようとする方途がとられていなかったことが一因ではないか、という点である。それは『親鸞聖人御消息集』（略本）第七通の真浄房宛消息の中で、慈信房善鸞の妨害を受けた真浄房に対し、

そのところの縁つき《（尽）》ておはしましさふらはゞ、いづれのところにてもうつらせたまひさふらふておはしますやうに御はからひさふらふべし。

との指示が出されているからである。道場や寺院を建てて、その地に念仏を定着させる方途がとられなかったこと、念仏の縁が尽きたら、いつでもどこでもほかへ移れるという基本姿勢が、念仏をその地へ定着させなかったのではないか。

親鸞直弟および現在の真宗寺院分布状況

地域別／種別	栃木県	茨城県		群馬県	千葉県	埼玉県	東京都	神奈川県	東北六県	全国
	下野	常陸	下総	上野	上総安房	武蔵		相模	奥州	
親鸞直弟	6	19	4	0	0	1		0	7	そのほかを含め 47
真宗寺院数	49	111		30	56	54	362	129	583	〃 21,401
管内総寺院数	977	1,255		1,202	2,948	2,151	2,940	1,881	5,671	〃 74,600
真宗寺院の占める割合	5.0%	8.8%		2.5%	1.9%	2.5%	12.3%	6.9%	10.3%	〃 28.7%
最も多い宗派と寺院数	曹洞宗 187	真言宗豊山 315		曹洞宗 362	真言宗智山 627	曹洞宗 522	日蓮宗 435 浄土宗 432	日蓮宗 289		真宗系

＊直弟の数は、『交名牒』（妙源寺本）を使用し、誤写と認められるものは修正した。また下総は府県制により二分されたが、直弟は利根川以北居住と認め、茨城県に算入した。
＊真宗寺院数は、真宗教団連合発表の資料に基づき、管内総寺院数は、1970年発行の『全国寺院名鑑』によった。

しかしそういう地域の移動は、勧進聖の基本姿勢でもあり、勧進聖として関東へ移り念仏を広めたことに付随する必然的側面だったかもしれない。

もう一つの問題点は、直弟たちがそれぞれ孤立していて、互いに連絡をとり合ったり団結したりすることがなかったことである。直弟たちは同じ信心の道を歩む者として互いに話し合い、助け合うということがなかった。いわんや門弟を組織化することなど全くなかったらしい。しかしこれは親鸞門徒だけのことではない。というより、親鸞自身がそのように教え込まれてきたのであった。それは先に述べたように、法然の遺言書「没後二箇条」に、「一所ニ群会スベカラザルモノナリ」とあったことを思い出していただきたい。親鸞も直弟も、その精神を受け継いできたのである。それが教団として大きく成長することを妨げたように思われる。

このことは、法然や親鸞の教団に限ったことではない。鎌倉時代の社会そのものが、主従関係とか、師弟関係とかいう縦の軸を中心にして成り立っており、横の連帯軸によって団結するのは、鎌倉時代も極末期から南北朝期にかけてのことであった。そういう社会意識が根底にあったからだ、と私は考えている。

5　善鸞義絶事件

親鸞の最晩年に、生涯で最も心を痛めさせられたであろう事件が起きる。それは我が子慈信房善鸞による関東教団の撹乱のため、親子の縁を切るという事件である。そんな悲痛な大事件にもかかわらず、『伝絵』はそれを全くとりあげていない。そのためもあって、詳しい顚末は今もって明らかになっていない。

まず善鸞という人物であるが、先に挙げた実悟の『日野一流系図』によると、親鸞の第三子で、母は恵信尼となっている。これを疑う向きもあるが、私は正しいと信じている。この系図によると第四子は明信（信蓮房）だが、『恵信尼書状類』第五通によって、親鸞の流罪中に生まれたことがわかっているから、その兄である善鸞は、流罪直前に京都で生まれたことがわかる。そしてこの系図には、「宮内卿」との註記があるが、これは実際にこの役職に就いていたことによるものではなく、覚如の子、従覚の制作した『慕帰絵』に善鸞の註記として「宮内卿公」とあることで明確なように、比叡山延暦寺の慣例である「公名」と呼ばれる俗名と考えられる。このことと『日野一流系図』とを併せ考えると、善鸞は親鸞が法然門下にいた時期に恵信尼との間に生まれ、親鸞が越後流罪となった際には、幼少のため親戚かどこかへ預けられ、成人してから比叡山僧となったものと考えられる。後年、親鸞帰洛後は『慕帰絵』の記事によると、折にふれ面会することはあったらしいが、その程度の交流にとどまっていたと思われる。

それが乗専制作の『敬重絵詞』によると、親鸞の「使者」として京都から関東へ下向したという。ただ、どういう使命でいつごろのことか、それを記した史料はないが、一般には建長三年（一二五一）親鸞七十九歳前後と考えられている。下向の理由についても、関東門弟の間に意見の対立があり、深刻化したので、親鸞の命によりそれを調停するためだった、との説が有力になっている。そして、門弟の中のいわゆる「造悪無碍」説を排除するために、その傾向のある門弟を鎌倉幕府へ告発したとも言われるが、彼の下向によって門弟間の対立は逆に激化したのだ、とも言われている。

しかしこの事件はそんな信仰上の問題だけだったろうか。親鸞が善鸞に与えた義絶状（顕智書写本が高田専修寺に伝蔵、重文）を見ると、第十八願は「しぼめる花」だと言って念仏を捨てさせたとの記事もある。また、自分は夜中に父親鸞から特別な伝授を受けたとも言い触らしたらしい。それは自分の存在価値を高め自分を権力化するための偽装工作とも言えるもので、それから類推すると、善鸞という名も、自分が親鸞ジュニアであることを宣伝するために、関東へ行ってから後に自分から言い出した名前かもしれない。親鸞の消息にもすべて「慈信」とあって、「善鸞」という名はどこにも見当たらないからである。

もともと善鸞は、父から真宗教義についての教育を受けたとは思われない。父親鸞も彼をあまり信頼していなかったと思われる。それは性信に宛てた義絶通告の書状（『親鸞聖人血脈文集』第二通）に、次のような言葉が書かれていることでも明らかである。

慈信《じしん》ほどのものゝまう（申）すことに、常陸《ひたち》・下野《しもつけ》の念仏者の、みな御《おん》こゝろどものうかれて、はてはさしもたしかなる証文《しょうもん》を、ちからをつくしてかずあまたかきてまいらせてさふらへば、それをみなすて（捨）あふておはしましさふらふときこえさふらへば、ともかくもまうすにをよばずさふらふ。（以下略）

これによれば、親鸞が善鸞を信頼していなかったことがはっきりわかる。ある学者は、親鸞は善鸞を「自分の名代として関東へ派遣した」というが、それどころか、『敬重絵詞』にいう「使者としての派遣」すらも怪しい。自分勝手に関東へ出かけたのではなかろうか。

一般に、自分の息子が相手に迷惑をかけるような行為を行った場合、何はともあれ、親たる者はまず「息子が迷惑をおかけして、申し訳ありません」とあやまるのが世間の通例であろう。それを親鸞はそんな陳謝の言葉を、一言もいわずに、「あんな馬鹿息子の言うことを真に受けて、私の教えたことを捨てるとは何事だ」と、逆に門弟を責めているのである。これでは、善鸞を関東へ行かせたのは、親鸞であるはずがない。善鸞に対する激しい怒りを表している。

なおこの事件は以上のような教団の問題だけではない。親鸞の家庭内の問題も大きくからんでいるらしい。しかしそれはさらに複雑な問題であって、後世の外部の者には理解し難い問題である。ただ一つ付記しておきたいのは、義絶状にみられる「まゝはゝのあまのいゐまどわせりといふこと」というくだりの「まゝはゝのあま」についてである。一般にこの女性を恵信尼に比定する傾向があるが、先にも述べたように『日野一流系図』によれば、善鸞も恵信尼の産んだ息子になっており、恵信尼はこのころ遠く越後に離れて住んでいて、親鸞に「つげ口」をするようなことはできるはずがない。それらを併せ考えると「まゝはゝのあま」を恵信尼にあてはめることは誤りだと思う。私は、晩年の親鸞に付き添って、身辺の世話をしたのは、常陸国出身の「いまごぜんのはゝ」と呼ばれる女性ではないか、と推定している。

本来ならば、この事件については、もう少し詳しく論ずべきであるが、今回は紙幅の関係上、以上にとどめることとする。

八　遷化

親鸞は高齢になっても精力を衰えさせることなく、しきりに門弟へ書簡を送ったり、文献となる書を書写して送ったりしていたが、さすがに八十五歳の書簡（『末灯鈔』第八通）ともなると、「目もみえず候。なにごともみなわすれて候うへに、ひとなどにあきらかにまふすべき身にもあらず候」と愚痴めいた言葉が出たりするようになった。そして門弟への手紙は八十八歳を最後にして見られなくなる。実はこの原稿を書いている私も、数え年九十歳であって、親鸞の気持ちは痛いほどわかる。

最後に親鸞自筆の書状で残されているのは遺言状ともいうべき書状で、二通が西本願寺に伝えられている。それは「いまごぜんのは、」へ宛てたものと、「ひたち《（常陸）》の人々」に宛てたもの（次頁図16）で、十一月十一日と同月十二日付である。

それから約一週間の後、念仏の声がだんだん小さくなり、静かに息をひきとられた。

弘長二年（一二六二）十一月二十八日のことであった。

翌日、居合わせた親族と門弟らによって葬儀が営まれ、遺骸は荼毘に付された（八四頁図17）。その場所については、高田本『伝絵』では「延仁寺五三昧処也」と註記されているが、それが現在のどこにあたるのかについては、本願寺派と大谷派とでは見解を異にしている。遺骨は、石塔を作り、そこに埋葬した。『伝絵』によると六角柱型の笠塔婆である（八四頁図18）。それは比叡山横川伝統の形式であった。この石塔は東山の斜面（現在の知恩院勢至堂付近）にあって、大勢が参詣し難いため、十年後の文永九年（一二七二）西麓の大谷の地へ廟堂を建て、石塔と

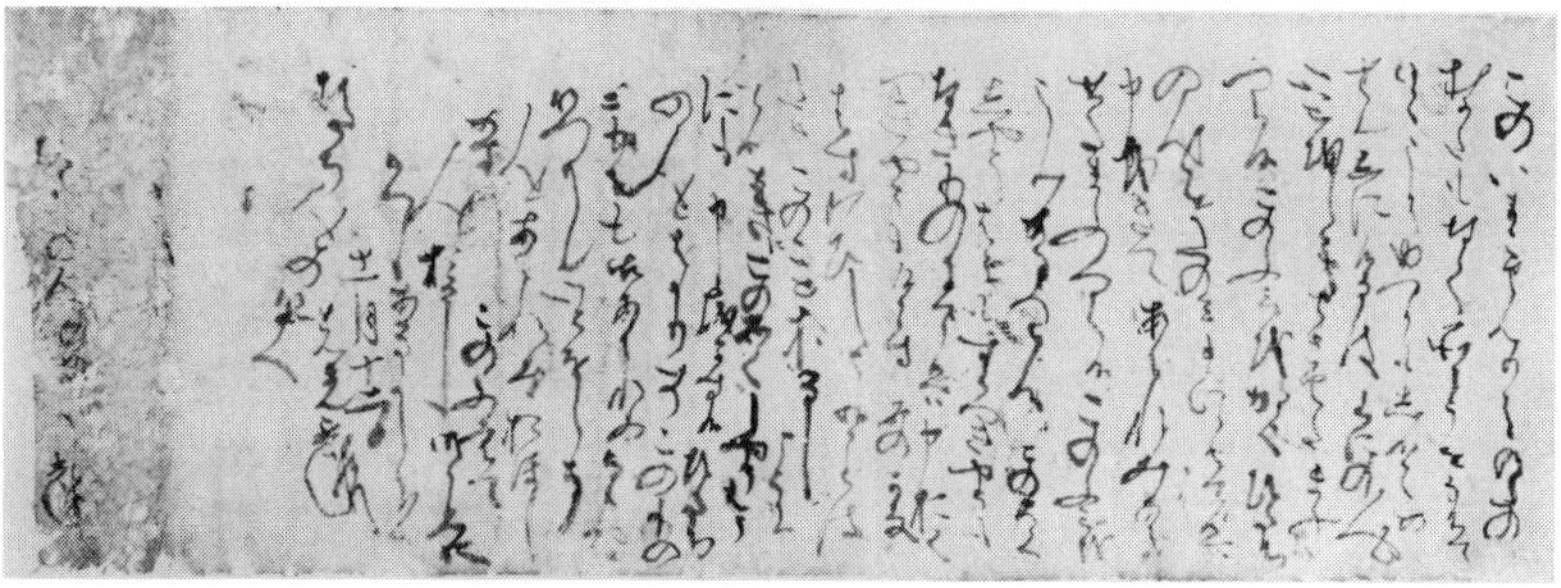

図16　親鸞自筆書状「ひたちの人々」宛（重文・西本願寺蔵）

解説

親鸞自筆書状（十一月十二日付「ひたちの人々」宛・重文・西本願寺蔵）

この書状は、親鸞死去の六日前、弘長二年（一二六二）十一月十二日に執筆されたと推定されていて、臨終直前らしく、それまでの自筆状にくらべると、その筆跡は大きく乱れている。また「親鸞」と署名すべきところを、「ぜんしん」（善信）と房名を書くなど、若干意識に混濁が来ていることを窺わせる。しかし自分が死んだあと、残る「いまごぜんのはゝ」と即生房について、この両名は生活の手段を持たない者だから、常陸国の門徒たちで面倒をみてやってほしい、という点については明確に記されている。

この件については、「いまごぜんのはゝ」宛の自筆状がもう一通、西本願寺に伝えられており、「お前たちのことは常陸の門徒へ頼んでおく」と記されていて、親鸞の周到さが窺える。

そこで問題になるのは、「いまごぜんのはゝ」とはどういう人物だろうか、という点である。私は晩年の親鸞と生活を共にし、身辺の世話をしていた女性だと推定している。そういう女性が身辺に居るのに、こんなどこかわびし気な遺書を書き残したのは、関東での恵信尼との愉しかった生活や、そこで生まれた我が子たちとも、離ればなれになってしまっている現実をふりかえっての感慨がこもっているのではなかろうか。

図17　『伝絵』親鸞火葬の場面
（重文・高田専修寺蔵）

図18　『伝絵』親鸞墓碑
（重文・高田専修寺蔵）

遺骨をそこへ移した。これが後の本願寺の起源である。また親鸞の忌日については、この論文の第一節でも述べたように、明治六年（一八七三）の暦法改正により、弘長二年（一二六二）十一月二十八日を遡って太陽暦に換算すると、一二六三年一月十六日となるというので、西本願寺と高田派本山専修寺とではこの日を正忌とし、報恩講を勤修している。

補註

（1）『聖典セミナー　親鸞聖人絵伝』（本願寺出版社、一九九七年）二五頁にも同様の記述があるが、存覚による『無量寿経』の識語は戦前から知られていた。『親鸞』〈歴史文化ライブラリー37〉（吉川弘文館、一九九八年）二六頁には、大正十一年（一九二二）に出版された中澤見明『史上之親鸞』（文献書院。法藏館、一九八三年復刊）や、昭和九年（一九三四）に刊行された山田文昭『真宗史稿』（破塵閣書房。法藏館、一九六八年復刊）などが文献として挙げられている。『史上之親鸞』は、一一八頁にこの識語を引用するものの、有範の中陰中に兼有が加点したという情報に存覚は多少の疑義を抱いていたのではないか、としている。しかし山田文昭『真宗史稿』一八五頁以下では識語の信憑性を認め、有範の死去は兼有が成人した後であった、とした。戦後の学者もこれを支持し、現在では有範長命説が定説となっている。

（2）ここに「大事」とあるが、原文のこの部分を「たい事」と読むか「たいふ」と読むかでは説が分かれる。近年は後者の読み、すなわち「たいふ（大風）」と解する説が有力になっている。

第二章　親鸞の六角堂夢想について

一　なぜ六角堂に参籠したか

恵信尼消息の発見と六角堂夢想

親鸞伝の中で、六角堂の夢想はこれまでしばしば多くの学者によって問題とされてきたテーマである。早く江戸時代には、親鸞伝のベストセラーであった『高田開山親鸞聖人正統伝』（以下『正統伝』と略称する）がその中心テーマをここに置いて、いろいろ論述している。

近代に入って、西本願寺宝庫からの恵信尼消息の発見は、親鸞伝を大きく書き変えさせることになったが、その最大のものは、親鸞の法然門下への入門が、六角堂の夢想を契機とするものであったことである。覚如の制作した『親鸞伝絵』（以下『伝絵』と略称する）では、抽象的に「隠遁のこゝろざしにひかれて、源空聖人の吉水の禅房に尋参たまひき」とだけ書かれていて、曖昧であった吉水入室の原因が、実は六角堂に百日参籠し九十五日目の暁に、「聖徳太子の文を結ひて示現」したことによったことが、まことに臨場感溢れる文章で感動的に書かれていたのであった。存覚が『嘆徳文』の中で、

特《ニ》運《ンテ》二歩《ヲ》於六角之精舎《ニ》一、底《イタス》二百日之懇念《コンネンヲ》一之処《ニ》、親《マノアタリ》得《テ》二告《ツケヲ》於五更之孤枕《ニ》一、咽《ムセフス》二数行《カウ》之感涙《ニ》一之間、幸臻《ニイタリテ》二黒谷聖人吉水《ノ》之禅室一、始《ニ》入《テイリタマヒシヨリ》二弥陀覚王浄土之秘局《ケイニ》一

と述べていたことも、この消息によって、まちがいなくその通りであったことが立証せられた。恵信尼消息の発見によって六角堂が親鸞の生涯の中に占めるウエイトは一段と重みを加えたと言える。

比叡山を下りた理由

そこで問題となるのは、親鸞がなぜ六角堂に参籠したかである。それは必然的に彼が「山をおり」た理由ともかかわるであろう。九歳の春に、慈円のもとで鬢髪を剃除してから二十年、ひたすら修行を積み重ねた比叡山を下りたのは、当時の比叡山が、世俗化し門閥化し民俗宗教化して、修行の場に適しないことがわかったからだとする説がある（『本願寺史』第一巻、浄土真宗本願寺派宗務所、一九六一年、四一頁）。たしかに当時の比叡山は、最澄が創立したときの理想から見れば腐敗堕落していた。しかしそれなれば親鸞はほかに適切な修行の場を求めたはずである。しかるに彼が選んだ六角堂は、庶民信仰の寺として知られており、言うなれば民俗宗教的な寺であって、もし親鸞が比叡山の世俗化・民俗宗教化に幻滅を感じて去ろうとしたのだったら、そんな親鸞の修行の場としてふさわしいとは考えられない。したがって比叡山を下りたのは、比叡山の実状に原因があるとする説には賛成できない。それよりも、親鸞自身に原因があったとするべきではなかろうか。

その点で、存覚の『嘆徳文』が、比叡山での親鸞を「雖《トモ》レ凝《ラスト》二定水《ヲ》一、識浪頻《リニ》動《キ》、雖《トモ》レ観《スト》二心月《ヲ》一、妄雲猶《ホ》覆《フ》」と記しているのは、含蓄の深い重要な文章と考えられる。すなわち、天台の修行をいろいろに積み重ねてみても、心は浪のように動いて集中せず、煩悩の妄念に覆われている、というのであって、親鸞は迷い悩んでいた、と記している

のである。出離得悟の道を歩もうとして歩めない自分自身に絶望していたとも言える。その絶望感、挫折感から、二十年の修行を捨てて比叡山を下りることになった、と考えたい。

その根拠となった煩悩の妄念を、赤松俊秀博士は大胆にも「性の悩み」と論断せられた（『親鸞』〈人物叢書〉吉川弘文館、一九六一年、六〇頁以下）。その論証の過程には若干の問題があるが、それについては後に述べることとして、博士の結論そのものには強く賛同したい。

六角堂の信仰

ともあれ、山を下りた親鸞は、六角堂に行ったのであるが、なぜ六角堂を選んだのか、親鸞の著述の中からも、それらしき気配を窺い知ることはできない。親鸞の著述に六角堂が現れるのは、『皇太子聖徳奉讃』という和讃に、

六角ノ精舎ツクリテゾ　閻浮檀金三寸ノ　救世観音大菩薩　安置セシメタマヒケリ

と述べられているだけである。これは当時の最もありきたりの六角堂縁起説話に基づくものであって、そこからは親鸞との特別なかかわりを示すものが全く感ぜられない。

親鸞の著述の中から、六角堂についての特別な信仰を引き出し得ないということになれば、当時一般に六角堂がどのような信仰を集めていたかという点から推測するよりしかたがないが、当時の文献から知られる六角堂は、何よりも庶民的な信仰の寺だったということである。その名は、平安中期以来、しばしば貴族の日記にも現れている。それは貴族の個人的な信仰もあるけれども、『中右記』長承元年（一一三二）三月十七日条に「清水寺・六角堂参詣之輩数千万」と記されているように、何よりも庶民が集まる寺であった。『梁塵秘抄』に、

観音験《しるし》を見する寺、清水・石山・長谷の御山、粉河・近江なる彦根山、間近く見ゆるは六角堂、（三一三番）

験仏の尊きは、東の立山、美濃なる谷汲の彦根寺、志賀・長谷・石山・清水、都に真近き六角堂（四二八番）

と詠われているように、観音霊験所として著名であった。

参籠の盛行

観音の霊験にも除災招福などいろいろの種類があるが、ここで問題となるのは、観音霊験には夢と託宣がかかわっている場合が多いことである。『長谷寺験記』や『石山寺縁起』は、いずれも鎌倉時代に成立した霊験譚であるが、ほとんどが夢告を中心としている。これらから右に記した『梁塵秘抄』の「観音験を見する」とは「お告げの験《しるし》として「夢を見せる」ことをさしたもの」（五来重「物詣と夢告」〈『絵巻物と民俗』角川書店、一九八一年〉）と考えられている。

自分の針路を見失った人々が、神仏に祈ってその判断を求めるのは、平安末期以来中世の一般的風潮であった。そんな人々の増加によって、中世の寺院では、本来は仏像を安置して法会を行うための堂であった建造物の中に、特別祈念のための場として外陣とか脇陣と呼ばれる部分が設けられたり、本堂の前に礼堂という建造物を付加したりするようになったことが知られている（伊藤延男「仏堂平面の変化」〈『原色日本の美術』第九巻「中世寺院と鎌倉彫刻」小学館、一九六八年〉）。

そんな場所に籠もり、一心に祈念するのが「参籠」であって、右の長谷寺や石山寺の縁起に数多く登場するし、『今昔物語集』などの説話集にもその例が多い。親鸞はそんな一般的な例にならって、霊験の寺六角堂に参籠したものと思われる。

そこで注目されるのは、恵信尼の消息によると、親鸞の参籠は百日という長期間であったことである。『今昔物語集』そのほかに見られるこの当時の参籠は三日とか七日とかで、せいぜい多くて十日ほどであって、百日というような長期間にわたるものは、寡聞にしてその例を見ない。これはそれだけ親鸞の悩みは深く、祈念の気持ちが強かった、と言えよう。

六角堂と比叡山

それにしても、親鸞が多くの霊験所の中から六角堂を選んで参籠したのはなぜだろうか。先に引用した『梁塵秘抄』の今様には、六角堂のほかに清水寺、石山寺、長谷寺、彦根の西寺観音、それに立山は遠方に過ぎるにしても美濃の谷汲も見えている。その中でも清水寺は同じ京都市内であり、六角堂よりも著名であったはずであるのに、そこへ行かず、六角堂が選ばれたのはなぜか。

その問題に新見解を示されたのは大谷大学の名畑崇氏（「親鸞聖人の六角堂夢想の偈について」〈『真宗研究』第八輯、一九六三年〉。のち『日本名僧論集』第七巻「親鸞」〈吉川弘文館、一九八三年〉、および『親鸞大系』歴史篇第二巻〈法藏館、一九八八年〉収載）であって、『天台座主記』によって建保六年（一二一八）当時、六角堂が比叡山の末寺になっていた事実を指摘し、これが『嘆徳文』の「近《クハ》対《シ》二根本中堂之本尊《ニ》一、遠《クハ》詣《デテ》二枝末諸方之霊窟《ニ》一」という文章と符合するから、「親鸞聖人と六角堂との結びつきには、六角堂が叡山配下の霊所であったことが事縁の一つとなっていたのではないか」と推測せられた。十分に可能性のある有力な学説と言える。

聖覚法印の関与

それとは全く別に、六角堂と親鸞との関係を考えさせる説話が、『沙石集』巻第六の第八話に収められている。

それは「説教師下風讃《げふうほめ》タル事」という見出しで、

六角堂ノ焼失ノ時、彼勧進ノ為ニ、日々ニ説法アリケリ。聖覚ノ説法セラレケル日、殊ニ聴衆ヲホカリケル中ニ、若キ女房、礼盤近ク居テ、眠リケルガ、堂ノ中モ響ホドニ、下風ヲシタリケルガ……

と若い女房がおなら（屁）をおとしたのを、説法をしていた聖覚が巧みにとりあげて讃めた、という説話である。

聖覚は、唱導の達人として知られる安居院澄憲の子で、彼もまた弁舌爽やかで巧みな説教をすることで著名であって、この説話は、唱導の名手としての評判を踏まえたものであるが、彼はまた天台の学僧としても誉高い地位にあった。しかも浄土教団においては、法然教義の正統的理解者と言われ、法然の言葉として、「聖覚法印わが心をしれり」との語も伝承されている（『法然上人行状絵図』巻第十七）。近年、嘉禄三年（一二二七）の念仏弾圧事件における聖覚の行動に不審な点のあることから、その思想に疑問を投げかける論文（平雅行「安居院聖覚と嘉禄の法難」〈中世寺院史研究会編『中世寺院史の研究』上、法藏館、一九八八年〉。のち『日本中世の社会と仏教』塙書房、一九九二年収載）も出ているが、それについての論評は別の機会に譲ることとして、たとえ聖覚が浄土教団に対してどうであろうと、親鸞が聖覚に対して強い親近感を持ち、高く評価していたことだけは、まぎれもない事実である。

法然の六七日忌法要に導師をつとめた際の聖覚の表白文と思われる文章を、親鸞は『見聞集』（高田専修寺蔵、重文）の中で自筆で書きつけ、さらにその一部を『尊号真像銘文』にとり入れている（梅原真隆『尊号真像銘文講義』専長寺文書伝道部、一九五〇年、三八四頁）。しかもその表白文の中から『正像末法和讃』に二首の和讃を制作している。「無明長夜ノ灯炬ナリ、智眼クラシトカナシムナ……」の一首と、恩徳讃と呼ばれる著名な一首とである。それだけではない。聖覚の著書『唯信鈔』を自分の門弟に推奨すると共に、自ら筆をふるってこれを書写し、門弟に与えた。しかも『唯信鈔』の中の漢文についてわかり易く嚙み砕いた著書『唯信鈔文意』を著して、門弟に与えているなど、聖覚に対する肩の入れ方は尋常のものではない。

ところが『唯信鈔』を読むとき、そこに述べられている彼の思想は親鸞のそれと大きく異なっているらしいことに驚かされる。たとえば、

念珠をとらば、弥陀の名号をとなふべし、本尊にむかはゞ、弥陀の形像にむかふべし、たゞちに弥陀の来迎をまつべし

と来迎を待つのは、来迎を厳しく否定した親鸞とは全く反対である。親鸞がなぜこのように自分の思想と異なる思想の書を門弟に推奨したのかは問題の存するところであって、石田瑞麿氏のようにそのことが親鸞が去ったあとの関東の門弟たちを変質させ、信仰の内部崩壊へ進ませたのだとする見解もある（「親鸞と聖覚」〈『法然と親鸞』秋山書店、一九七八年〉）。

親鸞と聖覚をつなぐもの

親鸞と聖覚とが必ずしも思想的に一致しない、ということになると、両者の関係は思想以外のものが媒介したと考えざるを得ないが、両者がどこで結びついたかを考えると、まず同時期に比叡山で勉学したことが挙げられる。聖覚が比叡山へ上ったのがいつの時であったかはわかっていないが、親鸞より六歳の年長であり、当然親鸞より早く叡山に登ったと考えられ、東塔北谷竹林房の住侶となって、静厳法印に学んだと伝える（『明義進行集』巻第三）。その点で、親鸞も叡山においては竹林房静厳に師事したとの伝承があり、注目される。もっともこの伝承を載せるのは『親鸞聖人正明伝』と『正統伝』（共に『真宗史料集成』第七巻、同朋舎、一九七五年）という江戸時代の史料であって、一般的に信頼度の低い史料と考えられている。しかしここに収められている伝承には古い伝承が多いらし

いことも指摘されており（山田雅教「親鸞聖人正明伝の成立」〈平松令三先生古稀記念論集『日本の宗教と文化』同朋舎出版、一九八九年〉）、あながちに看過してよいものではないと思われる。しかしこの伝承だけで、叡山大衆三千人の中で、二人が特別なつながりを持っていたことの立証にならないのは当然である。

その点で、松野純孝氏が指摘せられた建久三年（一一九二）四月二十一日の『心記』の記事は重要である。それは後白河法皇崩御に殉じて出家した近臣日野範綱が、法皇供養の仏事を営みその導師として聖覚を請じたというものである。範綱は親鸞の伯父であって、親鸞出家得度の際に後見役をつとめたことは、『伝絵』上巻第一段に記すところである。範綱がどういう理由で聖覚を招請したのかはつまびらかでないが、『明月記』（建久三年三月十六日条）によると、後白河法皇の御葬送に参じた御前僧十三名の中に、父澄憲と聖覚の名があり、そのとき範綱が出家しているので、あるいはそのとき範綱と聖覚との接触があったのかもしれない。建久三年（一一九二）といえば親鸞は二十歳、比叡山でひたすら修行の日々を送っていた時期である。伯父範綱が媒介となって、親鸞と聖覚との交渉があった可能性は十分考えられるのではなかろうか。

武内義範氏は最近の著書（『浄土仏教の思想』第九巻「親鸞」講談社、一九九一年、二七頁）において、日野家の菩提寺法界寺の復興に聖覚が大きく関与したとの史料（「春華秋月抄草」）によって、聖覚と日野家、ひいては親鸞とのかかわりに注目しておられる。その史実が親鸞在関中であったらしい点（岩城秀雄「法界寺の歴史と信仰」〈『古寺巡礼　京都』29「法界寺」淡交社、一九七八年〉）でいま一歩の感はあるが、親鸞と聖覚とのつながりを推察させる史実であることはまちがいない。

親鸞・聖覚・六角堂

これらの事実を背景にして、先に記した『沙石集』の六角堂における聖覚の説話を考えるとき、六角堂と親鸞とのかかわりに、聖覚が介在していた可能性がない、とは言えまい。ただ『沙石集』の説話がいつの事実を指しているのかは明らかでない。「六角堂ノ焼失ノ時」と言うが、六角堂は実にしばしば火災に遭っており、史料によって知られるだけで十八回を数える（平安京跡研究調査報告第二輯『平安京六角堂の発掘調査』一九七七年、一〇六頁）。そのうち聖覚在世中の火災は、建久四年（一一九三）十二月、建仁元年（一二〇一）十一月、承元元年（一二〇七）四月、建保元年（一二一三）十月、建保三年（一二一五）十月の五回もあって、どれと特定できないのは遺憾であるが、聖覚が天台の学僧として重要なポストにあり、六角堂はその天台宗の末寺であったこと、それに加えて、聖覚は唱導の名人として聞こえており、六角堂はそうした唱導が行われる庶民大衆の寺であってみれば、六角堂と聖覚とが強いつながりのあったのは十分に想察できる。とすればそれに親鸞が加わって、親鸞・聖覚・六角堂の三者が一本の糸でつながっていた、とする推測も可能になるのではあるまいか。

その点で、『正統伝』に、親鸞二十九歳の三月、六角堂へ参詣の途次、四条橋にて聖覚と行き会い、法然を訪ねるよう指導された、との説話を収載しているのも注目される。『正統伝』は前に記したように信憑度の低い史料ではあるが、この書の著者五天良空が根も葉もない全くの空想的な伝記を書いたとは思われない。親鸞と聖覚、それに六角堂とにつながる何らかの伝承を基にして、右のような記事を書いた可能性があるのではなかろうか。

親鸞の六角堂参籠については以上のような推測を行っているのであるが、如何であろうか。

二　行者宿報偈文の問題点

廟窟偈は失格

六角堂の夢想については、もう一つ大きな問題がある。それは親鸞を法然のところへ行かせる原因となった夢想の内容は何か、ということである。恵信尼の消息第三通は追而書に、

このもん《文》ぞ、殿のひへ《比叡》のやまにだうそう《堂僧》つとめておはしましけるが、やま《山》をいでゝ、六かくだう《角堂》に百日こもらせ給て、ごせ《後世》の事いのり申させ給ける、九十五日のあか《暁》月の御じげん《示現》のもんなり、ごらん候へとて、かきしるしてまいらせ候。

と記しているのだが、おそらく別紙に書かれていたと思われる「示現の文」は失われていて、見ることができないからである。そのため、この恵信尼の消息発見以来、どんな文だったかが問題とされてきた。その文とは消息の本文中に「しやうとくたいし《聖徳太子》のもん《文》をむす《結》びて」とあるところから、聖徳太子に関係のある文であることだけはたしかである。そこで親鸞に関係あり、とみられる聖徳太子関係の文をとりあげ、一々について検討してみた結果、ピッタリした内容のものはないけれども、「太子廟窟偈」がそれに何とか適合し得るのではないかとされ、通説となっている。言うなれば、聖徳太子関係の文について、不適格なものは消していって、最後に残ったのが廟窟偈、という消去法的論証の結論であったらしい。

しかし廟窟偈というのは二十句よりなり、ここに葬られている太子母后と、太子、太子妃の三人を阿弥陀三尊に見立て、磯長廟はその三尊のいます大乗功徳の地であって、「一度参詣すれば、悪趣を離れて、極楽界に決定往生

せん」と述べたものである。つまり磯長廟へ人々を参詣させようとする一種のコマーシャルメッセージである。したがって文面は聖徳太子の言葉のごとくになっているが、もちろん後代に磯長廟を盛り立てようとした人々による偽作であることはまちがいなく、その成立年代は十一世紀から十二世紀前半までの間とされている〈小野一之「聖徳太子墓の展開と叡福寺の成立」〈『日本史研究』三四二号、一九九一年〉〉。

したがって親鸞がこれを夢告によって教えられたのならば、聖徳太子磯長廟へ行くべきであって、法然のところへ行くことにはならないはずである。磯長廟と法然とは直接の関係がないからである。したがってこれが六角堂の夢想であったとは思われない。この結論を出した消去法的論証のどこかに誤りがあった、としなければならない。

赤松俊秀博士の新説

そこで全く別の提案をせられたのが、赤松俊秀博士であって、恵信尼の消息に添えられていた六角堂夢想の偈文は、「行者宿報設女犯、我成玉女身被犯、一生之間能荘厳、臨終引導生極楽」の四句であったとするものである〈前掲『親鸞』四九頁以下〉。この「女犯偈」とも言われる偈文なれば、廟窟偈よりも遥かに親鸞を法然のもとへ行かせるのに適した内容である。その理由については赤松博士が詳しく述べておられるので、いまそれを再説する必要はなかろう。内容からは適格であったのであるが、多くの学者はこれを不適格としてきた。消去法によって消されてしまっていたのである。

その理由は簡単である。この偈文が覚如の『伝絵』の中で「吉水入室」の段の次の段に配置されているからである。つまり、法然門下へ入ってから後にこの夢想があったということになっているからである。したがって『伝絵』の構成そのものを否定しなければ、この偈文を吉水入室の原因とすることはできないのである。しかるに『伝絵』は何と言っても親鸞の伝記に関しては第一級の史料であり、これを否定するのは容易なことではない。かつて中澤見明氏が『史上之親鸞』（文献書院、一九二二年。法藏館、一九八三年復刊）を著して『伝絵』の虚構をあばこうとしたことがある。とくに六角堂の夢告をはじめ、箱根霊告、熊野霊告など夢による神仏のお告げを基としている説話はどれも覚如が故意に行った創作である、と極めつけたのであったが、その後の研究はそれを認めず、逆に覚如は伝承に忠実に『伝絵』を制作したものである、とするようになった。『伝絵』の信頼度は十二分に恢復しているのが現状である。

赤松博士はそれに対して、覚如は『伝絵』を誤って構成したもの、と考えた。中澤氏のように故意に創作したものとするのではなく、永仁三年（一二九五）、二十六歳だった覚如は、親鸞の吉水入室についての詳しい事情を知らなかったのと、女犯についての四句の偈文は吉水入室と同じ年の四月五日に感得したもので、後年親鸞が東国で布教するのを予言したもの、と聞かされていたので、『伝絵』上巻では第一段の出家学道に続いて、第二段に吉水入室を、第三段に六角堂の夢想、という構成にしたのだ、というのである。

これが推測だけならば、そう説得力のあるものとは言えないが、覚如が知らなかった理由というのは、永仁三年（一二九五）伝絵制作のころは、いまだ恵信尼の消息を見ていなかった、彼が恵信尼の消息を見たのは、『伝絵』を制作してから十二年後の徳治二年（一三〇七）四月十六日だ、というのである。四月十二日に父覚恵が亡くなって、その遺産相続をしたとき初めて曽祖母恵信尼の消息を見たと言うのだが、これは恵信尼の消息を見ると「なるほど」と理解される。恵信尼の消息第五通の末尾にある「上人ノ御事、ゑちごのあまごぜんの御しるし文」という別筆の下に、「この御うはがきは、こ《故》上の御て也、徳治二年丁未四月十六日覚如しるす」と記したり、第四通の「ゑちこの御文にて候」という端裏書に、「此御表書は覚信御房御筆也」と書き加えたりしていて、「このとき初めて見た」とは書いてはいないが、初めて見たらしい気分は十分に窺うことができる。このため赤松博士の推測は俄然説得力を帯びてくる。この覚如の添書にそんな意味を見つけたのはたしかに博士の慧眼であった。

赤松新説のつまずき

ところがこの赤松説は猛反撥を受けることになる。それは覚如が恵信尼の消息を見たことによって、自分が誤っていたことに気付きながら、それをなぜ訂正しなかったのか、ということについての赤松博士の解説が真宗史学者たちの賛同を得られなかったためである。博士の解説は『伝絵』諸本の吉水入室段詞書冒頭が「建仁第三の暦春のころ聖人二十九歳」となっていることと、六角夢想段冒頭が「建仁三年辛酉四月五日夜寅時」となっていることがからんでいる。親鸞の吉水入室は自著『教行信証』化身土巻のいわゆる「後序」に、「愚禿釈鸞建仁辛酉暦、棄雑行兮帰本願」と記されていて、建仁元年辛酉の二十九歳であったことは明らかであるから、「建仁第三の暦」とするのは誤りである。また六角夢想段では、建仁三年（一二〇三）なら干支は癸亥であり、辛酉なら元年でなければならない。紀年と干支とが不一致なのである。ところで西本願寺の琳阿本『伝絵』だけは、吉水入室を「建仁第一乃暦」としていて聖人の年齢と一致するし、六角堂の夢想は「建仁三年癸亥四月五日」となっていて干支と紀年とが一致する。現存する『伝絵』諸本のうちで、琳阿本・高田専修寺本・東本願寺康永二年本の最も重要な三本はどれも詞書は覚如自筆と認められるのに、その三本の間に右のような違いがあり、とくに東本願寺の康永二年本は、覚如七十四歳のときに作った最後の決定版とされる本であるのに、それも訂正されていないのである。

それについて博士は、琳阿本が初稿の形態をよく残した最も古い本と考えたので、覚如は永仁三年（一二九五）の初稿時は、当時の伝承に従って、紀年を正しく書いたのだったが、恵信尼の消息を知って、それが誤りであることを知ったが、吉水入室後と六角夢想段の順序を入れかえる、という根本的な改訂を施さず、「あわてふためいたあまり」「一時を糊塗するために」詞書の「建仁第一」を「建仁第三」に、「建仁三年癸亥」を「建仁三年辛酉」と小手先細工を加えるにとどめた。これは「大幅改訂の労を惜しんだのと、伝絵を読む門徒の知識水準を低く評価した、のによるものであろう」、と推測した（「専修寺本『親鸞伝絵』について——宮地廓慧教授の批判に答えて——」〈京都女子大学『史窓』第二一号、一九六二年〉。のち『続鎌倉仏教の研究』〈平楽寺書店、一九六六年〉収載。著作集第一巻『親鸞伝の研究』〈法藏館、二〇二一年〉収載）。

しかしこれは赤松博士の勇み足であった。まず京都女子大学の宮地廓慧氏が猛反撥した。赤松氏の説は憶測からのデッチあげで、しかも覚如上人を侮辱するものであって、氏が覚如に投げかけた「怠慢と傲慢」との評はむしろ赤松氏自身に投げ返さるべきである、と激しい口調で論難した（「再び六角夢想の年時について」〈『史窓』第二二号、一九六四年。のち『親鸞伝の研究』〈百華苑、一九六八年〉収載）。

赤松博士と親しい藤島達朗博士も赤松説には賛意を示さず、（補註1）学界の多くもまたそうであった。覚如への不信感が強すぎる、との印象が大勢を制したようで、吉水入室の機縁となった六角堂の夢想を「行者宿報設女犯」の偈文とする赤松説は定着できなかった、と言える。

赤松説を修正することはできないか

かくて赤松説は残念な状態になっているのであるが、赤松博士の、親鸞を吉水へ行かせる契機となった偈文は「行者宿報」の偈文こそ適切であろうとする意見と、覚如は徳治二年（一三〇七）三十八歳のとき初めて恵信尼消息を見たのであって、これまでは吉永入室の理由を知らなかったので、『伝絵』の構成を誤った、とする意見は、傾聴に価するものであった。しかし博士はその締めくくりを誤ったので、学界の総スカンをくらったような格好になったのである。

そこで赤松説を検討してみると、赤松博士は現存する『伝絵』諸本のうちで、琳阿本を最初の稿本の忠実な模本と考え、高田専修寺本を徳治二年以降の成立と考えるため、それと辻褄を合わせようとして、右に述べたような推測となったのであった。高田専修寺本の成立をそんなに引き下げて考えるのは赤松博士ただ一人であって、美術史の専門家（たとえば源豊宗「親鸞聖人伝絵の研究」〈『日本絵巻物全集』第二〇巻「善信聖人絵・慕帰絵」解説、角川書店、一九六六年〉）など、ほとんどの学者は専修寺本の第二奥書「今同歳太呂仲旬第三天又書之」によって、覚如初稿制作の二か月後の制作と認めている。赤松博士はこれを無視しておられるが、これは実に博士らしからぬ観察と言わねばならない。

また琳阿本は早く中澤見明氏（「親鸞伝絵の永仁本及康永本の相異について」〈『高田学報』第一輯、一九三二年。のち『真宗源流史論』法藏館、一九五一年、一九八三年復刊〉）が提唱せられたように、その詞書とくに第一段の詞書は原初的で、最も初稿本に近いのはまちがいない。しかし博士の評価がいささか過大であって、琳阿本が全く初稿原本の通りであるとするのには問題がある。詞書が原初的であることは認められるが、初稿原本からの写しであることは、熊野霊告段に五十一字分の脱落があって、このため一部に文脈が切れて意味が通らなくなっていることからも明らかであり（初稿原本が建武三年〈一三三六〉に大谷本願寺の炎上と共に焼失したことについては、康永二年本の奥書によって疑いない）、書写の際に紀年や干支が訂正された可能性はないとは言えない。そのほかこまかい論証は他日を期することとするが、琳阿本の成立は、大谷廟堂の内部に親鸞像が描かれていないことなどから、延慶二年（一三〇九）の唯善による親鸞像奪取逃走以降とする源豊宗説（前掲論文）を正当と考える。

『伝絵』諸本をこのように考えると、吉水入室段の「建仁第三の暦春のころ聖人二十九歳」と六角夢想段の「建仁三年辛酉」は初稿当初から最後の康永二年本まで変わっておらず、ただ琳阿本だけが部分的に修正されている、ということになろう。これは宮地廓慧氏も述べておられるように、『伝絵』初稿のとき覚如が年表を見まちがえたか、覚如の年表自体が誤っていたか、いずれにせよウッカリミスに類するもので、琳阿本書写の際に、ふと気付いて紀年と干支を修正したものの、そのあとは初稿当時のままに書き続けたと考えざるを得ない。その点で赤松説はあまりにも推理を屈折させすぎている、と思われる。しかしながら覚如が『伝絵』制作の当時、吉水入室の事情を知らなかったのと、六角堂夢想が関東教化の予言と理解していた、とする点では赤松説を支持したい。

徳治二年（一三〇七）に初めて恵信尼の消息を見た、というのも、先に述べたように信頼できる。ただし赤松博士は、そのとき覚如は恵信尼の書いた「行者宿報」の偈文を見て、自分の誤りに気付いた、と断定しておられるが、そう断定できるだろうか。恵信尼が「ごらん候へとて、かきしるしてまいらせ候」と書いた紙片が、徳治二年（一三〇七）には存在した、とは限らないのではなかろうか。博士はそれを見て知った、と断定したために、屈折した推理を行わねばならなかったのである。もしその紙片がそのときすでに失われてなくなっていた、と考えてみたらどうであろうか。何分にも恵信尼が書き送った弘長三年（一二六三）から徳治二年（一三〇七）までは四十四年という歳月が過ぎているのであって、恵信尼が書き送った紙片がそのときすでに失われていた可能性は大いにある、としなければならない。

覚如には悪意はなかった

偈文を書いた紙片が失われていて、消息の本文だけしか見なかった場合、彼は現在の学者の中でも考えられているように、親鸞は六角堂に二度参籠したのではないか、というように推定したのではなかろうか。つまり吉水入室前の参籠と、「行者宿報」の偈文を得た参籠とである。その可能性は大きい。そうだとすれば、覚如は何も吉水入室段と、六角夢想段とを入れ替える必要はないことになる。覚如は赤松博士の言われるように「大幅改訂の労を惜しんだ」のではなかったのである。彼にはそんな悪意はなかったのである。

ましてや覚如の恵信尼消息の読み方は、随分と粗雑な読み方をしていたようである。たとえば彼は『口伝鈔』の第十二章「聖人本地観音の事」において、恵信尼の消息第三通に記された親鸞を観音の化身とする恵信尼の夢を記述しているが、消息には常陸国下妻境郷でのこと、と記されているのに、『口伝鈔』では「下野国さぬき」と誤っている。また佐貫で行った三部経千部読誦についても、『口伝鈔』第十一章の記述は恵信尼の消息第五通とは随分異なっている。徳治二年（一三〇七）に恵信尼の消息を見たからと言って、必ずしも恵信尼が娘覚信尼に告げたことのすべてを覚如が理解していた、とは限らないのである。

以上のように考えるならば、赤松説の中で、学界から非難を受けた部分は消え去るのではなかろうか。親鸞が六角堂で得て、法然のもとへおもむく決意をすることになった夢告は、「行者宿報」の偈文であったとの説は成立し得るのではなかろうか。

補註

（1）藤島達朗氏の説はここに出典が明記されていないが、「『本願寺聖人伝絵』について」（『重要文化財　康永本親鸞聖人伝絵　解説』真宗大谷派宗務所、一九六四年。のち『親鸞大系』歴史篇第六巻、法藏館、一九八九年）には、

六角夢想段に関して、

　建仁三年聖人卅一歳の四月五日夜、六角堂観音より、夢告にあずかられたという有名な段である。（中略）聖人の家庭生活に対する精神的な決意を、こゝにみ得る重要な章といえよう。

と記されている。また「聖徳太子と親鸞聖人」（『日本仏教学会年報』二九、一九六四年。のち『親鸞大系』歴史篇第二巻、法藏館、一九八八年）では、赤松俊秀氏の説を紹介して、

　簡単に一回とはいえず、「太子の文」が「行者宿報」であるともいえない

と述べ、

（編者註　吉水入門と六角堂夢告が）同一年中のこととするより、吉水入門二年、念仏の信仰漸く進んで家庭生活への反省おこるとするのより自然なるを感ずるものである。

と論じている。

第三章　後鳥羽院と親鸞

一　親鸞の著作の中に矛盾

親鸞の著作についての研究業績は、山のように多いが、それでもいまだ十分に解明せられていない問題がある。その中の一つに、著述の間の不統一とか矛盾の問題がある。たとえば、よく知られていることであるが、西本願寺所蔵『浄土論註』の末尾に親鸞が自筆をもって書き加えた曇鸞伝の漢文は、独特な読み方をしているのに、同じく親鸞自筆の『尊号真像銘文』（正嘉本、高田専修寺蔵）では、全く同じ文章を、通常の読み方をしている。なぜこのように違った読み方になっているのか、説得力のある解明はいまだなされていないようである。しかしこの例は、内容上からはまだそれほど大きな問題ではないかもしれない。

それに対して『教行信証』化身土巻のいわゆる「後序」の文と、『浄土高僧和讃』の源空讃第九首、第十首との矛盾は、看過すべからざるもののように思われる。

周知のように後序の文は、

ヒソカニオモンミレハ、聖道ノ諸教ハ行証ヒサシクスタレ、浄土ノ真宗ハ証道イマサカンナリ、シカルニ諸寺ノ釈門、教ニクラクシテ真仮ノ門戸ヲシラス、洛都ノ儒林、行ニマトヒテ邪正ノ道路ヲ弁スルコトアタハス、コ、ヲモテ、興福寺ノ学徒、太上天皇後鳥羽ノ院ト号ス、諱尊成　今上土御門ノ院ト号ス、諱為仁　聖暦承元丁卯ノ歳、仲春上旬ノ候ニ奏達ス、主上臣下、法ニソムキ義ニ違シ、イカリヲナシウラミヲムスフ、（原漢文、『浄土真宗聖典――原典版――』〈本願寺出版社〉の書き下し文による。以下本章での親鸞の著述については、これにならう）

と、まず当代の思想界が「釈門」つまり仏教界も、「儒林」つまり儒者など俗学の者たちも、何が真実であるかを知らず、それを背景にして、天皇以下の為政者たちは法に背き義に違う念仏弾圧を行った、として烈しい怒りをナマの言葉でブッつけている。

ところが、源空讃では、

（第九首）源空勢至ト示現シ　　アルヒハ弥陀ト顕現ス
　上皇群臣尊敬シ　　京夷庶民欽仰ス
（第十首）承久ノ太上法皇ハ（法王―国宝本）　　本師源空ヲ帰敬シキ
　釈門儒林ミナトモニ　　ヒトシク真宗ニ悟入セリ（ヲサトリケリ―国宝本）

と詠っていて、後序の文では「真仮」「邪正」を知らずと非難した「釈門」「儒林」が、ここでは「ミナトモニヒトシク真宗ヲ悟入セリ」と全く手の平を返したように褒めたたえられているのである。なぜこういう矛盾したことになったのであろうか。

二　承久の変が原因という松野説

この矛盾を正面から解明しようとした学者は、寡聞にして松野純孝氏しか知らない。氏は「この「諸寺釈門」「洛都儒林」の百八十度の転換の契機を親鸞につかませたものこそ、ほかならぬ承久の変である」という[1]。氏によれば「釈門儒林ミナトモニ、ヒトシク真宗ヲサトリケリ」という一句は、上の句「承久ノ太上法王ハ、本師源空ヲ帰敬シキ」を受けて、一首をなしているから、「承久ノ太上法王」つまり欄外に「後高倉院」と註記された守貞親王が、法然に帰依したその九年後に承久の変が起こって、「太上法王」という位を贈られたことと密接な関係があるという。「承久の変は、皇位に就けず、源空の念仏に帰依していた入道行助親王（守貞親王）を、「承久の太上法王」とさせるに至ったのに対して、源空の念仏に禁止のあだをなした側の後鳥羽上皇をはじめ、上皇の皇子および上皇を取り巻く公卿百官を、あるいは流罪に処し、あるいは失命の命運をたどらせるに至ったのである」「彼（親鸞）は承久の変によって、彼の確信、つまり善導の『法事讃』文、「五濁増時多二疑謗一、道俗相嫌不レ用レ聞。……如レ此生盲闡提輩、毀二滅頓教一、永沈淪……」の予言が的中したことを証誠され、念仏勝利の確信をいっそう強めたに相違ない」と述べる。しかしそうだからといって、親鸞は「ざま見ろ」といった態度では見なかった。「勝利と確信とは、また承元の弾圧者であった念仏の敵に対して、「あわれみをなし、かなしむこゝろ」をもつに至らしめる機縁ともなったのではないか。こうした心境の推移は、親鸞をして人間的にも幅を広くさせたであろうし、またその内面的世界に深い彫りを一つ加えるに至ったように思われる」と、承久の変が親鸞の人間形成に大きな役目を果たしたことを説いて、それがこの源空讃になった、とのお考えのようである。

たしかに承久の変は親鸞に大きな影響を与えたであろう。しかし彼がここで思想的に転換したというのなら、なぜ『教行信証』後序のあの烈しい怒りの言辞を改訂しなかったのか、という疑問が起こってくる。今さら言うまでもないが、親鸞は『教行信証』を何度も改訂しているのだから、後序の文も改訂しようとすれば容易にできたはずである。改訂していないところを見ると、あの「主上臣下、法ニソムキ……」という激しい怒りは、晩年になってもおさまっていなかった、国家権力に対する強い反撥心は依然として持ち続けていた、と見るべきであろう。となると、思想的な転換と、国家権力への依然たる反撥心とを、親鸞は自分の心の中でどう調整していたのであろうか。その辺の説明がなければ、この問題は十分解明されたことにならないのではなかろうか。

また、承久の変の後も専修念仏への弾圧は依然として止むことはなく、嘉禄三年（一二二七）には、法然の墓をあばこうとしたり、隆寛以下三人を流罪にしようとしたりしたことは、著名な事実である。それなのに、「釈門儒林ミナトモニ、ヒトシク真宗ニ悟入セリ」と言うのは、白を黒と言い張るようなものではなかろうか。

松野氏は論及していないが、法然にとって、流罪に処せられたことは、法然の生涯の中でも大きな出来事であったはずなのに、源空讃二十首の中でも、それについては全く触れられていない。弾圧に耐えて、専修念仏を広めようとした事績は、十分和讃の材料になると思われるのに全然取り上げられていないのも、検討されるべきことであろう。

三　尊敬した上皇とは誰か

こうして見てくると、親鸞は源空讃では何を言おうとしているのか、と改めて問い直す必要があるようである。

とくに権力者に対する姿勢を表明した第九首、第十首の意義が問題である。そこでまず第九首から見ていくことにしたい。

ここで問題となるのは「上皇群臣尊敬シ」の「上皇」である。法然を尊敬したという上皇は誰か。名畑応順氏は、岩波文庫の『親鸞聖人和讃集』（一九三六年刊の旧版）ではこのところの註に「後白河、高倉、後鳥羽等の諸帝」と記したが、戦後改訂新版の『親鸞和讃集』（一九七六年）では、「後白河上皇、高倉上皇等」と記して、旧版の中から「後鳥羽」を削除している。これは旧版では『法然上人行状絵図』などに、法然に帰依して受戒した、などと記されている三上皇をとり上げたものの、後鳥羽上皇は承元元年（一二〇七）の念仏弾圧を行った人なので、法然を尊敬したはずはないとして、新版ではこれを除外したもののようである。

しかし『行状絵図』については、近年その史料的価値を疑問視する声が高い。中でも高倉天皇の受戒については、中澤見明氏が論証せられたように(2)、全くの虚構とされる。後白河上皇、後鳥羽上皇の受戒についても史実と考えない人が多い（たとえば細川行信『法然――その生涯と教え――』法藏館、一九七九年、五四頁）。

四　「上皇」の意味

それでは親鸞は歴史事実でないことを誤ってよく知らないままに書いたのか、ということになるが、自分が在世中の出来事であり、それを知らなかったとか、誤ったとは考えられない。そこには何らかの意図はなかったのか。視点を変えて、親鸞が「上皇群臣」と書いたことの意味を考えてみる必要があろう。というのは、政治的最高権力者は天皇とするのが通例である。親鸞も先に示した『教行信証』の後序においては、「主上臣下、法ニソムキ」と書いて、天皇をトップとする政治体制の不当を訴えている。それにもかかわらずこの和讃では「天皇」と言わないで、「上皇」と記しているところに、ただ単に政治的最高責任者というのではない、別の意図を見ることができるのではないだろうか。上皇は単に天皇を退位した人というだけの意味ではないのではないだろうか。

親鸞在世当時、天皇はその位を息子に譲位すると、父としての親権に基づいて、天皇を操って政治を行うのが通例であった。「院政」である。承久の変のとき、鎌倉幕府は三上皇を配流し、後堀河天皇を即位させると、その父行助親王に天皇に即位した経験がないのに「太上天皇（つまり上皇）」の称号を与えて、わざわざ院政を行わせたように、院政はこの当時必要欠くべからざるものと信ぜられていた。「院」の上皇は、しばしば専制的、恣意的であったけれども、それが逆に院の権力性を強固なものにしていた。親鸞が「天皇」と言わないで、「上皇」と言ったのは、政治を操る専制君主的実力者も法然を尊敬した、と言いたかったのではなかろうか。

この「上皇」をそのように理解することが許されるとすると、和讃には「上皇」というだけで、その名は記されていないが、それは誰か、おのずから限定されてくる。そこで試みに、法然が専修念仏を標榜するようになったと言われる法然四十三歳の安元元年（一一七五）三月から、建暦二年（一二一二）正月、八十歳で示寂するまでの間に、在位した天皇および上皇とその院政期間を調べてみると、次のようになる。

（天皇名）	（天皇としての在位期間）	（上皇であった期間）	（上皇期間のうち院政を行った期間）
六　条	―	一年　三か月	―
後白河	―	一七年	一七年

高　倉	四年一一か月	一一か月	―
安　徳	五年　一か月	―	―
後鳥羽	一四年　五か月	二三年	二三年
土御門	一二年　三か月	一年　二か月	―
順　徳	一年　三か月	―	―

こうして見ると、先に述べたような、院政を行い権力者的であった上皇は、わずかに後白河上皇と後鳥羽上皇だけである。中でも後鳥羽上皇は後白河上皇にくらべて六年も長く、その上に天皇として在位期間中に後白河上皇が崩御して、院政が行われなくなった期間が五年十か月もあって、それを院政の二十三年に加えると二十八年十か月となり、しかもその間は法然の教化活動が最も盛んであった時期である。

つまり法然在世中、最も長く権力を振るったのは、後鳥羽上皇であったと言える。したがって「上皇群臣尊敬シ」と述べたとき、「上皇」とは真っ先に後鳥羽上皇を意味したことになる。ところで後鳥羽上皇は言うまでもなく法然・親鸞にとって念仏の怨敵である。その後鳥羽上皇を和讃では「法然を尊敬した」と讃詠している、と考えざるを得ないのである。先に述べたように、名畑応順氏が、不適切と判断して削除したその人が、反対にこの和讃に詠われた人であった、というあり得べからざる結論となったのである。それは先の「釈門儒林」と軌を一にしているとも言えるし、また源空讃二十首が流罪に全く触れていないこととも関係しているように思われる。

五　承久の変と親鸞

以上によって判明したことは、国家権力に対する親鸞の姿勢が、『教行信証』の後序と、『浄土高僧和讃』の源空讃とでは、全く正反対になっていること、そしてその焦点は後鳥羽上皇にあり、後鳥羽上皇をどう取り扱うかによって、一方は反権力的な姿勢となり、他方は権力志向的となっている、ということである。

松野純孝氏は先に引用したように、これを親鸞が承久の変を体験したことによって、思想的に転換したのだ、と考えた。たしかにこの変化に承久の変が介在していることは誰しも想定するところであろう。承久の変の中心人物後鳥羽上皇は、周知のようにこの変によって院政の指導者の地位を追われ、隠岐へ流されるという百八十度の大変動であった。親鸞の姿勢が百八十度転換したのもこれによるものと推測するのは、そう不自然なこととは言えない。しかし親鸞の思想がこれによって転換した、と考えられないことは、先に述べたところである。では何が変わったか、それには、承久の変後の当時の社会の状況を調べるところから考究を進めていきたい。

六　聖覚法印の説法

僧無住が弘安二年（一二七九）に起筆、同六年に脱稿した『沙石集』(3)という説話集の巻第六に「聖覚ノ施主分事」と題して興味ある説話が収められている。それは後鳥羽院が隠岐の配所から自筆の梵字を高野山にいた第二皇子の行助法親王の所へ送ってきて、自分の没後のために供養してくれ、と依頼したときのことである。たまたま聖覚法印が高野山に居合わせたので、その供養の場で説法したが、その中で「我朝ニ、イタツテ果報目出度キ人ハ隠岐ノ御所、イタツテ果報ワロキ人ハ持明院」と言って、聴衆を驚かせたという話である。後鳥羽院が流された歎きを縁として、来世のための逆修や念仏をしきりに行っているのに対して、持明院は承久の変のおかげで、栄耀栄華にふけっていて仏事を行わないから、というだけのことで、そう格別な意味もないのだが、承久の変による三上皇遠流という日本史上未曽有の事態に言及したナウい説法で、聴衆を吃驚させたらしい。

　持明院というのは、たびたび言及しているように、高倉天皇の第二皇子守貞親王のことで、後鳥羽上皇の兄である。高倉天皇の後継には、まず第一皇子であった安徳天皇が即位されたが、周知のように源平合戦の最後の舞台壇の浦で入水崩御となった。そのあとは後白河法皇の命によって守貞親王をさしおいて第三皇子が践祚した。これが後鳥羽天皇で、そのあとの皇位は土御門、順徳と後鳥羽天皇の皇子に引き継がれていった。したがって守貞親王は皇位に就く希望は全く失われた。そのため建暦二年（一二一二）三月、失意のうちに出家して行助法親王と称していた。それが承久の変によって鎌倉幕府は三上皇を配流し、仲恭天皇を廃して、そのあとに行助法親王の皇子を擁立して後堀河天皇とした。そして先に記したように父行助法親王には太上天皇の称号を贈って、院政を行わしめた。『本朝皇胤紹運録』[4]が「出家之後尊号之始、又自㆓親王㆒直院号初例」と書いているように、出家してから、しかも天皇の位に就かないで「太上天皇」の号が贈られた先例はない。かてて加えて後鳥羽院がその権力によって集積していた多くの荘園が、いったん幕府に没収された後に、すべてこれが持明院に寄進された。失意のドン底からの大逆転劇であった。

　『沙石集』に記された聖覚の説教は、このような大変動を背景にして行われたものであった。したがってこの説教が行われたのは、持明院行助法親王が太上天皇となってから貞応二年（一二二三）五月に崩御するまでの一年十か月の間のことということになる。もちろん一等史料ではないから正確とまでは言えないけれども、『沙石集』の史料価値の高いことは一般に知られているところであって、この説話が承久の変からそう隔たっていない時期のことであったのはまちがいあるまい。

聖覚は近年平雅行氏によって検証されたように(5)後鳥羽上皇からとくに登用せられ、正に後鳥羽院の寵児的存在であった。氏によれば、承久三年（一二二一）五月二十八日、後鳥羽院の戦勝祈願にあたって導師もつとめている。残念ながら戦闘は幕府軍の圧倒的勝利に終わり、三上皇は遠流、討幕派公卿は処刑せられた。そんな中で聖覚は「謹慎を余儀なくされ、せまりくる処分におびえ」「念仏信仰へと沈潜して」『唯信鈔』を著した、と平氏は言うが、私はこれには賛同できない。それについてはいずれ稿を改めて述べることにするが、聖覚が自分を後鳥羽院から切り離そうとしたとは思われない。それは後鳥羽院の第三皇子であって、父に連坐して但馬国へ流された雅成親王と書翰の往復を行っていた事実が、親鸞の自筆本によって(6)確認される、という一事だけでも明白であろう。この『沙石集』所収説話も、聖覚が後鳥羽院の末路をいたわしく思い続けていたことを示している。

七　後鳥羽院配流に対する市民感情

そうした心情は、何も後鳥羽院に寵用せられた者だけに抱かれていたものではなかった。そのことは、承久の変からわずか一～二年後の貞応年間（一二二二～一二二四）に著された『六代勝事記』(7)の記述にも顕著に見られる。自分を「蓮台に望をかけたる世すて人」というこの著者は、後鳥羽院の隠岐への出発を見送って、

かたぶく月のおしかるべき御名残なれば、さいぎりてみたてまつりし人々、朝恩にほこりしも、朝恩にもれし

も、涙をおとさずといふ事なし。

と記すところから始まって、隠岐での生活まで、その哀れさを美しい文章で書き綴っている。文学的な作品のゆえに、オーバーな表現になっている点は割引かねばなるまいが、後鳥羽院に対する同情の心が柱となっていることだけはまちがいない。そして次の言葉で結んでいる。

天上の五衰、人間の八苦、(8)たのしみつきてかなしみきたり、さかへてはをとろふる事あり、玉躰は化して土となるとも、この御うらみはのこりてつくる事なからんものか。

これは何も京都の市民だけではなかったと思われる。上皇の配流を行った鎌倉幕府側でさえも、その編集にかかる記録『吾妻鏡』承久三年（一二二一）八月五日の上皇の隠岐著御の様子を記した条には、

仙宮は翠帳紅閨を柴扉桑門に改め、所はまた雲海沈々として南北を弁ぜず、てへれば、雁書青鳥の便りを得ることなし、烟波漫々として東西に迷ふが故に、また銀兎赤烏の行度を知らず、ただ離宮の悲しみ、城外の恨み、ますます叡念を悩ましたまふばかりなり、と云々。（原漢文）

と美文調で、上皇への強い同情心を表現している。敵方であった幕府でさえ人間的にはそうした心情だったのだから、ほとんどの人々がその哀れさを「おいたわしや」と感じていたものと思われる。それは一種の「判官贔屓《はんがんびいき》」に類している。帰洛後の親鸞もそうした市民感情に影響を受けたと考えられるから、承元元年（一二〇七）に専修念仏の弾圧を行ったこの「念仏の敵」の哀れな末路に対し「ざま見ろ」という態度をとらなかったからと言って、それを親鸞の「あわれみをなし、かなしむこゝろ」によるもので、「内面的世界に深い彫りを一つ加えた」（註1松野前掲書二八九頁）というほど高く評価してよいかどうか、もう一度考え直してみる必要があるのではなかろうか。

それについては右に引用した『六代勝事記』の「朝恩にほこりしも、朝恩にもれしも、涙をおとさずといふ事な

し」の一文が思い合わされねばならないからである。

八　怨霊への畏怖

人々の後鳥羽院への心情は、単に哀れさに対する同情心だけではなかったと思われる。『六代勝事記』が結びの言葉として記した「この御うらみはのこりてつくる事なからんものか」というのがそれである。後鳥羽院のうらみが残って、それが怨霊となって、祟りはしないか、という怖れである。

古来、日本の社会では、政治的に失脚させられ、非業の最期を遂げた者の霊魂は、怨霊となってこの世の社会に祟りをなすと信ぜられてきた。とくに平安時代には豪族間の政争の苛烈さが多くの怨霊を生んだ。皇族では、皇太子であったが謀叛の疑いで淡路へ流される途中死去した早良《さわら》親王がその早い例であり、保元の乱に敗れて讃岐へ流されて悶死した崇徳上皇の怨霊にいたっては、わずか数十年前のことであって、人々の記憶に新しかった。「今度もあんな怨霊が生まれるのではないか」、という畏怖が人々の心の中に宿っていたに違いない。

迷信に弱い世間の人々は、世上に何か不吉なことがあると、「これは隠岐院の怨念によるものではないか」と勘ぐることが多かったらしい。三上皇配流のあとをうけて鎌倉幕府より擁立せられた後堀河天皇などは、当然その標的と目された。御在位中は随分慎重だったので特別なことはなかったが、貞永元年（一二三二）、わずか二歳の皇太子に譲位して退位されるとじきに、美人の誉高かった中宮藻壁門院が「もののけ」にとりつかれ、第二皇子の分娩が難産になって崩御、その悲しみのあまりか上皇も二十三歳の若さで崩御せられた。この異常な不幸を見て、人々は「後鳥羽院の怨念」と噂したという(9)。

怨霊への畏怖は世間の人々だけではない。後鳥羽上皇自身も、それを危惧していた。水無瀬神宮蔵の『後鳥羽上皇置文』（重文）は、上皇が隠岐の配所で崩御する一年半ほど前の嘉禎三年（一二三七）八月二十五日に言い残されたものであるが、そこには

我は法華経にみちひかれてまいらせて生死をはいかにもいて《出》んする也、たゝし百千に一、この世のまうねん《妄念》にかかはられて、まえん《魔縁》ともなりたる事あらは、このよのためさはり《障》なす事あらんすらん（中略）これをえん《縁》としてよくとふら《弔》はゝ、たとひ一たん魔縁になりたりとも、むなしかるましき也、関白以下のさはりをは、ゆめ〱なすましき也、わかするといふ事ありとももちゐるへからす[10]

と述べられている。自分は法華経の功徳によって、生死を離れ、悟りを得たいが、もし万一、この世の妄念に牽かれて、魔性のものになってしまい、この世に障害をすることがあるかもしれない、だから我が子孫の者は、私の菩提をよく弔ってほしい、たとえ魔縁になっても、関白以下の廷臣に祟って障害をすることはない。後鳥羽院の悪霊だと言う者があったとしても、それを信用するな、とまで言っている。自分では如何ともしがたい業の世界に、恐れおののく心中を、切々と告白している。胸を打つ遺言状である。

かつて、後鳥羽上皇は、配流以後、世の無常を感じて、『無常講式』を作り、浄土思想に傾倒した、との論がなされたことがあるが（宝田正道『日本仏教文化史攷』第二部第一章「後鳥羽上皇の御信仰」弘文堂新社、一九六七年）、この置文を見れば、そんなものではなかったことが、明らかである。法華経の滅罪功徳によって得悟をねがっていても、怨霊への懸念から離れることがなかったのである。

九　親鸞の承久の変に対する感懐

承久の変が起こったとき、親鸞は四十九歳、関東地方教化のまっただ中であった。したがって京都の模様がどんなであったか存知しなかったかもしれない。ただ五十八歳の寛喜二年（一二三〇）には、聖覚自筆草本の『唯信鈔』を見て書写しているから、このころには、京都の情報がある程度伝えられていたであろう。しかし詳しい状況を知ったのはやはり帰洛以降であったに違いない。

親鸞の帰洛は一般的には文暦元年（一二三四）ないし翌嘉禎元年ごろと考えられているが、この年には将軍頼経の父摂政九条道家とその子教実とによって、後鳥羽・順徳両上皇の還京運動が起こって、幕府にまで伝えられている。[11] 幕府はこれを拒否したため、運動は成功しなかったが、そんなこともあって後鳥羽上皇への関心が昂まっている京都へ親鸞が帰ってきたのである。そして四年後の延応元年（一二三九）二月、後鳥羽上皇は崩御した。[12]

帰洛した親鸞は、後鳥羽上皇に対する京都市民の感情が、承元の念仏弾圧が行われた当時と全く異なっているのを知って驚いたに違いない。以前には絶大な権力を行使していたその人が、今は「おいたわしや」と同情を受け、あるいは怨霊となって祟るんではないか、と恐れられてさえいるのである。

帰洛から二十年近く後に書かれた消息と思われるが、性信房宛七月九日付の親鸞書簡（『親鸞聖人御消息集』第二通）の「さればとて念仏をとゞめられさふらひしが、世にくせごとのをこりさふらひしかば」という文章は、服部之總氏が『親鸞ノート』（国土社、一九四八年。のち『服部之總全集』第一三巻「親鸞」福村出版、一九七三年）において、「旧弊にまかせて念仏を停止させたがために、一世の凶事となつたのですから」と訳し、補註において、親鸞はここで法然や親鸞が配流された建久二（「永」の誤り）年の出来事を想起してゐるのであらう。そのときの土御門天皇と後鳥羽上皇は、十四年後の承久の乱で法然・親鸞と同じ配流の身とはなる。旧弊にまかせて念仏を停止したがため一世の凶事とはなつたといふのは、これを指してゐると思はれる。

（『親鸞ノート』のうち「いはゆる護国思想について」）

と述べたのが最初である。この論文は赤松俊秀氏[13]の手厳しい反駁を受け、論争をひき起こす引き金になったが、この部分の解釈については、赤松氏以下の諸氏がほぼ承認したところで、学界に定着している。つまり、先にも述べたように、後鳥羽上皇は念仏を弾圧したその罪によって、遠島に配流になったのだ、と親鸞が受けとめていた、というのである。

ということになると、これは親鸞が承久の変と三上皇配流について述べた唯一の文献という訳であるが、そこで注目されるのは、それを「くせごと」と言っていることである。「くせごと（曲事）」とは「①道理に合わないこと、まちがったこと、②普通にはあり得ないこと」（『岩波古語辞典』）である。念仏弾圧という「主上臣下、法ニソムキ義ニ違シ」たための当然の結果とは言え、三上皇配流をまちがったこと、と親鸞が考えていたことを教えてくれる。それは上皇配流について、京都市民たちが懐いた感懐とそう異なっていない、と言える。後鳥羽上皇に対する怒りと怨みは決して消えてはいない。しかし武士たちが、皇位にあった人を遠島へ流すというのも理不尽である、許されない、といった矛盾が心の中で複雑に渦巻いていたのではなかろうか。

十　源空讃の意図

『浄土高僧和讃』はいつごろ制作されたかわかっていない。国宝本には親鸞七十六歳の宝治二年（一二四八）正月二十一日に書いた、との奥書はあるけれども、これはこのとき編集清書したことを示すものであって、個々の和讃はもっと早く制作されたものと私は考えている。百十七首もの和讃がそう短期間に作られるものとは思われないからである。源空讃の成立は、第十八首にその示寂の模様を「光明紫雲ノゴトクナリ」とか「音楽哀婉雅亮ニテ」とか瑞相の出現を詠っているので、法然臨終奇瑞伝説の成立とも併せ考えねばなるまいが、少なくとも第九首第十首の成立については、右に述べたように、親鸞が帰洛直後、あるいはそれから数年後の後鳥羽上皇崩御前後、といったあたりを想定したい。

親鸞は後鳥羽上皇の念仏弾圧という行為を憎む一方で、臣下による隠岐配流については同情の想いを禁じ得なかったし、和讃という大衆教化のための著作に、後鳥羽上皇の旧悪を告発するような言辞を載せることは、後鳥羽院に対して同情的な一般大衆の反感を買うだけで、何のプラスもない、という判断から承久の念仏弾圧には全く触れず、後鳥羽上皇も念仏の帰依者であった、と詠って大衆の姿勢に順応する方向をとったのではあるまいか。そう考えなければ、『教行信証』の後序の文と、源空讃との矛盾は理解できないように思われる。「上皇」とのみ記して「隠岐院」などの名を明示することを避けたのが、わずかながら後鳥羽上皇に対する複雑な気持ちを表したものとは考えられないだろうか。

註

（1）松野純孝『親鸞――その生涯と思想の展開過程――』第六章第三節「承久の変と聖覚・親鸞」、三省堂、一九五九年。のち『増補　親鸞』（真宗大谷派宗務所出版部、二〇一〇年）として復刊。

（2）中澤見明『真宗源流史論』第二章第一節「四十八巻伝の虚構と最古の法然伝」法藏館、一九五一年。のち一九八三年復刊。

（3）『日本古典文学大系』第八五巻（岩波書店、一九六六年）による。

（4）『群書類従』第五輯「系譜部」本による。

（5）平雅行「安居院聖覚と嘉禄の法難」（中世寺院史研究会編『中世寺院史の研究』上、法藏館、一九八八年。のち『日本中世の社会と仏教』塙書房、一九九二年収載）。

平氏は、承久の変直後の聖覚を、「専修念仏の法敵とも言うべき後鳥羽の寵児となってはなばなしく活躍してきたが故に、今は謹慎を余儀なくされ、せまりくる処分におびえなければならなくなっている。つまり聖覚にとって今の挫折は、専修念仏との関係の放棄・法敵後鳥羽への扈従といった、自らの行動への治罰であると映ったのではなかろうか」と述べているが、註(6)に示す後鳥羽院皇子への書翰を見ても、聖覚にそんな「おびえ」の影は認められない。

また氏は、聖覚の著『唯信鈔』が、諸行往生を容認する点で、法然の思想とは異質的なもの、と述べているが、これについても残念ながら賛同できない。法然は『選択本願念仏集』のいわゆる「三選之文」（これは親鸞も『尊号真像銘文』に引用し解説している）において、

それすみやかに生死を離れんと欲はば、二種の勝法のなかに、しばらく聖道門を閣《さしお》きて、選んで浄土門に入れ。浄土門に入らんと欲はば、正雑二行のなかに、しばらくもろもろの雑行を抛《なげう》ちて、選んで正行に帰すべし。

（以下略）

と言っていて、聖道門も「勝法」であること、またその聖道門も捨ててしまうのではなくて、「しばらく閣く」、つまりある期間だけ傍へのけておく、と言うのである。雑行についても「しばらく」「抛つ」のであって、これも有

期的限定的に放棄するのである。法然は本音では雑行を否定しているのであろうけれども、全面否定してしまうと、あの「興福寺奏状」の中に盛り込まれているように、「誹謗正法」ではないか、との非難を浴びなければならない。それへの配慮から有期的限定的な否定という表現をとっているのであって、聖覚もそれを引き継いだものにほかならない。したがってこれまで多くの学者によって評価されているように、『唯信鈔』は法然の思想を忠実に祖述したもの、と解すべきである。

さらに氏は、『唯信鈔』が「一念義の流布を魔界の仕業とまで語って」厳しく非難している、と言う。しかし氏が引用した文章のすぐあとに続けて、「一念をすくなしとおもひて、偏数をかさねずば往生しがたしとおもはば、まことに不信なりといふべし」と多念義も批判しているのであって、一念義だけを非難したと言うべきではなかろう。「一念決定しぬと信じて、しかも一生おこたりなくまふすべきなり」と締めくくった言葉が彼の心の中をよく表している、と言うべきであろう。また後鳥羽上皇が聖覚に、「専修念仏の連中が一念と多念とに別れて争っているのは、どちらが正しいか」と尋ねたのに対して、聖覚が「行をば多念にとり、信をば一念にとるべきなり」と答えたという『古今著聞集』第二に収める説話も、その点でゆえなしとしない。

（6）親鸞筆『見聞集』（高田専修寺蔵、重文）に、承久三年（一二二一）十二月十九日付の聖覚の返事が書写せられている。『親鸞聖人真蹟集成』第九巻（法藏館、一九七四年）収載。

（7）『六代勝事記』（『群書類従』第三輯「帝王部」所収）は、高倉天皇から後堀河天皇にいたる六代の天皇と、その治政下の歴史的な事件についての感慨を文学的に記したもので、筆者は自らを「今は蓮台に望をかけたる世すて人」と言うから出家した人で、「応保（一一六一～六三）の聖代に生れて、高倉の明時につかうまつりしかば、年齢やうやくかたぶきて、六十余廻の星霜をかさね」というから、かつては宮廷官僚だったらしい。「安元（一一七五～七七）の比より貞応（一二二二～二四）の今にいたるまで」とあるので、承久の変直後の成立と考えられる。

（8）「五衰」は、天人が死ぬ前にその身体などに現れる五種の衰亡の相。「八苦」は、生・老・病・死の四苦に、愛別離苦・怨憎会苦・求不得苦・五陰盛苦を加えたもの（中村元『仏教語大辞典』〈東京書籍、一九七五年〉による）。

（9）『五代帝王物語』（『群書類従』第三輯「帝王部」所収）は、「女院の御事に打つづき此事の出来ぬる、いかにも子細ある事也、後鳥羽院の御怨念、十楽院僧正などの所為にやとぞ申あひける」と記している。

（10）『大阪府史蹟名勝天然記念物調査報告書』第一一輯（一九四〇年）所収『水無瀬神宮文書』による。なお興正派本山興正寺にも、この鎌倉時代書写本が所蔵されている。

（11）『大日本史料』嘉禎元年三月十八日条による。

（12）後鳥羽院が隠岐で崩御になると、朝廷は諡号を「顕徳院」と定めたが、三年後にこれを「後鳥羽院」と改めるという未曽有のことが起こっている。寡聞にしてその理由を明記した史料を寓目しないが、上皇の怨霊を恐れた可能性が大きい。

（13）赤松俊秀「親鸞の消息について――服部之總氏の批判に答えて――」（『史学雑誌』五九―一二、一九五〇年。のち『鎌倉仏教の研究』〈平楽寺書店、一九五七年〉収載。さらに著作集第一巻『親鸞伝の研究』〈法藏館、二〇一二年〉収載）。

第四章　善鸞義絶状の真偽について

一　義絶状偽作説に対する論争の経過

京都で晩年を送っていた親鸞は、関東に残してきた門弟らを指導するため、年老いた自分の代理に実子慈信房善鸞を関東に派遣した。ところが彼は親鸞の意に反して誤った教えを広め、関東教団は大いに動揺した。門弟たちは競って書状を京都に送って親鸞の指導を得ようとしたし、門弟たちの一部の者は、わざわざ京都へ足を運んで直接に親鸞の指導を受けようとした。『歎異抄』第二条に何人もの門弟たちが「十余ケ国のさかひをこえて」京都へ親鸞を訪ねてやって来たことが記されているが、これがこの事件に関して親鸞の真意を確かめようとするものであったことは、ほとんどの学者の認めるところである。親鸞が彼らに対し、「念仏よりほかに往生のみちをも存知し、また法文等をもしりたるらんと、こゝろにくゝおぼしめしてはんべらんは、おほきなるあやまりなり」とか、「念仏をとりて信じたてまつらんとも、またすてんとも、面々の御はからひなり」とか、突き放したような言葉で、ピシャリときめつけているのは、信心を動揺させた門弟たちに対する叱責の言葉である。そこには不機嫌な親鸞がある。彼を不機嫌にした原因が善鸞にあったことに、この当時はいまだ気がついていなかったらしい。

その後、関東の教団を動揺させた元兇が、誰あろう自分の息子にほかならなかったことを知った親鸞は、涙をふるって息子を義絶した。親鸞八十四歳のことであって、このことは今では真宗史上疑いを容れない事実として、学界に定着している。ところが善鸞に対して義絶を申し渡した書状については、疑問があるとする人々がある。昭和三十六年（一九六一）の真宗連合学会大会での梅原隆章氏の「慈信房義絶状について」という研究発表（のち『真宗研究』第六輯、一九六一年掲載）がそれで、四点の疑問点を挙げ、これは高田派の顕智が、当時世間に流通していたデマ文書を参考のためにメモとして書写しておいたのではないか、との意見を提出せられた。その後稲津紀三という人が昭和三十八年（一九六三）二月号の『大法輪』誌上に「親鸞義絶事件の真相」と題する文を寄せられ、義絶状を偽作と断定せられたのもそれである。稲津氏のものは、興味本位の読み物的な文章であって、これを正面からとり上げるのは大人げないようなものであったが、梅原氏の論文は、歴史学の史料批判（テキストクリティーク）の本筋に依ったもので、軽々に見すごすことのできないものであった。

そこでいち早く、岩田繁三氏が『高田学報』第五〇輯（一九六二年）に、「慈信房義絶状について梅原氏への反論」を発表せられたし、私も『田山方南先生華甲記念論文集』（田山方南先生華甲記念会、一九六三年）に、「親鸞の慈信房義絶状について」の一文を寄せ、梅原説を検討した結果、義絶状を疑うべきではないことを述べた（のち『親鸞真蹟の研究』〈法藏館、一九八八年〉に収載）。宮地廓慧氏も『高田学報』第五一輯（一九六四年）に「義絶状の史料性」と題して、梅原、稲津両氏の説が成り立ち得ないことを論証せられた（のち『親鸞伝の研究』〈百華苑、一九六八年〉に収載）。これらに対して、梅原氏から特段の反論もなされなかったこともあって、これらによって義絶状に対する信頼性は恢復された、と思われていたが、近年にいたって再び偽作説が発表せられた。本願寺派『宗報』に昭和五十六年（一九八一）七月号から翌年二月号まで連載せられた蔵田清隆氏の「義絶状の謎――善鸞事件の一考察――」がそれである。これは「読者投稿」という形になっているものの、投稿を七回にもわたって採用連載したところを見ると、本願寺派『宗報』の編集者がこの投稿を評価したからであろう。少なくとも読者はそのように感じとり、義絶状は怪しい、との印象を抱いた人が相当にあったようである。

私はこの論文が学会誌ではなくて、『宗報』というような教団の広報誌に発表されたため気付かずにいたところ、何人かの人からこれを教えられた。その中には真宗史の研究者もあって、その人も義絶状を疑問視する旨を述べられたので、影響するところの大きさに驚いた。そこでこのたび龍谷大学を停年退職するに際して一文を求められたので、これについて私見を申し述べることにした。

二　蔵田氏の善鸞事件虚構説

蔵田氏の論文は、義絶状と、『親鸞聖人血脈文集』第二通の性信房宛書状（蔵田氏はこれを「義絶通告状」と呼んでいるので、ここでは便宜それに従うことにする）の二点を、共に偽作と断定することによって、善鸞の義絶というような事件は全くの虚構だ、と述べたものであって、学会の定説となっているものに挑戦する実に大胆なものである。その真意は「現代の我々はこの気の毒で親孝行者の善鸞一人を、悪者に仕立てて良いのだろうか」と述べているように、善鸞の名誉を挽回したい、ということと、「本書簡を偽作と看ることによって、必ずや聖人の妻一人説の確証を見出せると確信する次第である」と記されているように、親鸞の女性関係を純潔なものとしようというのと、二点にあるらしい。その気持ちはわからないではないが、事実を押し曲げて、黒を白と言おうとするのは学問的ではない。親鸞の妻の問題は直接的な史料を欠くのでここでは論じないとしても、善鸞については、本願寺教団において制作された『慕帰絵』や『最須敬重絵詞』(以下『敬重絵詞』と略称する)の中に記された事実を、知ってか知らないでか、全く触れておられないのが、まず問題となろう。

『慕帰絵』第四巻には、正応三年(一二九〇)、二十一歳の覚如が、東国巡見に下った際、相模国の山中で「風《ふう》瘧《ぎゃく》」(高熱を発する病気)にかかり悩まされたが、そこへ善鸞がやってきて、「これはききめがあるから」と言って、護符のようなものを飲ませようとしたとの出来事を記している。覚如はその護符を手の中に隠して飲まなかったのであるが、そこに善鸞が呪術的祈禱師の類になっていたことが知られる。この出来事は『敬重絵詞』の第十七段にも記されているが、『敬重絵詞』の方はさらに明確に善鸞が誤った道に入って、真宗教団から離れていったことを、

コヽニ慈信大徳ト申人オハシケリ、如信上人ニハ厳考、本願寺聖人ノ御弟子ナリ。初ハ聖人ノ御使トシテ坂東ニ下向シ、浄土ノ教法ヲヒロメテ、辺鄙ノ知識ニソナハリ給ケルカ、後ニハ法文ノ義理ヲアラタメ、アマサヘ巫女ノ輩ニ交テ、仏法修行ノ儀ニハツレ、外道尼乾子ノ様ニテオハシケレハ、聖人モ御余塵ノ一列ニオホシメサス、……

と述べている。蔵田氏はこの史料をどうお考えになるのだろうか。氏は善鸞義絶事件は高田門徒など法脈相承派が、覚如への血脈相承を否定するためにデッチあげたもの、と考えたいようであるが、蔵田氏が擁護しようとする覚如とその門下に、善鸞が真宗教団から離れていった事実についての記述があっては、いくら善鸞を弁護しようとしてみたところで弁明の余地がないのではあるまいか。

また蔵田氏は、性信房へ宛てた「義絶通告状」を性信の偽作と判定する根拠として、この文中に『唯信鈔』、『自力他力ノ文』、『後世モノガタリノキ、ガキ』、『一念多念ノ証文』、『唯信鈔ノ文意』、『一念多念ノ文意』などの書名が出てくるが、このうち『唯信鈔文意』は専修寺蔵真蹟本の奥書に「康元二歳正月二十七日　愚禿親鸞八十五歳　書写

之」とあり、『一念多念文意』は東本願寺蔵真蹟本奥書に「康元二歳丁巳二月十七日　愚禿親鸞八十五歳　書之」とあって、このときに成立したものであり、この「義絶通告状」の日付である建長八年（一二五六、親鸞八十四歳）には、いまだ存在していなかったはずだ、という点を挙げておられる。

蔵田氏はこの奥書が「書之」となっていて、「書写之」ではないから、このときに成立したもの、とされるらしい。言葉の意味からすれば、そう考えるのは当然であって、かつて生桑完明先生も専修寺所蔵の真蹟本『西方指南抄』の奥書についてそのような説をなされたことがある。[1] しかしながらこれに対しては浅野教信氏が、隆寛の著した『自力他力事』の書写奥書に、「寛元四歳丙午三月十五日　書之　愚禿釈親鸞七十四歳」と書かれている点に注目し、これは他人の著書であって明らかに「書写」であるのに、それを「書之」と書いておられるのだから、「書之」とあるからと言って、そのときに著作された、という証拠にはならない、と反論せられた。[2] 生桑先生もこれを知って晩年はこれを撤回しておられる、ということもあり、蔵田氏の説は問題があるのであるが、それ以上に決定的なのは、蔵田氏が根拠とせられた康元二年正月二十七日本の『唯信鈔文意』奥書は「愚禿親鸞八十五歳　書写之」であって「書之」ではないのである。したがって百歩を譲って蔵田氏の物差によって判定するとしても『唯信鈔文意』の成立は康元二年（一二五七）正月ではなく、それ以前ということにならざるを得ず、「義絶通告状」偽作の証拠とはならないのである。蔵田氏は何に基づいて「書之」とせられたのかわからないが、史料はもっと正確に引用されなければならない。なお、蛇足を加えるならば、現在の学界では『唯信鈔文意』は、盛岡市本誓寺本の奥書に「建長二歳庚戌十月十六日　愚禿親鸞書之」とあることから、このころの成立とするのが通説である。[3]

また蔵田氏は「文中に『一念多念の証文』と『一念多念の文意』の二つが出てくるが、この二つは同一のものである。聖人が勘違いしたものとは思われない。何故なら『一念多念の証文』というのは、『一念多念文意』に関東

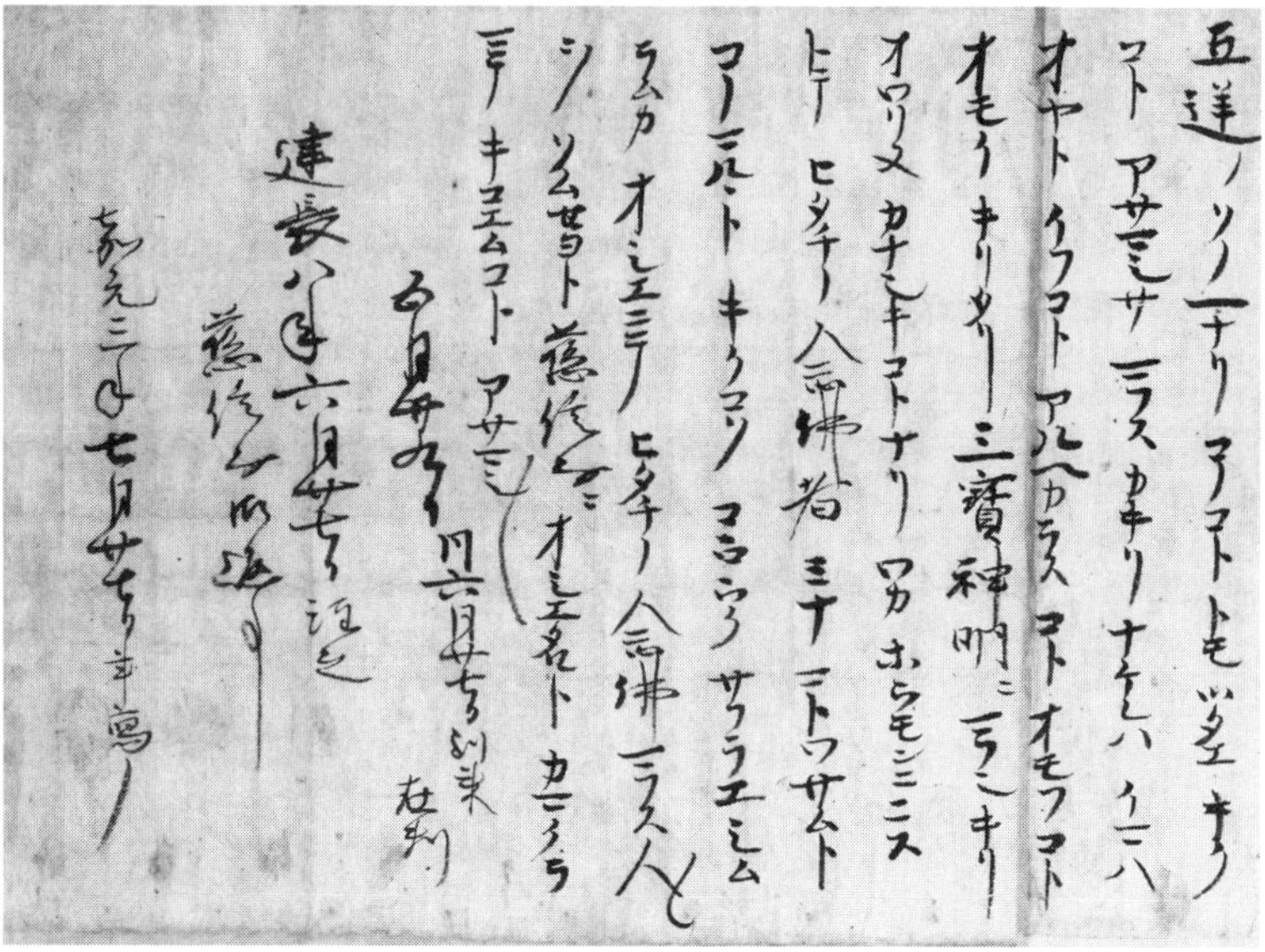

図19　慈信房義絶状（末尾部分）（高田専修寺蔵）

蔵田氏の言う五種類の筆跡分布

（本願寺派『宗報』一九八二年新年号、三九頁より）

本◎文◎

五○月○廿○九○日○

同×六×月×廿×七×日×到△来△

在△判△

建□長□八□年□六◎月◎廿◎七◎日◎註（ママ）△之△

慈◎信◎房◎御◎返◎事◎

嘉△元△三△年△七○月○廿○七○日○書△写△了△

の者がつけたニックネームであるからだ」と言って、偽作者性信房の無知が馬脚を露わしたものであって、偽作の証拠の一つとしている。しかし『一念多念文意』を「一念多念証文」と記すのは『真宗仮名聖教』などにその例があるが、それは「室町末期の常楽台顕恵の写本が最古のものかといわれている」(4)とのことで、ここでの『一念多念ノ証文』とは、親鸞と同じ法然門下の法兄にあたる隆寛の『一念多念分別事』を指すものとされている。したがってこの文書に何の矛盾がある訳ではなく、これをもって性信の偽作と言おうとするのは、全く見当違いと言われるべきであろう。

蔵田氏の論文の中で最も乱暴なのは、義絶状の筆跡についての叙述である。氏はまず「嘉元三年七月廿七日書写了」という奥書と、本文と筆跡が異なっているという。しかもこの奥書の中の「七月廿七日」と「嘉元三年、書写了」とも異筆であるという。そうした筆跡判定の結果、右のように五種類の異筆が入り混じっている、というのであるが、氏は義絶状の写真さえも見ておられないのではあるまいか。前頁に義絶状末尾部分の写真（図19）を掲げるので、これが異筆を含むか否か、判断していただきたい。

このほか蔵田氏はいろいろと叙述しておられるが、それらはいずれも邪推以外の何物でもなく、非学問的であって、それらを一々とり上げる価値もないように思われる。

三　梅原隆章説について

それに対して、梅原隆章氏の立論は、全く学問的関心より出たと思われるものであり、文献批判の方法に基づいて処理されているが、残念ながらその内容については賛成できなかったので、反対意見を述べたこと、先に記した通りである。ただそのときは、先に岩田氏が逐条的に反対意見を述べられたあとであったので、重複することを避け、顕智が義絶状を書写した状況について、専修寺に残る若干の史料を用いて解明したものであった。そこで前回に述べ足りなかったところを補いつつ、義絶状には疑問の余地がないことを述べてみたい。まず氏が提示せられた問題点は次の四点である。

第一に、義絶状は前半が「候文」であり、後半は「云々なり」という文章であって、二種のスタイルの文章が混じっていること。

第二は、文中で二か所にわたって義絶のことが述べられており、重複に過ぎること。

第三に、親鸞が、我が子をさばくのに、五逆の罪をもってするのは、親鸞の思想体系の眼目に矛盾することになると判断されること。

第四に「三宝神明にまふしきりおわりぬ」という起請文の形は、親鸞の思想体系にふさわしくないこと。

このうちまず第一点の文体の問題であるが、このような文体の不統一は、親鸞にはままあるところである。宮地氏も指摘せられたように東本願寺所蔵の「かさまの念仏者のうたがひとわれたる事」と題する親鸞真蹟書簡は、書き出しから末尾近くまで、ほとんど「なり」とか「たり」という断定的な言い方で文を結んでいるが、末尾近くになって「候文」に変化している。また専修寺所蔵の「如来の誓願を信ずる心のさだまる時と申は」で始まる真蹟書簡(5)の文章は、終止形十六のうち、「なり」が十一、「候」が五であって、入り混じっている。

これらは親鸞の癖と見られるものである。義絶状の場合、初めは消息風に「候文」で書き出したところ、やがて感情が昂ぶってきて、「なり」という厳しい断定的な終止形に変化したものと考えられる。それは自然な感情の発露であり、むしろ義絶状の迫真的なところであって、逆に信憑性が高まるのではあるまいか。

第二点の義絶の言葉を繰返し、重複して述べている点については、ほかの親鸞書簡にも重要なことは繰返し述べられているところが多いのと共通している。それは『唯信鈔文意』の識語の「オナジコトヲ、タビタビトリカヘシ、トリカヘシ、カキツケタリ、コヽロアランヒトハヲカシクオモフベシ」との言葉を思い出させる。しかもこのとき親鸞は八十四歳の老人である。多少はくどくなるのは当然である。

第三点の「我が子に五逆の罪を適用するのは親鸞らしくない」という指摘であるが、親鸞の思想体系に適合するかしないか、教義にうとい私にはとかくの議論はできない。しかし、『末灯鈔』第十九通（『親鸞聖人御消息集』広本第四通）に、

善知識をおろかにおもひ、師をそしるものをば、謗法のものとまふすなり。親をそしるものをば五逆のものとまふすなり。同座せざれとさふらふなり。

と述べておられる事実がある。「親鸞らしい」とか「らしくない」とかといった問題ではないのではなかろうか。

第四点の「三宝神明にまふしきりおわりぬ」であるが、梅原氏はこれを性信房宛の『血脈文集』第二通（蔵田氏のいう「義絶通告状」）の「三界の諸天・善神、四海の龍神八部、閻魔王界の神祇冥道の罰を親鸞が身にことごとくかぶりさふらふべし」というのと異なっていることを問題としておられる。しかしこれは、義絶状が善鸞への宣告に際して、保証人として「三宝神明」を持ち出したものであり、性信房宛のものは、善鸞に教えてほかの門弟には隠して教えなかった、というようなことは絶対になかった、と誓った言葉であり、誓約の対象も内容も違っていることによるものであって、文言が異なるのは当然である。実子善鸞に対するものが簡略であり、性信に対するものが丁寧なのも、また当然である。これも疑問の余地は全くない。

むしろ問題は、どちらも神祇を引合いに出している点であって、いわゆる真宗の神祇観からすればまことにおか

しなことだ、ということではなかろうか。それは蔵田氏の論ずるところでもある。しかしながら、この文言は当時の起請文には最も通有な文言である。中世では、自分の強い意志を厳格に相手に表明すると共に、自分がそれを厳守することを誓う場合には、「起請」といって、神仏に誓約する形をとるのが慣例であり、しきたりであった。近代では「宣誓」と言っているのがそれである。親鸞も当時のそのしきたりに従って誓約したまでであって、それをとやかく言うのは筋違いではなかろうか。

四　顕智書写の底本

最後に残る問題は、この義絶状を書写した高田の顕智は、善鸞にとって、言わば敵側の存在であったはずなのに、そんな顕智がどうして善鸞の手許へ届けられた義絶状を見て写すことができたのだろうか、ということである。親鸞からの書状を受け取った善鸞は、真宗教団から離れていったはずだから、その善鸞の所持する親鸞の書状を見る機会は顕智にはなかったはずではないか、という疑問が出発点になって、蔵田氏のように顕智が偽作したものとか、梅原氏のように、親鸞没後に世上に流れていたデマ文書を参考のために書写したのであろう、とかいう議論へ発展したもののようである。

それに加えて、義絶状末尾の「六月廿七日到来　在判」とか、「建長八年六月廿七日註之」の識語類は、まことに理解に苦しむ註記である。受取人である善鸞がこんなことを書くはずがないではないか、と言われればその通りである。これらの疑問はもっともであり、この疑問が、偽作説の根本によこたわっているように思われる。そしてそれに対する解明は岩田氏も宮地氏も行われていないし、私の前回の論文でも不十分である。そこでその解明を行わねばなるまい。

まず顕智が事写した底本は何だろうか、という問題である。親鸞が善鸞に宛てた義絶状の原本は、善鸞の手にあったはずであるから、顕智がそれを見て写すことができるはずはない。考えられることは、義絶状が真仏とか顕智とかの直弟の手を経て善鸞へ送り届けられたので、その際に書写しておいたのではないか、ということであるが、現在伝えられる四十三通の親鸞書状の中に、そのような届けられ方をしたと思われる例がないし、仮にそうだとしたら、「六月廿七日到来　在判」というのは、その取次者が記入したことになるが、取次の者がそのような註記をするとは考えられない。したがって顕智が書写の底本としたのは、義絶状の原本ではないということになる。それはまた、この書写が片仮名混じり文で行われていることからも言い得る。親鸞の自筆原本は、ほかの書簡の例を見てもわかるように、平仮名混じり文であったはずであるから、顕智書写の底本は親鸞自筆原本ではない、ということになる。だいたい顕智の書写態度は専修寺に残されている彼の書写聖教の例を見ると、いずれも原本に忠実である。とくに親鸞書簡の場合そのようである。わずか一例ながら、五月二十八日付の覚信房宛返事の書写本（次頁図21）がそれであって、この本はその奥書によって、これが顕智七十八歳の乾元二年（一三〇三）壬四月十五日、親鸞自筆本（次頁図20）より書写したことが知られるが、これを現存する親鸞自筆原本と対照してみると、各行の字配りも全く同様である。字体も真似たところが見える。もちろん平仮名混じり文である。この例から推しても、顕智書写の底本が親鸞自筆原本でないことは疑いない。さらに言うなれば底本は平仮名混じり文から片仮名混じり文に変更されたものであった、という訳である。そして片仮名混じり文への変更は、消息の法語化が進んだ段階、と言える。これらの点については先に義絶状を論じたときに述べた通りである。

では、顕智が底本としたものはどのようなものであったのだろうか。ここで考えなければならないのは、この義

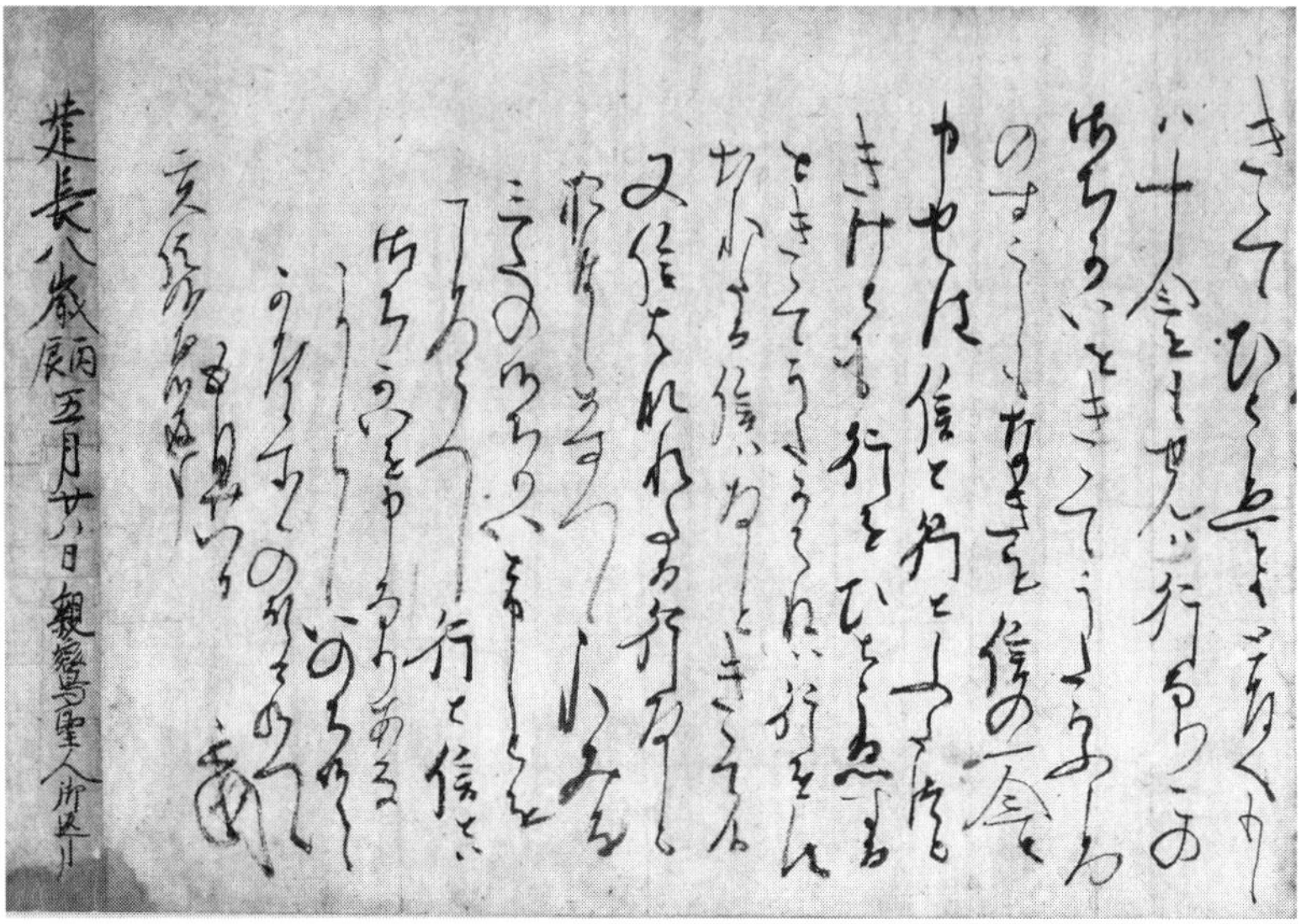

図20　親鸞聖人自筆消息（覚信房宛）（重文・高田専修寺蔵）

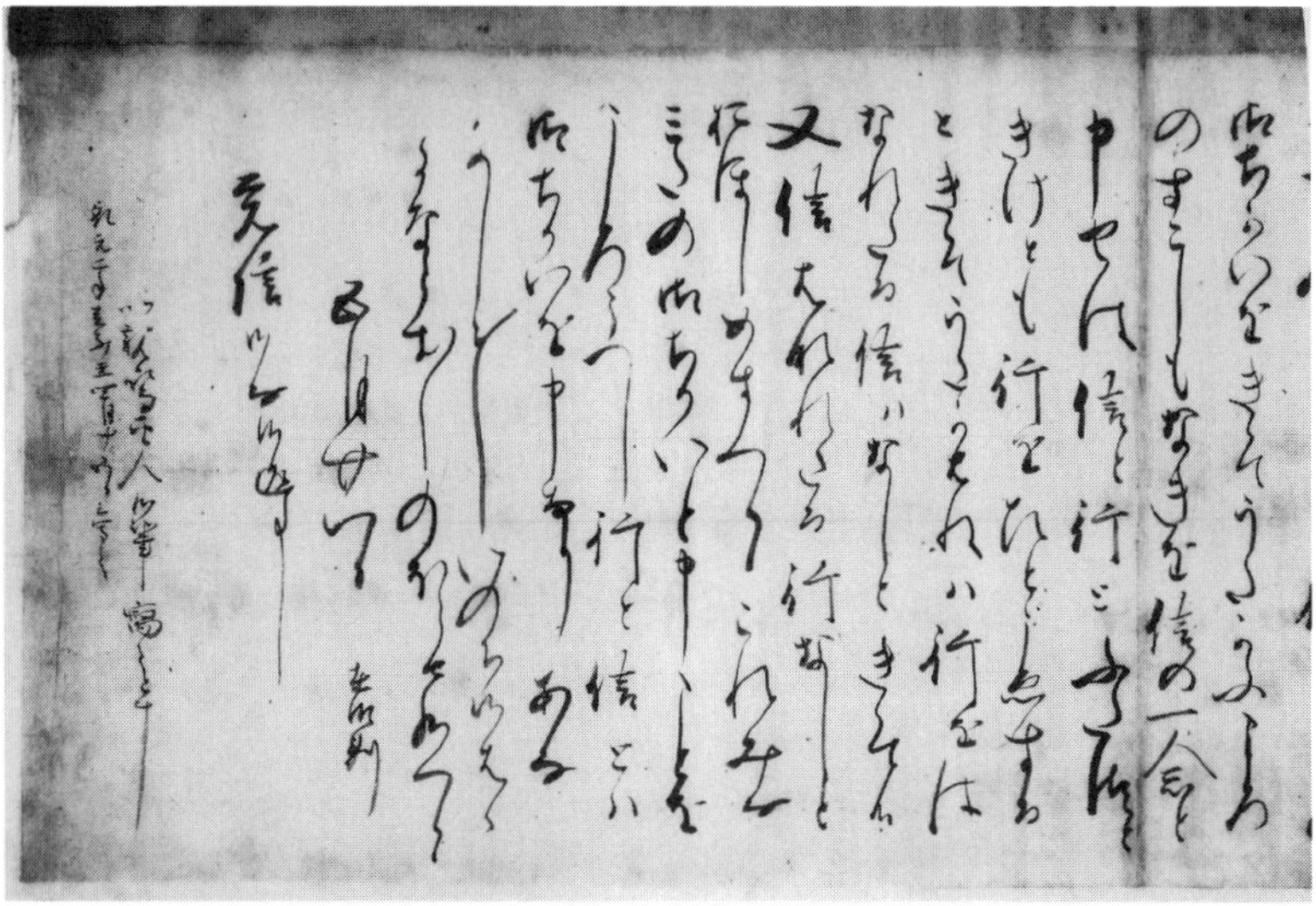

図21　顕智上人書写　親鸞聖人消息（覚信房宛）（高田専修寺蔵）

絶状は、善鸞にだけ知らせて、ほかの人々には知らせない、というようなプライベートなものではなかったことである。それどころか、義絶状と同時に記されたと見られる性信宛の書状（蔵田氏の言う「義絶通告状」）に「自今已後は慈信にをきては、子の儀おもひきりてさふらふなり」と義絶の事実を記した最後に、「このふみを人々にもみせさせたまふべし」と締めくくっているように、義絶の事実を門弟一同に周知しようとされているのである。(6)

そんな公開された義絶状であったから、親鸞はその案文（写し）を作って、それを門弟のところへ送った、ということが十分に考えられる。それは親鸞自筆の案文であったかもしれないが、あるいは蓮位が案文を作り、それを親鸞の書状に添付したかもしれない。というのは、彼は晩年の親鸞の側近であったが、専修寺に所蔵される親鸞自筆の慶信上書返事と、『御消息集』（善性本）に収める蓮位添状とによると、東国門弟との間の手紙の取次を行っており、秘書とも言える仕事をしている。とくに添状には

マタノボリテ候シ人々、クニ、論ジマフストテ、アルイハ弥勒トヒトシトマフシ候人々候ヨシヲマフシ候シカバ、シルシオホセラレテ候フミノ候、シルシテマイラセ候也、御覧アルベク候、

との記事があって、親鸞が発信した書簡は手許に控えが残されていたこと、蓮位はそれを見たり書写したりすることができたこと、などが知られる。この義絶状のように門弟たちにとって大問題の書簡は、当然控えが残されていたと思われるから、蓮位がそれを書写して、性信、あるいは真仏への書簡に添付したということは十分に考えられよう。

いずれにせよ義絶状は公開された書状であったのだから、顕智がそれを知る機会は当然あったはずである。敵側である顕智に知られるはずがない、という考え方は、義絶状の公開性を考えないことからくる憶断でしかない。

そして義絶状の案文が京都から関東へ送られた、ということになると、日付の下方にある「六月廿七日到来　在

判」というのは、それを受け取った直弟への到着月日と、受領した直弟の花押ということになろう。かく考えれば、このあたりの註記は極めて自然な記入として納得できるのではあるまいか。

註

（1）『定本親鸞聖人全集』第五巻「輯録篇」解説。のち『親鸞聖人撰述の研究』（法藏館、一九七〇年）に収載。

（2）「西方指南抄の研究序説」（『龍谷大学仏教文化研究所紀要』第三集、一九六四年。のち『親鸞聖人編『西方指南抄』の研究』上巻〈永田文昌堂、一九八七年〉収載）。なお浅野氏の提示した史料以外にもたとえば、専修寺所蔵の文暦二年平仮名本『唯信鈔』の奥書に、「愚禿親鸞書之」とある。

（3）『定本親鸞聖人全集』第三巻「和文篇」解説、そのほか。

（4）『定本親鸞聖人全集』第三巻「和文篇」解説。

（5）真蹟書簡の実物は、日付と宛名を欠いているが、『末灯鈔』は二月二十五日付で「浄信御房御返事」としている。

（6）親鸞が自分の書簡を門弟間に回覧し周知をはかったことについては、五月五日付「けうやう」房宛消息（古写書簡、『末灯鈔』第九通）に、「このふみをもて、人々にもみせまいらせさせ給へく候」とあるなどの例がある。

第二部　初期真宗教団と真仏・顕智

第一章　初期真宗教団の展開をめぐる諸学説

一　大谷廟堂から本願寺へ

大谷廟堂草創期の問題点

初期真宗教団の歴史には二つの中心があった。一つは親鸞聖人が関東に遺してきた門弟たちの動静であり、もう一つは京都の親鸞の墓所をめぐる動きである。『親鸞大系』の歴史篇第五巻は前者に関する代表的な論文を集めた。そこで第六巻では、後者について諸先学の業績をピックアップすることにした。

親鸞の墳墓は、まず鳥部野の北、大谷に営造されたが、それから十年後の文永九年（一二七二）冬、それを改葬することになり、そこから西方「吉水の北辺」に遺骨を移し、廟堂を建てて、影像が安置された。そのことについては『親鸞伝絵』に記されているところであるが、その大谷廟堂のその後の沿革について、古文書などの史料に基づいて詳細な研究を行ったのは、大谷大学の山田文昭である。

彼の研究は「大谷廟堂創立考」と題して、大正四年（一九一五）の『無尽灯』に連載せられ、のちにその著書『真宗史之研究』に収められた（付表1）。古典的な名篇として評判が高い。したがって『親鸞大系』でもこれをトップに収載すべきか、と思われたが、まずあまりにも長篇であることが、それを躊躇させた。彼は、その後『続真宗大系』第一五巻に「大谷本廟創立時代文書」として収録されることになった古文書を一通ずつ掲載すると共に、それについて懇切な解説を加えている。それは大学の史料講読の講義のようである。その後の真宗史学は、ここから出発したのではあろうけれども、今となってはいささか諄いとの感を覆えない。また現代では妄誕不稽として誰もとり上げることもない『高田開山親鸞聖人正統伝』の記述に対して、その破斥に相当の力点を置いているなど、現代の学界の関心とのズレが目立つなどのことから、その収載を見送り、それに代わる論文として、藤原猶雪の「大谷廟堂の創立と留守職の制定」をとり上げた（付表2）。

この論文は末尾の付記にあるように、東洋大学での講義案であったようで、のちに自著『真宗史研究』へ収載されたものである。山田の「創立考」を受け継ぐと共に、その中心となる問題点をとりあげ、山田以後の諸説を紹介しつつ解説している。

この山田文昭、藤原猶雪などの秀れた研究によって、大谷廟堂創立期の古文書は、大筋において片付いたかのように見える。が、一つ片付いていないのは、その廟堂の敷地に関する覚信尼の寄進状についてである。この廟堂は先に記したように文永九年（一二七二）に建立された。それが聖人の遺弟たちの合力によっていることは、諸史料に明確である。それに対して敷地は、覚信尼の夫である小野宮禅念の所有であったが、禅念は文永十一年（一二七四）にこれを妻の覚信尼に譲与して、その自由に委せた。そしてその翌年死去した。覚信尼はその三年後の建治三年（一二七七）に、そこが親鸞の墓所として永遠に保全されるよう期待して、その敷地を寄進したのであるが、問題はその寄進先、寄進対象を何と見るか、である。

これまでの諸先学の説は、(1)寄進状の末尾に記された充所《あてどころ》が「しんらん上人のゐ中《(田舎)》の御でしたちの御なかへ」となっており、寄進状はこの敷地の管理権がその門弟らにあることを認めているから、門弟中へ寄進されたものとする説、⑵寄進状の本文中に「上人の御はかどころに、ながくゑいたい《（永代）》をかぎて、きしんしたてまつる物なり」とあることから、親鸞の墓所あるいは大谷廟堂へ寄進されたものであって、田舎の御弟子たちはそのことの通知先にすぎない、とする説、との二つに大別される。この両説は、とくに論争という形をとって現れたものではなく、大谷廟堂に関する叙述が行われると、その中で筆者の意見として記述せられた程度であって、この問題を対立的に正面から取り上げたのは、ここに収載した薗田香融の「覚信尼の寄進――本願寺教団における世襲制の起源――」をもって嚆矢とするのではあるまいか（付表3）。

薗田のこの論文は、覚信尼の寄進をこの時代に一般的であった荘園制における寄進と同様な一種の法行為と理解するところに特徴がある。それは法制史の中田薫博士によって「職権留保付領主権寄進契約」と命名された行為であって、覚信尼は敷地の所有権を門弟中へ渡すのとひきかえに、大谷廟堂の留守職を自分の子孫に留保したものであって、これが本願寺門主世襲制の起源であると説くものである。

これは国史学を学んだ者には、共感を呼びやすい論証であったが、真宗教団史を専門的に研究していた人々には、理解し難かったらしく、これに対する賛成意見はあまり聞かれなかった。それどころか逆に覚信尼とその子孫の大谷廟堂に対する「留守職」が、門弟との「社会的契約」によるもの、とする薗田の説明は、真宗教団にある人々の感覚ではとても理解できなかったらしく、この論文発表後も第二説の立場に立つ論述の方が多く現れている。それはこの敷地をめぐって門弟たちに管理権を認めることが、本願寺にとっては屈辱的な行為であることから、それに反撥したい気持ちが底に流れているからでもあるように思われてならない。それでなくてもその後の大谷廟堂維持については関東の門弟たちが何かにつけて容喙し、延慶二年（一三〇九）には覚如がいわゆる「懇望状」を提出して、門弟たちに忠誠を誓う、という事件にまで発展している。そんなことに対するいまいましさが現代の研究者にも影を落としているのではないか、という気がするのであるが、如何なものであろうか。少なくともここはやはり荘園制という社会制度の中での寄進として理解すべきだ、とする薗田氏の説に、学問的価値の高さを見るべきであろう。

近年大谷大学の少壮研究者園村義耕が、「覚信尼寄進状に就いての一考察」(『真宗研究』第三一輯、一九八七年)と題して、久しぶりにこの問題をとりあげ、寄進状の古文書学的様式論などから新鮮な研究を展開している(付表4)。その結論とするところは、薗田によって、寄進対象は、「影堂というような漠然たる法人格」ではない、として否定された第二説に新しい光を当て、覚信尼が家地であった敷地を墓所として寄進したのは、その地を「仏物化」し、「聖地化」することによって、法的社会的存在権を得させようとしたのではないか、ということらしい。注目される意見であって、今後の研究が期待されるが、今のところはまだまだ薗田説のスケールの大きさに軍配をあげざるを得ない。

大谷の留守職をめぐる諸問題

覚信尼生存中は何事もなかった大谷廟堂であったが、覚信尼が死去すると、やはり彼女が最も恐れていた事態が発生する。それは彼女の二人の子、すなわち前夫の子覚恵と、後夫の子唯善との間の跡目争いである。そしてそれが横車を押そうとした唯善の敗北に終わったけれども、大谷家一族に対する門弟たちの不信感を高める結果となって残り、先に記したような「懇望状」提出といった事態を招くことになったのであった。

その辺から以降の大谷廟堂の状況について、縷述したのが細川行信の「覚如の本廟寺院化」である。これは『真宗成立史の研究』（法藏館、一九七七年）の中の一節であって、ほぼ覚如の生涯を概説する形になっているが、この書の序文に記されているように、本来は親鸞七百回御遠忌の記念出版として企画された『大谷本廟史』（真宗大谷派宗務所、一九六三年）の中の一節であった（付表5）。細川少壮期の著作であるが、気鋭な研究成果を発表するという姿勢よりも、基本的には当時の学界での正統的な結論に順応する姿勢で書かれているのは、この書の性格にもよっている。

それに対して重松明久の「覚如と存覚との関係」は、覚如の生涯のうちで、存覚義絶問題にピントを当てて、それを集中的に追究したものである（付表6）。重松には吉川弘文館の人物叢書『覚如』（一九六四年）があるが（付表7）、この論文は「付記」によれば『覚如』執筆のための基礎として書かれたものであるという。したがって細川のものとほぼ同時期に書かれたと思われるが、細川の所論とは反対に義絶の原因が、廟堂の留守職にまつわる対立などという、形而下的な問題によるものではなく、宗教家としての基本的な立脚点の相違によるものであろう、ということを述べていて、力作である。

元来、細川は真宗学の出身であり、重松は国史学の出身である。にもかかわらずこの問題に関する限りでは、細川は覚如・存覚の世俗的な対立関係に重点を置き、重松は思想性に重点を置いていて、レッテルが反対についているような、奇妙な対照をなしている。この問題は学界としていまだ解決を見ていないところである。読者諸氏はどちらに肩を入れられるであろうか。私は義絶事件については、このような立場での研究以外に道はないかもしれないとは思うが、この二人を、義絶事件を中心に据えて、真宗教団内部だけから見ることに若干の不満を抱いている。何と言ってもこの二人は初期真宗教団をリードした大立者である。この時代の仏教界や社会全体の中へ位置付けて考えるならば、また新しい道が開かれるのではないか、と思われるからである。

その点で、福山敏男、千葉乗隆の論文は、真宗史の外側から新しい息を吹き込んだ感のある論文として評価される。まず福山は文献史料による建築史研究の第一人者として高名な学者であるが、「初期本願寺の建築」は、その純粋な建築史の立場から、真宗史料を分析した論文である（付表8）。その内容は、親鸞の墓所や大谷・吉水の位置、あるいは初期廟堂の建築についての、片々たる考証のごとくであるが、その論証は従来の真宗史には全然見られなかったところであって、新鮮そのものであり、随所に教えられるところが多い。

千葉は現代真宗史学の重鎮であって、福山と違って教団内部の研究者であることは言うまでもないが、「卒塔婆から御影堂へ――本願寺影堂成立考――」は、比叡山など真宗教団の外側への広い視野に立って、本願寺の影堂成立を展望した好論文である（付表9）。ともすれば真宗教団の内部のみに跼蹐し勝ちな真宗史学にとって、このような広い視野が今後に最も望まれるところである。その点からも高く評価される。

二　『親鸞伝絵』の成立と展開

戦前の『親鸞伝絵』研究

平安時代の後半期から現れた絵巻物という絵画形式は、絵画による時間の経過が表現できるために、人物の伝記などはうってつけであったから、鎌倉時代に入ると、この形式によって高僧の伝記がしきりに作られるようになった。親鸞の伝記絵巻もその流れに棹さしたものであって、永仁三年（一二九五）本願寺覚如によって制作された。当初は「善信聖人絵」と題されたらしいが、やがて「善信聖人親鸞伝絵」とか「本願寺聖人伝絵」と呼ばれることになった。そして後に述べるように、その絵巻の中から絵だけを抜き出して並べ、掛幅装としたものが現れるようになるが、これは通常「親鸞聖人絵伝」と言われる。そこで真宗では、巻子本の絵巻形式のものを「伝絵」、掛幅装形式のものを「絵伝」と呼びならわしてきた。本書でもその慣例に従うこととする。

ところで、その巻子本の伝絵で、貴重な重要文化財として国から指定されているものに、次の五本がある。

（所蔵者）	（通称）	（標題）	（説話段数）	（奥書年時）
(1)西本願寺	西本願寺本または琳阿本	善信聖人絵	上巻七、下巻七	永仁三年根本奥書のみ
(2)高田専修寺	高田本	善信聖人親鸞伝絵	上巻六、下巻七	永仁三年十二月十三日
(3)東本願寺	康永本	本願寺聖人伝絵	上巻八、下巻七	康永二年十一月二日
(4)　〃	弘願本	本願寺聖人親鸞伝絵	上巻八、下巻七	貞和二年十月四日
(5)千葉県照願寺	照願寺本	本願寺聖人親鸞伝絵	上巻八、下巻七	康永三年十一月一日

この五つの異本は、標題から内容にいたるまで、少しずつの相違があり、このために覚如が永仁三年（一二九五）十月に制作した初稿本はどういう形態のものであったか、それからどのように変化してこれらの異本が生まれたのか、ということなどが問題となり、本書に収載するようないろいろな研究を生んだのである。

この伝絵諸本に関する研究で、最も秀れたものとされているのは、日下無倫の『総説　親鸞伝絵』（史籍刊行会、一九五八年）である（付表10）。この書は早く昭和十四年（一九三九）の大谷派安居において講本として編述せられた『本願寺聖人伝絵講要』上下二巻が原本であって、それを日下の死後に復刻されたものの由である。当時知られていた伝絵や絵伝の重要なものすべてについて網羅的に調査し、それを分類して解説されており、そのほか先の重要文化財の五本と流布本の詞書を対照させて収載すると共に、字句についての詳しい註釈を加えていることなど、伝絵研究史上画期的な業績と言える。できうべくんば、『親鸞大系』にも収載すべきであったが、あまりにも浩瀚であるため、必要部分をこの解説においてとり上げるにとどめることとしたい。

日下は『伝絵』諸本を⑴初稿本及びその系統、⑵再治本及びその系統、⑶重訂本及びその系統、⑷添削本の四種に分類している。彼が分類の基準としたのは、各本に収載されている説話の段数（掛幅絵伝においてすやり霞をもって画面に段をつけ、場面転換をはかることから、各場面を「第何段」と呼ぶのが慣例である）であって、上巻六段、下巻七段、計十三段と最も段数の少ない高田本を初稿本系とし、一段増加して十四段となっている西本願寺本を再治本、二段増加して十五段本となっている康永本、弘願本、照願寺本を重訂本、としている。これらはいずれも著者覚如の在世中の作品であることが明らかであることから、覚如が説話を増補改訂したものと判断したものである。そして仏光寺本は本文を大きく異にするが、後世の仕業と見られることから、これだけを別に添削本としたのである。この分類は、日下の独創ではなく、それまでの諸先学の多くが持っておられた見解であって、日下はそれを体系的に縷述したにすぎない。それは言わば一般的な通説であった。

ところが日下のこの発表より七年前、通説とは全く異なる新説が、『高田学報』の創刊号（一九三二年）に掲載されて、学界を驚倒させている。それが『親鸞大系』歴史篇第二巻に収載した中澤見明の「親鸞伝絵の永仁本及康永本の相異について」である（付表11）。中澤が提案の根拠としたのは、西本願寺本の詞書が、ほかの諸本にくらべて、原初的であって、これが覚如の初稿原本ないしはそれに最も近いと考えるところである。だから通説ではあとからの増補としている蓮位夢想と入西鑑察（定禅夢想）の二段は、増補されたのではなく、最初から織り込まれていたのだが、高田本のように関東の門弟に送られる本に限って、その段を除いたものである、とするのである。そのほか、入西鑑察の説話は、西本願寺に伝わる親鸞の肖像「鏡御影」の成立にかかわる縁起伝説であろう、とも述べている。

その詳細は当該論文によって承知していただきたいが、従来の常識を打ち破ろうとする、まことにショッキングなものであった。しかしながら日下はこの新説を採用しなかった。彼は西本願寺本詞書の「高田阪（坂）東の諸本に比して一層原始的な面影を認めざるを得ない」と言いつつも、中澤説については「この問題については直ちに然るべく決定する能はず、なを将来の調査研究を俟つこと、なし、今は唯、第一次補修の再治本として本書に、一抹の疑雲をあぐるに止めておく」（『総説　親鸞伝絵』三七頁）と述べているに過ぎない。また鏡御影とのかかわりについても、もし鏡御影を定禅が描いたのなら、覚如はそのことを鏡御影の背裏に書くはずであるのに、現にこの裏書に、似絵の名手信実の息で専阿弥陀仏の筆であると書いていることと矛盾する、として否定し去っている。そして明治十五年（一八八二）に京都七条朱雀の覚如の墓所から、覚如の分骨と墓碑銘が出土しているが、そこに「朱雀定禅小庵」と刻られていて、定禅は実在の人物であったことがわかり、したがってこの説話は実話である、と述べている（前掲書三九〇頁）。

このようにして中澤説は学界から葬られた形となって、社会は太平洋戦争へ突入してしまう。これが息を吹きかえすのは、戦後、中澤が死去して後のことである。

戦前の研究史として記しておかねばならないのは、京都帝国大学教授澤村専太郎の業績である。澤村は大正九年（一九二〇）十二月および翌十年（一九二一）四、五月の『国華』に「康楽寺流の画家に就いて」（のち『日本絵画史の研究』収載）を発表し、鎌倉末期に康楽寺流とも称すべき一群の画家が、信濃国の片田舎にあって、主として真宗関係の絵巻物や肖像画などを描き活躍したことを紹介し、その作品に評価を与えた（付表12）。純粋に美術史の立場から親鸞伝絵に言及した最初の論文であって、これ以来康楽寺浄賀たちの名は著名となった。

しかし、この康楽寺については、昭和十九年（一九四四）になって、司田純道が「康楽寺流の画家に就いて」という全く同標題の論文を『日本仏教史学』第二巻第四号に発表し、この寺を信濃国塩崎の康楽寺とするのは誤りであって、鎌倉時代に京都東山の神楽岡にあった仏堂とするのが正しいことを述べた（付表13）。史料を博捜した上での論証であって、まことに説得力に富むものであった。これによって澤村の業績は修正せられるべきであると思われるが、澤村の知名度と、長野市篠ノ井塩崎に康楽寺（本派）が現存し、江戸時代のものながら諸史料を伝えていることから、いまだにこの康楽寺説に依拠する学者もあって、司田説は定説化するにいたっていない。

赤松俊秀にリードされた戦後の『伝絵』研究

戦後、昭和三十年代に入って、『伝絵』の研究に再び火がともる。その口火をきったのは赤松俊秀であった。その処女出版『鎌倉仏教の研究』（一九五七年）に掲載された「西本願寺本『親鸞伝絵』について」がそれである（付表14）。赤松は中澤見明の広略二本（蓮位・定禅夢想の段を含んだ康永本系の広本と、含まない高田本系の略本）同時制作説には反対するが、西本願寺本詞書の原初性の指摘については、大きく評価した。そして西本願寺本を詳細に調査した結果、入西鑑察（定禅夢想）の詞書は、その前の信心諍論の絵の終わりに、まだ霞が長く引かれているところから書き始められていることと、稲田興法の詞書は、それが書かれている料紙が白紙ではなく、絵具で霞が引かれていて何かほかの絵の部分の余白を転用したと見られることの二つから、入西鑑察と稲田興法（詞書）とはあとからの追加と考えられる、という事実を指摘したのである。これによると、西本願寺本は詞書が原初的であるだけでなく、もとは上巻六段、下巻六段という原初的な形態であった、ということになる。そして鏡御影の縁起と思われる入西鑑察段の増補は、覚如が鏡御影の存在を知り、延慶三年（一三一〇）にこれを修理し、その翌年鏡御影の筆者専阿の一族である御領殿と結婚してからであろうとも説いている。

この鏡御影の問題については、先に日下が指摘したこの裏書に定禅の名がないことについての説明がないことや、鏡御影は、もとは細かく折り畳んで、廟堂の本尊であった木像の胎内に納められていたもので、それが唯善事件によって木像が破壊され、胎内から出現したもの、とする赤松の新説に対する反撥もあって、必ずしも学界の賛同を得るにはいたらなかったが、入西鑑察段と稲田興法段があとからの増補であるとする指摘は、西本願寺本の実物に即した、言わば物理的な証拠をつきつけており、反駁の余地のない説得力の大きなものであったから文句なく学界を屈服させるものであった。

ここにそれまでの通説の一角が崩れることになったが、その次に問題となったのが、吉水入室段と六角夢想段の詞書である。これは西本願寺本とそのほかの諸本との間に、次のような相違のあることが、従来から知られていた。

	（吉水入室段）	（六角夢想段）
〔西本願寺本〕	建仁第一乃暦春乃比上人二十九歳……	建仁三季癸亥四月五日夜……
〔ほかの諸本（例、高田本）〕	建仁第三乃暦春のころ聖人廿九歳……	建仁三季辛酉四月五日夜……

親鸞の吉水入室は、『教行信証』化身土巻後序の文において「愚禿釈鸞建仁辛酉暦、棄㆓雑行㆒兮、帰㆓本願㆒」と書かれていて、建仁元年（一二〇一）親鸞二十九歳であったのであるから、西本願寺本のみが正しく、他本はすべて誤っている。また六角堂夢想の年時とされる建仁三年（一二〇三）は癸亥が正しく、辛酉は誤りである。したがってこのところは両段とも西本願寺本だけが正しいことになる。日下の『総説　親鸞伝絵』以下ほとんどの研究者は、これを写誤ということにしてきたが、一本だけ誤って、他本が正しいのならともかく、一本だけ正しく、ほかはみな誤り、というのはどうにも合点のいかないことである。しかも西本願寺本、高田本、康永本の詞書はすべて覚如自身の筆であることになると、これは簡単に写誤として片付けられるものではない。

この謎の解決に正面から挑んだのが赤松俊秀であった。その論文が『親鸞大系』歴史篇第二巻に収載されている「親鸞の妻帯について」であり（付表15）、それとほぼ同時執筆された吉川弘文館の人物叢書『親鸞』（一九六一年）の第三章「源空の門に入る」でもそれが述べられている（付表16）。赤松の主張は、親鸞の吉水入室が、建仁元年（一二〇一）六角堂において、「行者宿報設女犯云々」の夢告を授かったことによる、とする前提に立っている。ところが、吉水入室が六角堂参籠の結果であることは、『恵信尼消息』第三通によって動かない事実ではあるけれども、「行者宿報」の偈文がその参籠の際のものであるのかどうかは、かねてから親鸞伝の大きな問題であったために、たちまち京都女子大学の宮地廓慧教授がこれに反論をとなえた。京都女子大学『人文論叢』第六号に発表された「六角夢想の年時――『親鸞伝絵』古三本の成立を考慮して――」（のち『親鸞伝の研究』に収載）がそれである（付表17）。宮地の主張は、高田本は永仁三年（一二九五）の初稿制作から二か月後の制作であって、西本願寺本より古いこと、両本とも詞書の筆者は覚如ではないと考えられること、六角堂の夢告を建仁元年の一回だけとする赤松説には根拠がないことなどであった。

これに対して赤松はすぐその半年後、同じ京都女子大学史学会の機関誌『史窓』第二一号に、「専修寺本『親鸞伝絵』について――宮地廓慧教授の批判に答えて――」（のち『続鎌倉仏教の研究』に収載）を書いて反駁した（付表18）。すると宮地もまた同『史窓』の第二二号（一九六四年）に「再び六角夢想の年時について」を発表して、これに答えている（付表19）。赤松はこれに対して昭和三十九年（一九六四）の康永本影印の解説「親鸞聖人伝絵諸本について」（のち『続鎌倉仏教の研究』に収載）において自説を繰返し主張している（付表20）。

これはなかなかに興味のある論争であったが、今それを一々詳しく紹介するだけの紙面が与えられていない。ただ『親鸞大系』歴史篇第二巻に収められている藤島達朗の「聖徳太子と親鸞聖人」は、両者の中間にあって、この論争を見守っていた学者の批評でもある（付表21）。やや慎重に過ぎる嫌いはあるが、当時の学界の大勢を代表する意見でもあって、この論争を締めくくった感があるので、それを参照せられたい。

これらを通観してみると、戦後に赤松俊秀が伝絵研究に参加すると、その独創的な切れ味鋭い研究方法によって、目覚ましい業績を上げ、学界をリードした。しかし最後には学者の中に首をかしげる者も現れたのである。いずれにせよこれらの赤松の業績はこの大系にもとり上げるべきだと思われたが、残念ながら御遺族の御意向により実現しなかった。なお、最後の吉水入室・六角堂夢想をめぐる問題は、藤島の論文でもわかるように結着がついてはいない。これについて私は私なりの見解を持ってはいるが、ここは私見を発表すべき場ではないので、別の機会に譲ることとする。

影印本の刊行と『伝絵』研究の進展

やがて戦後日本経済に高度成長が訪れ、国民生活が豊かになったのと、印刷技術の発達とによって、『伝絵』の影印本が制作されるようになる。そのトップを切ったのが、昭和三十九年（一九六四）真宗大谷派宗務所による康永本の複製であった。これは写真撮影したものを木版に彫って印刷するという方法によったために、今日から見れば完全な複製とは言い得ないものであったが、それでもこれが口火となった。それまでになかったことだからである。昭和四十一年（一九六六）には、角川書店の『日本絵巻物全集』第二〇巻にモノクロではあったが、西本願寺本『善信聖人絵』と『慕帰絵』の全容が掲載された。その中には所有者である専修寺には全くの無断掲載であったが、高田本も全巻が収載されている。そして、昭和四十八年（一九七三）になると、西本願寺本が全巻カラーにより復刻されたし（千真工芸刊）、続いて千葉県照願寺本が大法輪閣より完全複製によって刊行された。昭和五十六年

（一九八一）には高田本が法藏館より全巻カラーで複製された。そして最近では同朋舎出版の『真宗重宝聚英』第五巻（一九八九年）が、縮小された写真ではあるけれども、諸本を一冊にまとめてカラーで収載した。これは戦前の、詞書だけで諸本を比較対照することしかできなかったころのことを思うと、雲泥の差である。研究者にとっては好適な環境が用意された訳であって、今後は絵相に重点を置いた研究が現れることが期待されるが、その面から研究者にとっての出発点となるのが、『親鸞大系』歴史篇第六巻に収載した藤島達朗、宮崎圓遵、源豊宗の論文であろう。

藤島の「『本願寺聖人伝絵』について」は、康永本の影印に際して添付された解説であって、それまでの研究成果を集約して、藤島らしく手堅い概説となっている（付表22）。その中で奥書にある覚如の署名が、いったん書かれていたものを磨消して本人が書き直している事実は、ここで初めて指摘された事実であろう。

宮崎の「善信聖人絵・慕帰絵の成立とその事情――覚如と本願寺――」（付表23）、源の「親鸞聖人伝絵の研究」（付表24）は、角川書店の『日本絵巻物全集』第二〇巻の解説として並んでいる論文であるが、重要な点で意見が対立しているのが興味深い。宮崎は先の赤松俊秀の研究結果を受け入れて、西本願寺本を最も原初的で初稿原本に近い本とするのに対して、源は美術史専攻の立場から、西本願寺本の絵を「原初的情熱性の稀薄」としてその制作年代を引き下げ、「高田本は初稿本ではないが、さすがに初稿本からの時をおかぬ転写であるだけに、原本の原初性的情熱が、脈々と伝わっている」と評価する。その見解から、大谷廟堂内の絵相についても、宮崎は、西本願寺本が堂内に石塔のみを描いているのを当初の姿とし、永仁三年（一二九五）十月初稿以後、高田の顕智たちの努力で影像が作られたので、高田本には石塔と影像を描いているのだと論じているのに対して、源は詞書に文永九年（一二七二）に「堂閣を立、影像を安ず」とあることを文証として、影像を安置した高田本が永仁三年（一二九五）

初稿本の絵相であり、西本願寺本は、延慶二年（一三〇九）の唯善による木像奪取のあとの状況を表したものというふうに対立している。

なお『伝絵』を描いた画工として奥書に記されている康楽寺浄賀および宗舜・円寂については、先に述べたように、澤村専太郎が紹介した長野市の康楽寺とする説と、これに対して司田純道が指摘した京都神楽岡の康楽寺とする説との両説がある。史料上は司田の推す京都説が正当ではないかと考えられるが、澤村の門下生である源は、この論文においてもなお師説を遵守して長野市説を採り、田舎に住む画家であるために「地方的粗荒性が認められる」と述べている。しかしその記述には、康楽寺を長野市に比定しているための先入観が大きく作用しているように思われてならないが、如何なものであろうか。

いわゆる学術論文ではないために、『親鸞大系』に収載しなかったが、異色ある記述として注目されるのは、澁澤敬三・神奈川大学日本常民文化研究所編『新版　絵巻物による日本常民生活絵引』第四巻（一九八四年）に収載する「親鸞上人絵伝」である（付表25）。これは千葉県照願寺本『伝絵』を模写し、その絵に描かれた常民生活について解説を加えたもので、従来には全くなかった角度から伝絵に照明を当てている。真宗史については全くの門外漢の人々による解説であるため、とんでもない間違いもあるが、逆に教えられることが多く、興味深い「絵引」である。

また近年、絵巻物の絵相を史料として活用する手法が開発され、東京大学史料編纂所の黒田日出男らによる研究が次々と発表されている中に、黒田の「『親鸞伝絵』と犬神人――「洛陽遷化」の場面を中心に――」（週刊朝日百科日本の歴史別冊『歴史の読み方』1「絵画史料の読み方」第三章・絵巻物群の分析）がある（付表26）。独特な手法によって、西本願寺本、高田本、康永本の三本の絵相を分析したものであって、注目されるが、この手法はまだまだ未成熟であり、その分析には納得できない点が多いので、『親鸞大系』には採用しなかった。『親鸞大系』歴史篇第六巻第二章の最後に収載した平松令三の「総説　親鸞聖人絵伝」は、『真宗重宝聚英』第四巻（一九八八年）収載図版の解説である（付表27）。「信仰の造形的表現研究委員会」において、掛幅絵伝の全国的な調査と写真撮影が行われたのを機会に、若干の考察を試みた論考である。これは多くの図版を観察しながら読むように書いたものだったから、図版のない『親鸞大系』にはなじみにくいかと思われたが、「親鸞絵伝」に関する研究自体が少ない上に、その絵相などをめぐる研究としては初めてのものであったので、あえて収載したものである。

三　「絵系図」を必要とした教団

親鸞は、仏の本願を信ずるときに救いが成立するので、臨終に来迎を待つ必要はない、と言い、また形像を礼拝することは、仏像を見て浄土往生をねがう「観仏」という自力の行に陥る危険があることを説き、門弟には名号を書き与えて本尊とさせた。蓮如には「木像より絵像、絵像より名号」という言葉がある。

真宗でこのように名号を本尊とするのは、芸術的な美の世界にのめり込んでしまうことのないように、という配慮からであった、と考えられるが、真宗成立以前の仏教的世界の中で、秀れた仏像をはじめとする絵画・彫刻に慣れ親しんできた人々の感覚を、そう一時に変革することは容易ではなかったと思われるし、親鸞自身もそんなせっかちな対応を求めなかったらしい。彼が関東教化中に一つの拠点としたと考えられている栃木県の専修寺（本寺）如来堂の本尊は、善光寺如来像であった。親鸞の著書『尊号真像銘文』を見ると、曇鸞、善導、源空などの肖像を礼拝対象としていたことも十分推察される。一方、名号本尊の方から見ると、現存するものはすべて親鸞最晩年の八十三、四歳ころのものであって、それ以前には見られないことから、名号本尊の依用は、そのころ発生した善鸞事件と関係があるのではないかとする見解も現れている（林信康「親鸞の名号本尊――善鸞事件と関連して――」〈『宗学院論集』第五五号、本願寺派宗学院、一九八四年〉（付表28））。名号に加えて高僧像などを美麗な彩色で描いた光明本尊が、すでに親鸞在世中に、親鸞の門弟によって依用されていたことも確認されている（平松令三「総説　光明本尊」〈『真宗重宝聚英』第二巻、一九八七年〉（付表29））。また少なくとも鎌倉末期の真宗教団では、いろんな形式の高僧連坐像や、聖徳太子像が依用されていたことも知られている（『真宗重宝聚英』第七巻・第八巻、一九八九・八八年）。

　要するに初期真宗教団では、信仰対象として、いろんな造形が行われ依用されていたのが実情であったが、それらについての研究はまだまだ進展していない。その中で早くから注目され、研究が進められてきたのが「絵系図」であった。

　これが注目された理由は、建武四年（一三三七）に覚如が『改邪鈔』を著して、当時の念仏教団において行われていた邪義二十項目について非難したが、その第一項が「名帳」、第二項が「絵系図」であったからである。覚如はこれ以外にも康永三年（一三四四）如信の子の空如と連名で出した六か条の制禁にも、第一条で「名帳」、第二条で「絵系図」を禁じている。そしてその末尾に「故今比叡空性房、私構㆓自義㆒、彼方へ不㆑可㆑有㆓経廻㆒之由也」と記していて、この「名帳」を行っていたのが空性房、つまり仏光寺了源であったことが明らかとなっている。

　ところが明治年間まではその存在が知られなかった。大正の初めになって初めて、鷲尾教導が岡山県笠岡市浄心寺（本願寺派）や、京都市下京区光薗院（仏光寺派）においてその実物を発見し、これを学界に報告した。これが契機となって、日下無倫、橋川正、山田文昭、佐々木篤祐らによって次々と発見され、現在十五点ほどが知られるにいたっている。

「絵系図」について最初に問題となったのは、これを案出したのは誰か、ということであった。「絵系図」には「序題《じょだい》」と言われる前書きがついているが、その中で「絵系図」制作の趣旨を表白している人物が、仏光寺の開祖了源であったり、備後国の慶円であったりするので、了源か、慶円か、あるいはこの二人共通の師明光か、といった議論であった。あまり高度な内容の論議とは言えなかった。

これらの「絵系図」を実際に調査し、初めて本格的な歴史学の方法論による分析を行ったのが、『親鸞大系』歴史篇第六巻に収載した向井芳彦の「真宗絵系図雑攷」であった（付表30）。向井は赤松俊秀と同期の京都帝国大学史学科昭和六年（一九三一）卒業である。日華事変によって軍隊に召集され、終戦によって復員後病死しているので、この論文は彼が生前にただ一つだけ世に問うたものである。

寺院子弟でもない彼がなぜこのようなテーマに興味を持ったのか、わかっていない。ただ彼の自宅が仏光寺のすぐ近辺であった、ということが、少しは関係しているのではないか、と思われるだけである。それにしても大学卒業後、わずか三年でこのような論文を書き上げるとは、稀に見る秀れた才能の持主であったと思われ、その早逝が惜しまれてならない。それまで全く未開拓であった絵系図様の分析など、まことに見事であって、「絵系図」本格研究の第一席というにとどまらず、今もその価値を保っている。

福尾猛市郎は向井と同じ京都帝国大学史学科を、向井の翌年に卒業している。この論文は彼が広島大学教授として在任中に、広島県沼隈郡（現在の福山市）に所在している絵系図を調査したことが契機となっている。このため題は一地方に限定した研究のようになっているが、内容は「絵系図」とそれを依用した真宗教団全体を展望したものであって、向井の業績を引き継ぎつつ、それを一歩進めている。この中で、「絵系図」の序題の中に二十三字を欠落したものと、それを備えたものとの二種あることを指摘しているが、これについては昭和四十九年（一九七四）に刊行された、井川定慶博士喜寿記念の『日本文化と浄土教論攷』に、「明光派教団と絵系図序題編年の研究」を寄せて、研究を進展させ、「絵系図」の形成に段階のあったことを述べている（付表31）。

平松の「絵系図の成立について」は、右の二先学の研究に導かれつつ、現存「絵系図」についての調査を行った結果の集約である（付表32）。「絵系図」の発案、序題の執筆を存覚に比定するのを結論としている。こののち『真宗重宝聚英』第一〇巻（一九八八年）の中で「絵系図」を編集した機会にこの論文に若干の補訂を行うと共に、福尾が「絵系図」の成立を探る鍵とした序題二十三字欠落の問題について、福尾説に反対する見解を述べた（付表33）。また現存「絵系図」については、その後の知見である滋賀県浅井町（現在の長浜市）光福寺本と、前回に脱落させた岡山県笠岡市浄心寺本とを加え、十五点としてある。

西口順子の「絵系図まいりと先祖祭祀」は、現在も行われている「絵系図まいり」という習俗を調査した結果を基に、右の諸研究とは全く異なった観点に立って絵系図を研究したもので注目される（付表34）。滋賀県能登川町（現在の東近江市）妙楽寺の「絵系図まいり」については、柴田實「伊庭妙楽寺の絵系図と系図まいり」（井川定慶博士喜寿記念『日本文化と浄土教論攷』一九七四年。のち著作集『日本庶民信仰史　仏教篇』収載（付表35））、村井康彦「絵系図と絵系図まいり」（『日本美術工芸』四一九号、一九七三年）があり（付表36）、それぞれ含蓄ある研究である。それらと共に、このような方法論を持った研究の進展が最も期待されるのではなかろうか。

四　神祇と民衆への対応

日本民族の伝統的宗教に対する親鸞の姿勢は「神祇不拝」という言葉によって表現される。しかしまた親鸞は同時に「神仏護念」とも説いた。この神祇観の問題は親鸞以後、現代まで続いている。古くて新しい問題であって、近年「真宗と習俗」というテーマでしきりに論ぜられている。第一線で教化に携わっている僧侶たちにとって切実な問題だからである。そこでその問題について、真宗史学として専門的に追究した論文の中から代表的なもの四編を選んでみた。

柏原祐泉の「真宗における神祇観の変遷」は真宗史上の神祇不拝と神仏護念の問題に、正面から取り組んだ数少ない論文の一つで、先年編集せられた吉川弘文館の日本仏教宗史論集第六巻『親鸞聖人と真宗』にも収載せられている（付表37）。親鸞、覚如、存覚、蓮如が神祇にどう対応したかを述べているのであるが、中でも注目されるのは覚如・存覚のそれであろう。この二人は、本地垂迹説によって神祇についての難問をクリアしようとした。しかしそれが権門勢家へ連なるものへの順応を説くことになったのを指摘している点であろう。たとえば存覚が実社邪神として退けたものが、「すべて庶民側の信仰に属する社祠の神々であった」という。

柏原が神祇観を社会体制との関連でとらえているのに対して、純教義の面から、存覚の神祇観に迫ったのが普賢晃寿の「中世真宗の神祇思想――『諸神本懐集』を中心として――」である（付表38）。神祇不拝に対する旧仏教側からの非難が、本地垂迹説を論拠としているのを受けて、存覚は積極的にその本地垂迹説を自家薬籠中のものとすることによって、阿弥陀を根本の本地仏とし、諸神の本懐は念仏にある、との論を展開して、旧仏教側の非難に応えようとしたものだ、と説いている。そしてそれが親鸞の思想とどれだけの距離を持つことになったかを検証している。『諸神本懐集』を詳しく分析した力作である。

北西弘の「神祇信仰と談義本」は一向一揆の研究を専門的に進めるためには、教団を構成する民衆の宗教思想に踏み込む必要があると感じての研究という出発点に立っている（付表39）。したがって普賢の研究とは全く立場を異にし、真宗門徒たちが、どのようにして神祇とのかかわりを持ったか、それはどうしてか、それをどう評価するのか、などを、民衆の精神構造にまで立ち入って、厳しく分析している。従来には全くなかった視角に立った画期的な論考である。

談義本は北西も言っているように、真宗教義の社会的実践を課題として著作されたものであるが、教義と社会の摩擦や民衆からの遊離を恐れるのあまり、低俗性・後進性の中に埋没してしまっているものが多い。さらには民衆に迎合しようとしているものさえある。そんな教学的レベルの低さから談義本そのものをとりあげて研究したものは極めて少なく、戦前では宮崎圓遵の「中世における唱導と談義本」（『宗学院論輯』第二七輯、一九三八年、のち『真宗書誌学の研究』収載）がほとんど唯一の業績であった（付表40）。これは一つには民間に流れている談義本の蒐集が困難であったことにもよっている。千葉乗隆は、宮崎圓遵の遺産を受け継ぎ、本願寺史料研究所の組織を活用して、談義本の蒐集を行い、『真宗史料集成』編集にあたって、談義本だけで一巻を編成した。そこには一四三種の談義本が収められており、これまでには容易に見るを得なかったものも多い。「談義本解説」はその巻頭を飾った総合解説であって、多数の談義本の全体を広く展望し、多様な姿に広く眼くばりをしたという実績の上に立って書かれている（付表41）。

付表　本章掲載文献一覧（編者編）

＊印は『親鸞大系』歴史篇第六巻「教団の展開」（法藏館、一九八九年）収載論文。
そのほか発行所・刊行年は初出のみに記載。

1　山田文昭「大谷廟堂創立考」（『無尽灯』二〇―一・三〜八・一二、一九一五年。のち遺稿集第二巻『真宗史之研究』破塵閣書房、一九三四年）。

2　藤原猶雪「大谷廟堂の創立と留守職の制定」（『真宗史研究――親鸞及び其教団――』大東出版社、一九三九年）。＊

3　薗田香融「覚信尼の寄進――本願寺教団における世襲制の起源――」（宮崎圓遵博士還暦記念『真宗史の研究』永田文昌堂、一九六六年）。＊

4　園村義耕「覚信尼寄進状に就いての一考察」（『真宗研究』三二、一九八七年）。

5　細川行信「覚如の本廟寺院化」（『真宗成立史の研究』法藏館、一九七七年。もと『大谷本廟史』真宗大谷派宗務所、一九六三年。のち改訂して『真宗祖廟史』真宗大谷派出版部、一九八五年）。＊

6　重松明久「覚如と存覚との関係」（『中世真宗思想の研究』吉川弘文館、一九七三年）。＊

7　重松明久『覚如』〈人物叢書〉（吉川弘文館、一九六四年）。

8　福山敏男「初期本願寺の建築」（『明治造営百年　東本願寺』真宗大谷派本廟維持財団、一九七八年。のち「本願寺の建築」の一部として著作集第三巻『寺院建築の研究』下、中央公論美術出版、一九八三年）。＊

9　千葉乗隆「卒塔婆から御影堂へ――本願寺影堂成立考――」（仏教史学会編『仏教の歴史と文化』同朋舎出版、一九八〇年。のち著作集第四巻『真宗文化と本尊』法藏館、二〇〇二年）。＊

10　日下無倫『本願寺聖人伝絵講要』前編・後編（安居事務所、一九三九年。のち『総説　親鸞伝絵』史籍刊行会、一九五八年）。

11　中澤見明「親鸞伝絵の永仁本及康永本の相異について」（『高田学報』創刊号、一九三二年。のち『真宗源流史論』

法藏館、一九五一年。一九八三年復刊）。＊
12　澤村専太郎「康楽寺流の画家に就いて」（『国華』三六七・三七一・三七二、一九二〇～二一年。のち『日本絵画史の研究』星野書店、一九三一年）。
13　司田純道「康楽寺流の画家に就いて」（『日本仏教史学』二―四、一九四四年）。
14　赤松俊秀「西本願寺本『親鸞伝絵』について」（『鎌倉仏教の研究』平楽寺書店、一九五七年。のち著作集第一巻『親鸞伝の研究』法藏館、二〇一二年）。
15　赤松俊秀「親鸞の妻帯について」（『日本歴史』一五二、一九六一年。のち『続鎌倉仏教の研究』平楽寺書店、一九六六年、さらに『親鸞大系』歴史篇第二巻「親鸞の生涯Ｉ」法藏館、一九八八年、また著作集第一巻『親鸞伝の研究』）。
16　赤松俊秀『親鸞』〈人物叢書〉（吉川弘文館、一九六一年）。
17　宮地廓慧「六角夢想の年時――『親鸞伝絵』古三本の成立を考慮して――」（京都女子大学『人文論叢』六、一九六二年。のち『親鸞伝の研究』百華苑、一九六八年）。
18　赤松俊秀「専修寺本『親鸞伝絵』について――宮地廓慧教授の批判に答えて――」（京都女子大学『史窓』二一、一九六二年。のち『続鎌倉仏教の研究』、さらに著作集第一巻『親鸞伝の研究』）。
19　宮地廓慧「再び六角夢想の年時について」（『史窓』二二、一九六四年。のち『親鸞伝の研究』）。
20　赤松俊秀「親鸞聖人伝絵諸本について」（『重要文化財　康永本親鸞聖人伝絵　解説』真宗大谷派宗務所、一九六四年。のち『続鎌倉仏教の研究』、さらに著作集第一巻『親鸞伝の研究』）。
21　藤島達朗「聖徳太子と親鸞聖人」（『日本仏教学会年報』二九、一九六四年。のち『親鸞大系』歴史篇第二巻）。
22　藤島達朗「『本願寺聖人伝絵』について」（『重要文化財　康永本親鸞聖人伝絵　解説』）。＊
23　宮崎圓遵「善信聖人絵・慕帰絵の成立とその事情――覚如と本願寺――」（『日本絵巻物全集』第二〇巻「善信聖人絵・慕帰絵」角川書店、一九六六年。のち『新修　日本絵巻物全集』第二〇巻「善信聖人絵・慕帰絵」角川書店、一九七八年）。＊

24　源豊宗「親鸞聖人伝絵の研究」(『日本絵巻物全集』第二〇巻。のち『新修　日本絵巻物全集』第二〇巻)。＊
25　澁澤敬三・神奈川大学日本常民文化研究所編『新版　絵巻物による日本常民生活絵引』第四巻(平凡社、一九八四年)。
26　黒田日出男「『親鸞伝絵』と犬神人――「洛陽遷化」の場面を中心に――」(週刊朝日百科日本の歴史別冊『歴史の読み方』1「絵画史料の読み方」朝日新聞社、一九八八年)。
27　平松令三「総説　親鸞聖人絵伝」(『真宗重宝聚英』第四巻「親鸞聖人絵像・親鸞聖人木像・親鸞聖人絵伝」同朋舎出版、一九八八年。のち「親鸞絵伝の研究」として、平松令三遺稿論文集2『親鸞の真蹟と真宗の美術』法藏館、二〇二五年)。＊
28　林信康「親鸞の名号本尊――善鸞事件と関連して――」(『宗学院論集』五五、一九八四年)。
29　平松令三「総説　光明本尊」(『真宗重宝聚英』第二巻「光明本尊」同朋舎出版、一九八七年。のち「光明本尊の研究」として『真宗史論攷』同朋舎出版、一九八八年)。
30　向井芳彦「真宗絵系図雑攷」(『史林』二〇―一、一九三五年)。＊
31　福尾猛市郎「明光派教団と絵系図序題編年の研究」(井川定慶博士喜寿記念『日本文化と浄土教論攷』井川博士喜寿記念会出版部、一九七四年)。＊
32　平松令三「絵系図の成立について」(『仏教史学研究』二四―一、一九八一年。のち〔補記〕を加筆して『真宗史論攷』)。＊
33　平松令三「総説　絵系図」(『真宗重宝聚英』第一〇巻「慕帰絵・絵系図・源誓上人絵伝」同朋舎出版、一九八八年。のち『高田学報別冊　文学博士拝受記念　親鸞とその美術』二〇一〇年。さらに「絵系図の研究」として、平松令三遺稿論文集2『親鸞の真蹟と真宗の美術』)。
34　西口順子「絵系図まいりと先祖祭祀」(『真宗重宝聚英』第一〇巻)。＊
35　柴田實「伊庭妙楽寺の絵系図と系図まいり」(井川定慶博士喜寿記念『日本文化と浄土教論攷』。のち著作集第二巻『日本庶民信仰史　仏教篇』法藏館、一九八四年)。

36　村井康彦「絵系図と絵系図まいり」（『日本美術工芸』四一九、一九七三年）。

37　柏原祐泉「真宗における神祇観の変遷」（『大谷学報』五六―一、一九七六年。のち日本仏教宗史論集第六巻『親鸞聖人と真宗』吉川弘文館、一九八五年。また『真宗史仏教史の研究』Ⅰ「親鸞・中世篇」平楽寺書店、一九九五年）。＊

38　普賢晃寿「中世真宗の神祇思想――『諸神本懐集』を中心として――」（『龍谷大学仏教文化研究所紀要』一七、一九七八年。のち「存覚の神祇思想とその成立背景――中世真宗の神祇思想――」として『中世真宗教学の展開』永田文昌堂、一九九四年）。＊

39　北西弘「神祇信仰と談義本」（『一向一揆の研究』春秋社、一九八一年）。＊

40　宮崎圓遵「中世における唱導と談義本」（『宗学院論輯』二七、一九三八年。のち『真宗書誌学の研究』永田文昌堂、一九四九年、さらに著作集第七巻『仏教文化史の研究』思文閣出版、一九九〇年）。

41　千葉乗隆「談義本解説」（『真宗史料集成』第五巻「談義本」同朋舎、一九七九年。のち「談義と『談義本』」として著作集第四巻『真宗文化と本尊』）。＊

第二章　真仏上人の生涯

一　生い立ち

高田派第二世真仏上人の伝記については、正徳五年（一七一五）五天良空の著した『高田開山親鸞聖人正統伝』（以下『正統伝』と略称する）の親鸞聖人五十三歳の条に、

同年仲冬、真仏上人初テ帰依シタマフ。姓ハ平氏、桓武天皇ノ御裔《オンスヱ》、下野ノ国司大夫ノ判官国春公ノ嫡男、真《マ》壁《カベ》ノ城主、俗名ヲ権大輔椎《シキノオノ》尾弥三郎春時ト申セリ。

と記されていて、これが上人伝の典拠とされてきた。しかし『正統伝』の記述は、これが著作された当時の伝承に基づいているため、若干の錯乱を生じていることは否めない。そこで現代の歴史学の研究成果によって修正を試みてみることにする。

まず、桓武平氏のうち、常陸国に土着して勢力を張った一族の中から、平長幹が真壁郡の地に郡司として入ったのは、平安時代末期で、その子孫は真壁氏を名乗り、戦国時代まで四百年近くにわたって、この地域を支配したことが一般に認められている（真壁町史編纂委員会編『真壁町史料』中世編㈠、真壁町、二〇〇五年、解説）。それに対し

て椎尾氏というのは、真壁郡の中の椎尾郷（現在の桜川市真壁町椎尾）という地域の在地領主であって、鎌倉時代に真壁氏の配下に属した武士と考えられ、真壁町北椎尾堀ノ内地区に、椎尾城跡と呼ばれる中世城館跡が今も残っている。弘安二年（一二七九）の「常陸国作田惣勘文案」（『真壁町史料』中世編㈢、真壁町、一九九四年、所収税所文書のうち）には、椎尾国貞、同貞則、同助貞という三人が、真壁郡内で四十丁余の田を所有していることが見え、相当な武士であったことが知られる。

これらの事実を背景にして、『正統伝』の「椎尾弥三郎」という伝承を見直して見ると、上人が椎尾氏という常陸国真壁郡の武家の出身だったことは、肯定してよいのではないか、と思われる。『親鸞聖人門侶交名牒』（以下『交名牒』と略称する）の万福寺本が、上人を「常陸国真壁」としていることは、上人の出自に関する古い伝承の残片とも考えられよう。

二　出家

真仏上人の出家について、『高田ノ上人代々ノ聞書』には、親鸞聖人の関東ご教化の際、板敷山でこの「椎尾弥三郎」が矢を射かけようとしたところ、聖人の威光にさえぎられて五体がすくんだので、髻を切って弟子となった、と記されているが、板敷山について『親鸞伝絵』に記されているのは明法房だから、その伝承が混入してきたものと認められ、これは信頼できない。

それに対して中澤見明氏は「真仏伝説に就いての考察」（『高田学報』第九輯、一九三四年。のち『真宗源流史論』法藏館、一九五一年、一九八三年復刊）において、『沙石集』や『一言芳談抄』などの鎌倉時代の史料によって、その

図22　真仏上人像（栃木県専修寺蔵）

ころの真壁には法然上人の門下でもある敬仏という念仏者がいて活動していたこと、およびその弟子に心仏という名が見え、真仏上人と同じく「仏」の一字を共通している点を指摘して、「私はこの真壁真仏は敬仏及び心仏等と同じ一流の念仏に帰して出家し、縁故ある高田如来堂を継承したのではないかと思う」と推理している。鋭い着眼と言うべきだろう。

また中澤氏は「恐らくは高田如来堂は真仏以前から存在して、真仏はその堂を継承した入道僧であったのだろう」と想像しているが、専修寺の前身については、諸種の状況証拠によって、虚空蔵菩薩の信仰にかかわる聖地であって、ある程度の伽藍を構成していたと推定されているし（平松稿「下野国高田山専修寺史考」〈『高田学報』第七八輯、一九八九年〉。本書第三部第一章）、真仏上人が出自の地真壁からこの地に入ったについては、鎌倉時代にこの地域に勢力を張っていた大内氏と椎尾氏との縁故関係が結ばれていたのではないか、との説もある（『筑波山麓の仏教――その中世的世界――』真壁町歴史民俗資料館、一九九三年）。その辺を考え合わせねばなるまい。

三　高田専修寺の草創

『正統伝』をはじめ江戸時代の文献は、嘉禄年中（一二二五～二七）親鸞聖人がこの地に来り、夢告を得て伽藍を建立したとするが、これは言うまでもなく、創立を著名な高僧に結びつけようとする寺院縁起の常套手段であってそのまま信頼できるものではない。その点で、室町中期高田派第十世真慧上人の著書『顕正流義鈔』古写本（鈴鹿市西岸寺本）に「高田開山真仏上人」と記されていることは注目されねばならない。それは天文十二年（一五四三）の「高田山専修寺再興勧進帳」（『専修寺文書』第九二号。『真宗史料集成』第四巻、同朋舎出版、一九八二年）ではさらに具体的に「尋㆓当寺元祖㆒、後堀河院御宇嘉禄年中比、親鸞上人之嫡弟真仏上人、為㆓天下安全興法利生㆒、始㆓草創之㆒」となっており、専修寺草創の中心人物が真仏上人であったこと、草創時期が親鸞聖人関東教化中の嘉禄年中であったこととは、中世からの古い伝承であったことが知られる。そしてそれらの文言は、自分の寺の過去を飾りたてようとする形跡も感じられないから、大筋で素直に歴史事実を言い伝えてきたものと考えて大きなまちがいはあるまい。

「嘉禄年中」と言えば、真仏上人は十七歳ないし十九歳であって、若きに過ぎるとの懸念もなくはないが、この時代の武士には兄弟の中の一人を少年期から出家させて、その一族の後世菩提を祈らせるという風もあったから、あり得ないことではない。また上人の親鸞聖人との出会いもおそらくそのころであったと思われるが、それが先か後かなどについては推測する術がない。

いずれにせよ、それまで民俗的信仰の聖地であったこの地を、念仏の道場へと変身させたのはこの人であり、その点から「高田開山真仏上人」と呼ばれ、それが室町時代まで伝承されてきたと考えられる。

図23　真仏報恩塔（重美・蓮田市辻谷）

四　門弟たち

真仏上人の教化は親鸞聖人が関東を去って帰洛された後も精力的に続けられ、多くの門弟が生まれた。彼らは高田専修寺を中核として結集したので、「高田門徒」と呼ばれた。それは関東に残された親鸞聖人の遺弟の中で、最大の勢力であった。その状況は『交名牒』において最も端的に見ることができる。『交名牒』は伝本によって若干の異同はあるが、真仏上人直接の門下は少なくとも十七人を数える。この数は聖人直弟中ダントツの第一位で、しかもその地理的分布を見ると、常陸国五人、下野国三人、奥州三人、下総国一人、武蔵国一人、遠江国一人、不明三人であって、範囲は極めて広い。そしてそれらの人々の弟子、つまり孫弟子にいたっては百人近くを数える。

これらの門弟が、上人を師と慕い仰いだ事実を直截簡明に示すのが埼玉県蓮田市に現存する石造の六字名号の板碑であって、名号の下方に「報恩真仏法師、延慶四辛亥三月八日、大発《（ママ）》主釈唯願」との刻銘がある（**図23**）。高さが三メートル九五センチメートルもあり、全国第二位の巨大さを誇る。近年の学者の中には、『親鸞聖人御因縁』という談義本の主人公として登場する「平太郎真仏」をこの名号碑の「真仏法師」にあてようとする向きもあるようであるが、願主の「唯願」の名は『交名牒』の真仏門下に見え、さらに何よりも「三月八日」が、上人の跡を継いで高田門徒のリーダーとなった顕智上人書写の『見聞』（『影印高田古典』第三巻、真宗高田派宗務院、二〇〇一年）に見えるように、上人示寂の命日であることはまちがいないので、「平太郎真仏」ではなく、高田の真仏上人とするべきである。

ただこの「延慶四年（一三一一）三月八日」は、上人示寂後五十四回忌といういささか中途半端な年忌にあたるが、上人を開山とする結城市称名寺の寺伝は、上人の示寂を弘長元年（一二六一）三月八日としている。その寺伝に依るならば、延慶四年は満五十年忌に相当することになるので、その点考慮の余地があろう。

五　終焉

ともあれ真仏上人は、高田門徒を初期真宗教団の中での最大の勢力に組織した指導者として、高く評価される。善鸞事件に関しては、善鸞と対立したことから、一時は親鸞聖人から誤解を受けることもあったりして、教団運営に苦労された形跡が見えるが、事件が解決した建長八年（一二五六）十月に顕智・専信らを伴って上洛したことが『三河念仏相承日記』の記事に見える。聖人に事件の結末を報告されたらしい。

その後の関東教団は、上人の統率力に期待するところ大であったと思われるが、残念ながら親鸞聖人に先立って示寂せられた。急死だったらしい。寿五十歳であった。

第三章　真仏上人の筆跡

一　親鸞聖人筆跡との誤認混同

真仏上人の筆跡については、戦前は全く問題とされなかった。というのは上人書写の聖教はすべて親鸞聖人筆と誤認混同されていたためである。たとえば『経釈文聞書』の一部は享保十四年（一七二九）と元文三年（一七三八）の二度にわたって切り取られ、掛幅などに表具されて、「親鸞聖人真筆」として宝物展観に展示されたりしている。これは上人の筆跡が親鸞聖人のそれと酷似していることからきている。上人の書かれたものは、親鸞聖人の特異な筆癖が実に丁寧に模倣されており、これを識別するのは容易でなかった。親鸞聖人の筆跡研究が格段の進歩を遂げた今でも、断簡を提示された場合などには、途惑うことがあるくらいに酷似しているからである。

それに加えて、奥書などに書写年時が書かれていても、そこに「真仏書之」というような署名がないことも原因していた。その本に「真仏」という署名はあっても、それは今回の影印本に見られるように、表紙の袖書であって、書写奥書ではない。表紙の袖書は、覚如上人の『改邪鈔』第七条にも「大師聖人の御自筆をもてかきあたへわたしましますす聖教をみたてまつるに、みな願主の名をあそばされたり」と記されていて、その聖教の書写を願い出た人、ひいてはその本の所持者を示すものと思われていたから、筆者としての「真仏」は見逃がされてきたのであった。聖教を書写した場合、書写の年月日を書いても、筆記した人の名を書かないのは真仏上人だけではなく、顕智上人（高田派第三世）も同様であったし、高田山の古聖教にはそのほかにも同じようなのが多い。顕智上人の場合は、独特の流麗な筆跡によって識別は容易であったが、真仏上人の場合は、あまりにも親鸞聖人と酷似していたために、このような混同が行われたのであった。

どうしてこのように酷似したのか、それは真仏上人が師親鸞を慕い、一生懸命に模倣しようとしたためであろうとしか考えられない。偽物を作り、自分が親鸞になりすまそうとしたためではないか、との説をなす人もあるらしいが、もし上人がそんな悪意を抱いた人だったなら、『親鸞聖人門侶交名牒』にみられるように多くの人々の信頼を集め、教団の指導者としての地位を保ち続けることができたはずがない。筆跡の模倣は親鸞聖人へのひたすらなる傾倒の表れであり、混同したのは後代の者の誤ちだったのである。

二　真仏筆跡の発見

長年月にわたる混迷の歴史に、画期的なクサビを打ち込んだのは、昭和八年（一九三三）二月、津市で行われた高田学報社同人九名による「親鸞聖人筆跡研究に関する座談会」で、その速記録が『高田学報』第五輯として公開され、学界に大きな衝撃を与えた。

この中ではいろいろの問題が提起されているが、主題となっているのは、大正九年（一九二〇）刊行の辻善之助博士著『親鸞聖人筆跡之研究』（金港堂書籍。のち『日本仏教史研究』第五巻、岩波書店、一九八四年収載）において、聖人真筆として紹介されているものの中に、疑問視されるものがあることから始まって、親鸞聖人筆跡には大別して二種類あることなどが論議された。この座談会ではその二種を「西方指南抄系」と「浄土和讃系」と命名している。『西方指南抄』も『浄土和讃』も共に高田山専修寺に所蔵され、その後新国宝に指定されているものだが、たしかに筆跡は対照的である。『西方指南抄』は老筆で枯れ切っていて、墨色は淡く、筆の運びは柔らかく、かすれていることも多いのに対して、『浄土和讃』は墨色が濃く、筆の運びは鋭く若々しい。この浄土和讃系の文字が親鸞聖人の筆跡かどうか、疑念が出されたのであったが、この座談会では結論は出なかった。

これを一歩進めたのが、翌昭和九年（一九三四）十二月発行の『高田学報』第九輯「真仏上人研究」号であった。この号の編集会議では、辻善之助博士が親鸞聖人真筆と認定している『経釈文聞書』（『影印高田古典』第一巻、真宗高田派宗務院、一九九六年）が標本として取り上げられ、宝庫よりとり出して検討が行われたらしい。いわゆる浄土和讃系の代表的な筆跡だからである。その結果、第三丁に「親鸞聖人曰、教行証言」として『教行信証』行巻にある文言が記されていることが発見され、この問題はアッサリと結着がついた。親鸞聖人が自分に「聖人」という敬称をつけるはずがないからである。そしてこれを表紙袖書にその名が見える真仏上人筆とすることに決定された。ということになると、「親鸞夢記云」の掛幅も、この『経釈文聞書』からとりはずして掛幅化したことが書き記されていることから、これも真仏上人筆ということになったが、このことは真仏上人が親鸞聖人に先立って示寂していることから、親鸞聖人在世中に書写されたことが保証されたことになり、史料価値は寧ろ高まった。

こうしていわゆる「浄土和讃系」の親鸞聖人筆跡のうち「釈真仏」と袖書のある『皇太子聖徳奉讃』とこの『経釈文聞書』とは真仏上人筆と認められることになったが、「浄土和讃系」といわれる筆跡全体へ波及することはなかった。これは宗門の人々には聖人真蹟へのあこがれが強く、これらを真蹟でないと否定するような意見には拒絶反応を示す向きが多かったからである。

三　真仏筆跡の拡大

戦後になって親鸞聖人の筆跡研究にも新しい展開があらわれた。それは社会全体が過去の権威にとらわれないで、真相を率直に追求しようという風潮になってきたのも関係していた。その主役をつとめたのは高田派の学匠生桑完明氏で、まず昭和二十三年（一九四八）高田派内の研究誌『高田教学』に、高田山伝来の『教行信証』は室町時代以来親鸞聖人真筆と信じられてきたが、実は建長七年（一二五五）専信が筆写したものであることを発表し、昭和三十一年（一九五六）の真宗連合学会大会においてもまたそれを公表して、学界に大きな衝撃を与えた。ついで同じく聖人真蹟として新国宝に指定せられていた「三帖和讃」についても、昭和三十五年（一九六〇）の複製本解説に際し、『正像末法和讃』の九首など一部を除いて本文を非真蹟と断定公表した。

ここに昭和八年（一九三三）の高田学報座談会以来の「浄土和讃系」筆跡についての真蹟非真蹟論争は完全に一件落着したが、それではこれが誰の筆跡なのか、となると生桑師は用心深く何も語られなかった。

この「三帖和讃」の本文（聖人真蹟部分を除く）が、真仏上人ではないかとしたのは、昭和五十三年（一九七八）に制作された複製本に平松が執筆した解説であった。先に真仏上人筆と認められている『皇太子聖徳奉讃』の筆跡と酷似していることを根拠としている。また専修寺本『教行信証』についても、昭和六十一年（一九八六）制作の複製本解説において平松が真仏上人筆と断定した。これは真仏上人筆として最も信頼のおける『経釈文聞書』との比較の結果で、とくにその第三丁「親鸞聖人曰、教行証言」として書写されている「専心者即一心……」の筆跡と

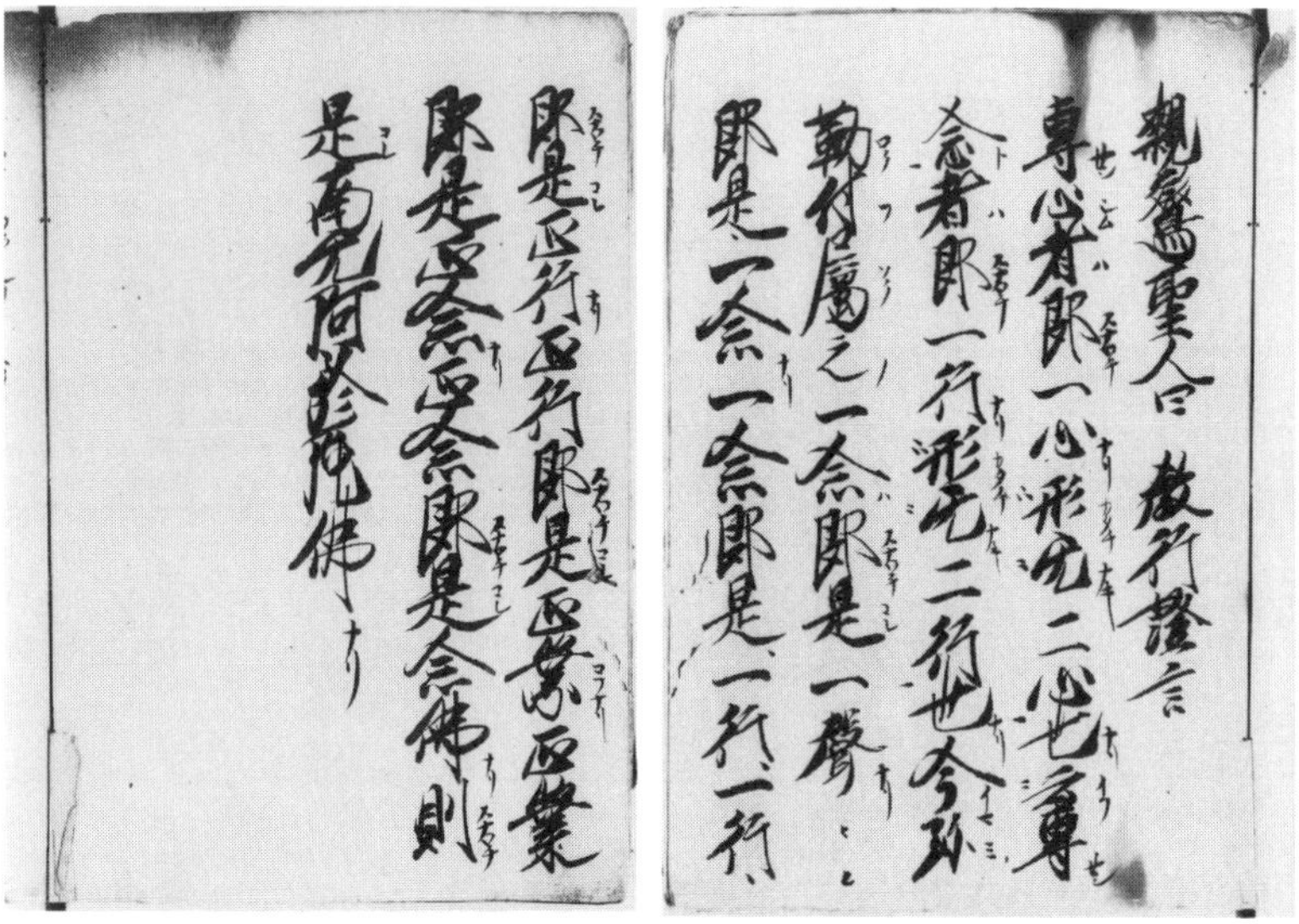

図24　『経釈文聞書』より（高田専修寺蔵）

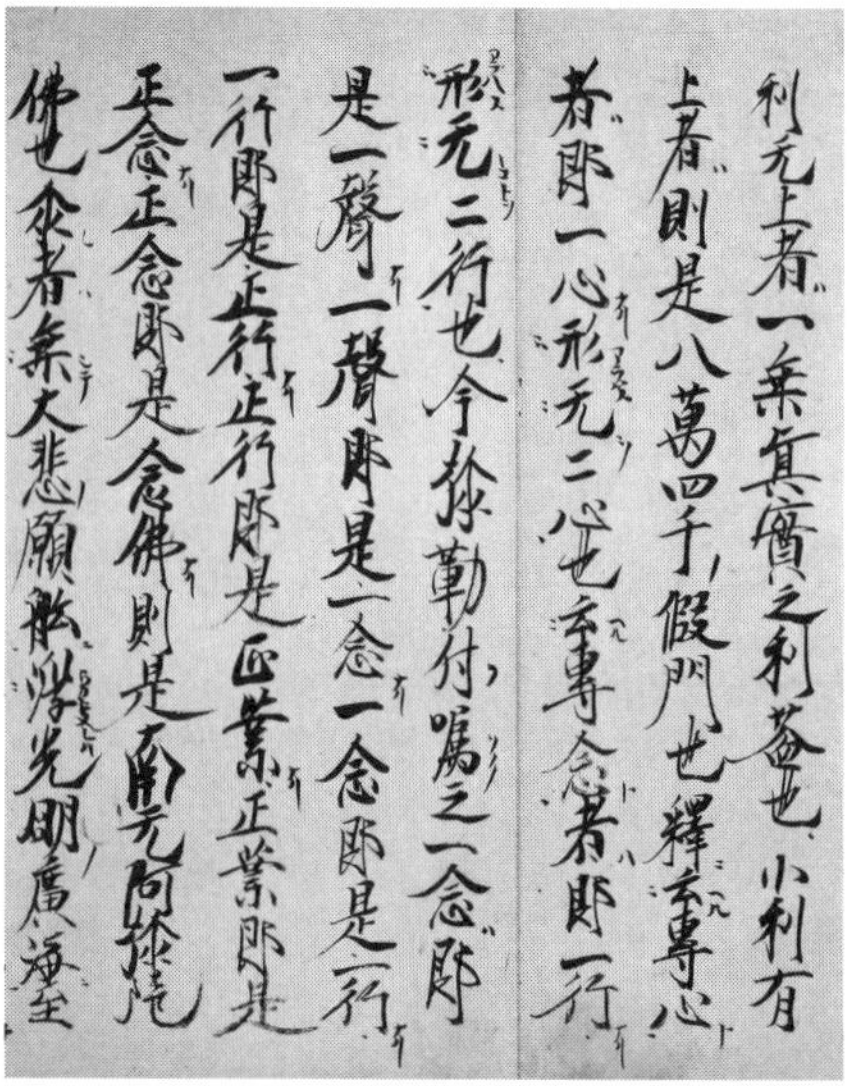

図25　『教行信証』行巻より（高田専修寺蔵）

『教行信証』行巻の同じ文章の部分とを対照してみれば、誰が見ても一目瞭然だったからである（図24・25）。

四　まだまだ出るか真仏筆跡

このようにして上人の筆跡に関する研究が進んだ結果、専修寺には多くの上人書写聖教が伝えられていたことが判明した。その大部分はこれまで親鸞聖人筆と信じられていたものが、実は真仏上人筆だったのである。したがってこれは親鸞聖人の筆跡研究の進歩によって生まれた結果でもあった。

考えてみれば、上人の嫡流である我が高田専修寺には、このくらいの数量の上人筆跡が伝えられていたのは何ら不思議なことではなく、むしろ当然のことであった。今まで親鸞聖人の著述などを書写伝持する面では、第三世顕智上人の方に評価が高かったけれども、このようにして研究が進んでくると、真仏上人にもそれに劣らぬ評価が捧げられるべきだろう。

専修寺宝庫に所蔵の聖教では、右に記した『教行信証』六冊と「三帖和讃」三冊および『西方指南抄』（直弟書写本）の下末を除く五冊、それに今回影印刊行する十一点が上人筆写本と考えられるが、上人の教化範囲の広さと門弟の数からすると、さらに多くの筆跡が専修寺以外のいろんなところに残っている可能性がある。今回の『影印高田古典』刊行が機縁となって、さらに調査研究の進むことを期待したい。

第四章　顕智上人の生涯

一　越後出身とする伝説

顕智上人の生い立ちは、あまり明確でない。生まれ年は、『見聞』（『影印高田古典』第三巻、真宗高田派宗務院、二〇〇一年）の末尾に、専空上人が「顕智上人浄土ノ文類ヲアツメテ、八十四歳御年、延慶二歳（一三〇九）己酉七月八日、専空十八歳ニシテ給ハル」と墨書していることから、逆算して嘉禄二年（一二二六）の誕生とわかる。奇しくもこの年は親鸞聖人が下野高田に専修寺を創立した、と伝承される年にあたっているが、右の専空上人の墨書は筆跡も専空上人と認められるから、十分信用できる。

生国については、『代々上人聞書』（『真宗史料集成』第四巻、同朋舎出版、一九八二年）に、次のような伝承を記している。

上人ノ生国モ所在モ知タル人ナシ。フリ人（平松註、天から降ってきた人の意か）ニテ坐スト伝来ナリ。或時、上方《カミ》ヘ登玉フ時、越後国ヲ通リ玉フニ、路辺ノ里人ニ問テノ玉ク、伊東トロド原八里ト云在所アルヘシ、此辺ニヤト。里人答申ク、アレニ見ヘタル里ヲ申侍フト（ママ）。其時上人其方ヲ余所《ヨソ》ナカラ見送玉テ、其マ、涙クミテマシ〱ケル。サテハ生国ハ越後国ニテ坐カ、ト申ナラハスナリ。

この『代々上人聞書』は、天文十七年（一五四八）に教団の長老尊乗坊恵珍の物語ったところを筆記した、との奥書があり、このとき一緒に聴聞した別人の筆記が『高田ノ上人代々ノ聞書』だが、これにもほぼ同内容が載せられている。戦国期の高田派教団の伝承だったことが知られる。

江戸時代になると、当代切っての歴史学者五天良空は『高田開山親鸞聖人正統伝』を著し、これが大ヒットとなると、その余勢を駆って『正統伝後集』（『真宗全書』第六六巻、蔵経書院、一九一四年。のち国書刊行会、一九七四年。『真宗史料集成』第七巻、同朋舎、一九七五年）を刊行するが、その顕智上人の項では、上人を富士権現の化身とし、越後国井東基知なる者が、富士山詣の際に、天地の辺にて五～六歳の童子を発見し、つれて帰って養子とした、それが上人だという。その後越後の名刹国上寺（いま真言宗豊山派）の僧に見出され、比叡山に送られて出家し、賢順という名を与えられて、十年間修行したのち越後へ帰るが、越後国分寺で親鸞聖人のことを聞き、下野国高田へやって来て弟子になり、顕智と名を改めた、という大筋になっている。

『代々上人聞書』に言うような越後の出身という伝承が、おしひろげ飾りをつけられて、『正統伝後集』のように発展したものとも考えられて、これらがどこまで事実を踏まえているか、となると甚だ心もとない。顕智上人の行状は、後に述べるように遊行する念仏聖だったと考えられるが、五来重氏（『高野聖』角川書店、一九六五年。のち一九七五年増補版）が説いているよ

図26　顕智上人像（栃木県専修寺蔵）

うに、遊行聖はその神秘性、隠遁性のゆえに、出生や死没について神秘化されることがある、ということだから、それを考え合せると、『代々上人聞書』の伝承からしてすでにその傾向があるように見受けられるのではなかろうか。

二　真仏上人の聟とする説

右の伝承と違って、茨城県結城市称名寺の古系図には興味ある伝承が記されている。この結城称名寺というのは、この地の豪族で鎌倉幕府の有力御家人だった結城朝光が、真仏上人を招いて開山として創立した寺で、上人の子息信証を娘聟にもらい受けて当寺を継承させた、と言い伝える寺である。当寺が所蔵する『往生要集見聞』（茨城県指定文化財）は、その筆跡から真仏上人の筆跡であることはまちがいないので、真仏上人とのかかわりは、ある程度の事実に基づくものと認められる。またこの古系図は筆跡上、室町時代後半期の執筆と思われるが、真仏―顕智―源海―了海との相承を主軸とした荒木門徒の系図であって、結城称名寺で作られたものではない点からも、信頼度は相当に高いと考えられる。それには次頁のように記されている。

これによると顕智上人は「真壁」の子で、真仏上人の聟だというのだが、この「真壁」とは筑波山の西麓真壁郡を本拠とする豪族真壁氏のことで、真仏上人の出自とされる椎尾氏は真壁氏の家臣であった（「真仏上人の生涯」〈『影印高田古典』第一巻解説、真宗高田派宗務院、一九九六年〉。本書第二部第一章）。したがって、真仏上人が真壁氏より聟を取るということは十分に可能性があろう。

この顕智上人を真仏上人の聟とする伝承はこの系図以外にも、『本願寺文書』の中に見ることができる。それは

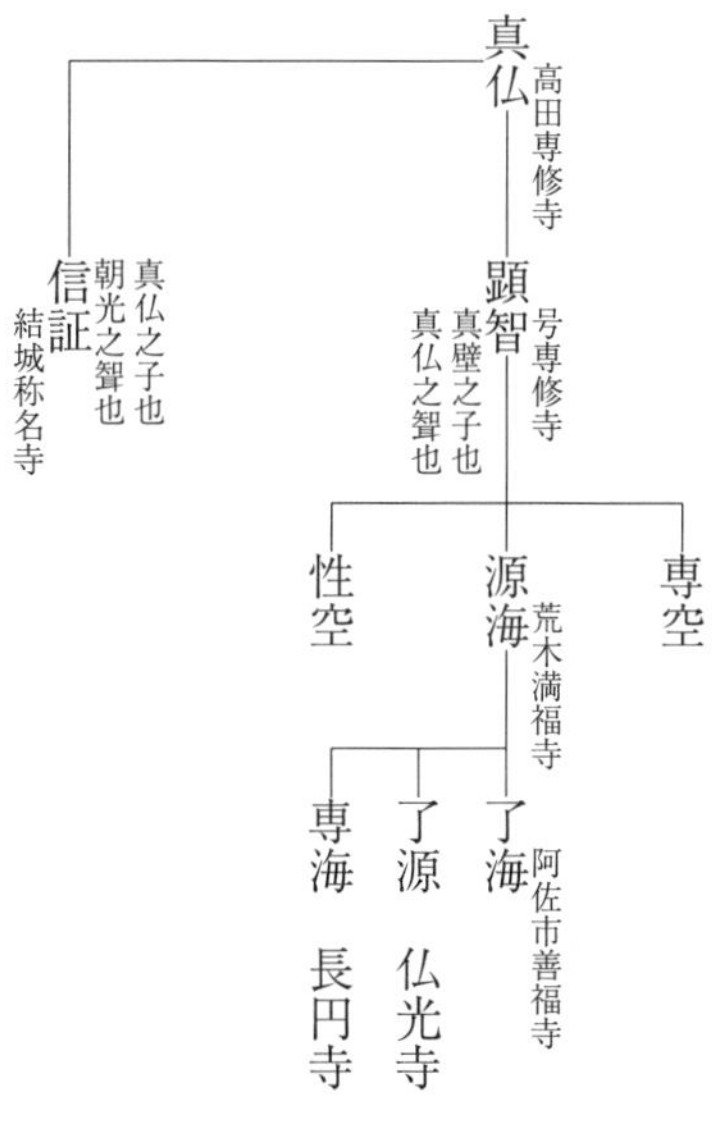

結城称名寺古系図

戦国時代末期に、専修寺や結城称名寺などに関する伝承を抜粋したメモ風の古記録で、そこに「顕知《ママ》　専修寺留守居被仕、真仏ノムコ也、今ノ専修寺ノスチハコレ也」と記されている。顕智上人を真仏上人の娘聟とする伝承は相当広く行われていたらしい。

これらを併せ考えると、上人を越後出身の「フリ人」とするのは、上人を聖化した伝説であって信頼度は低く、真仏上人の聟とする伝承の方が穏当ではないか、という気がする。周知のように親鸞聖人門下の系統は、『親鸞聖人門侶交名牒』（以下『交名牒』と略称する）が最も信頼できる史料だが、その門侶のうち、真仏上人門下が圧倒的に多数を占めているが、その筆頭に位置しているのが顕智上人である。このように真仏門下で押しも押されもせぬ存在となっているのは、やはり「真仏之聟」という関係にあったことによるのではなかろうか。

三　「ひじり」なればこその行状

顕智上人の名が最初に現れる史料は、『三河念仏相承日記』（愛知県岡崎市上佐々木町上宮寺蔵、『真宗史料集成』第一巻、同朋舎、一九七四年）である。「真仏聖人」をキャップにして、「顕智聖人」など、主従四人が建長八年（一二五六）十月、三河を通って上洛したこと、そして「顕智聖」だけは京都に滞在していたが、真仏上人の命によって

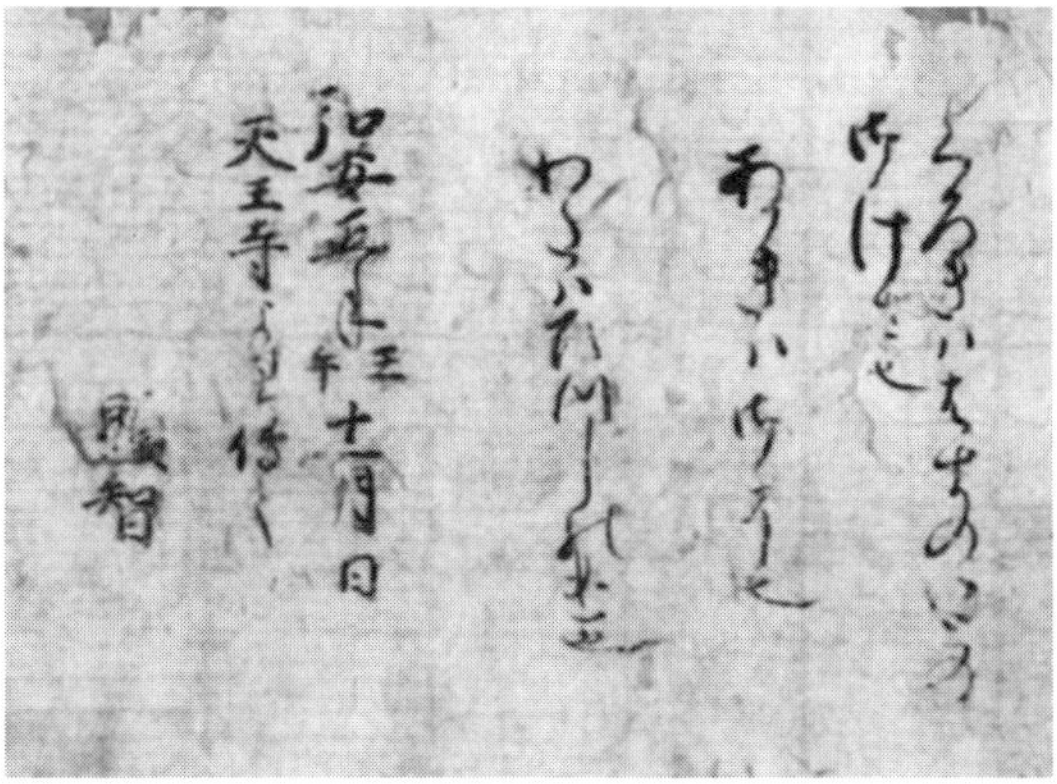

図27　顕智上人筆「聖徳太子衣料拝領記」（高田専修寺蔵）

その年の暮に三河へ来り、念仏を勧進した、それによって三河に念仏が繁昌することになった、と述べている。そこで注目されるのはその記載には「顕智聖人」「顕智聖」「顕智ヒシリ」という語が使用されていることである。当時の「ヒジリ」という語は、高僧に対する尊称ではあるが、同時に遊行僧、勧進僧を指す言葉でもあった。「顕智ヒジリ」と呼ばれていることは、上人が高田専修寺を本拠としつつ、各地を遍歴遊行勧進する念仏僧であったことを示している。

親鸞聖人の「自然法爾」についての法語は、聖人が最晩年に到達した境地を表すものとして著名だが、この法語を聞いて筆記したのは顕智上人であって、専修寺所蔵の顕智上人自筆本には、「正嘉二歳戊午十二月日、善法坊僧都御坊、三条トミノコウチノ御坊ニテ、聖人ニアイマイラセテノキ、カキ、ソノトキ顕智コレヲカクナリ」と記されている。これから考えると、上人は建長八年（一二五六）暮に三河へ行き、そこで念仏教化を行っていたが、翌々正嘉二年（一二五八）に再び上洛して上人を訪ねていることがわかる。

そしてその四年後の弘長二年（一二六二）十一月二十八日、親鸞聖人の入滅に遭い、またまた上洛して専信と共に葬送の儀を勧めたことは、専修寺本『教行信証』の奥書によって確かめられる。おそらく聖人病篤しとの情報を得て、急遽上洛したのだろう。

道路交通機関が整理されていない鎌倉時代に、このように再三にわたって、長途の旅行を繰返しているのは、遊

図28　顕智上人筆付箋紙
（高田専修寺蔵）

行を事とする僧であったればこそ、と言えるし、専修寺所蔵の顕智上人自筆メモによって、弘安五年（一二八二）十一月、四天王寺へ詣でて、聖徳太子の袈裟と「御衣《おんぞ》」と伝えられている衣料の断片をもらい受けたことが知られるが（前頁図27）、当時の四天王寺が念仏聖たちの群れ集まる寺であったことと考え合わせると、これも上人の念仏聖的行状の一端ということができよう。

また先年高田山宝庫より歴代上人の御遺骨と共に、「顕智あつけたてまつる（花押）」と墨書した小紙片（図28）を発見したことがあったが、そのときこの小紙片は、顕智上人が高田の地を離れて教化の旅に出立するに際して、親鸞・真仏両上人の御遺骨を誰か信頼できる人に預けるのに使用されたもの、と推測されたので、その旨を報告書に記した（「高田派歴代上人の御遺骨について」〈『高田学報』第五三輯、一九六四年。のち『真宗史論攷』同朋舎出版、一九八八年収載〉）。その推測はこのように顕智上人の念仏聖行状が確認されると、やはり誤っていなかった、といってよいのではなかろうか。

四　関東教団の中での位置

真宗初期教団の状況を端的に示す史料に『交名牒』（『真宗史料集成』第一巻）がある。これは諸本が伝えられているが、その中で岡崎市大和町沓市場の妙源寺（高田派）所蔵本が最も古態とされているので、今それに依ると、親鸞聖人の直弟として登載されているのは四十四名で、その筆頭が高田の真仏上人である。そして直弟はそれぞれ付弟を持っているが、付弟の数は真仏上人がずばぬけて多く十七名を数え、その筆頭が顕智上人である。このことによって真仏・顕智両上人をリーダーとした高田門徒の勢力の程を偲ぶことができるが、真仏上人は親鸞聖人に先立つこと四年、正嘉二年（一二五八）に五十歳で示寂されたため、顕智上人は三十二歳にしてその跡を継いで教団を統率することになった。右に記したように、再三上洛して聖人を訪れ、聖人の葬儀をもとり行ったのもそうしたためだった。

聖人のお墓は、最初鳥部野の北、大谷に設けられたが、聖人の最期を見とった末娘覚信尼の夫禅念が買得した吉水の地に廟堂を建てて移された。覚信尼は夫の死後、その地を聖人門弟たちの中へ寄進した。廟堂の永続を願っての配慮であった。

本願寺所蔵の「大谷屋地手継所持目録」（『本願寺史』第一巻、浄土真宗本願寺派宗務所、一九六一年。『真宗史料集成』第一巻）によると、この寄付行為は、まず建治三年（一二七七）九月二十二日、下総国佐島の常念坊に宛てて通知された。(補註1) そして同じ年の十一月七日、再び常陸国布河の教念坊と、高田の顕智坊とへ寄進状が送られた。その顕智坊宛の寄進状が今も専修寺に伝えられている。

このように覚信尼は二度にわたって寄進状をしたためたのだが、最初の相手を常念坊と選んだについては、中澤見明氏も推測しているように（「顕智上人と大谷廟堂」〈『高田学報』第一二輯、一九三六年。のち『真宗源流史論』法藏館、一九五一年、一九八三年復刊〉、常念が大谷廟堂建設に尽力した当面の世話役だったからであろう。彼は『交名牒』の親鸞聖人直弟の中に「下総国佐嶋住」として見えるから、今の茨城県猿島郡を本拠地としていたらしい。(補註1) しかし彼が関東で活躍したことを語るような史料は全くなく、今はその遺跡と称する寺院もない（「成然」の旧跡と称する寺院があり、あるいはそれとまちがわれたか、とも思われるが）ところを見ると、関東教団内での実力のほどは察しがつく。覚信尼はそのことに気付いて、改めて高田の顕智上人と布河の教念坊とに寄進状を再発出し直したと見られる。この二人なら関東教団全体への周知が行われるもの、と判断したからに違いない。『交名牒』を見ると、二人は共に真仏門下であって、顕智上人は前記の通り筆頭であり、教念はその次の席に位置している。ときに上人五十二歳であった。

こうした寄進状再発出の背後には、覚信尼にとって甥にあたる如信の存在が考えられないでもない。これも中澤見明氏が指摘せられたことであるが、『本願寺文書』の中に如信筆の「ひわをんな《びわ女》」預り状があり、その日付が建治三年（一二七七）十一月一日、つまり寄進状再発のわずか七日前となっている。これから推すと、奥州から上洛した如信が、覚信尼からこの大谷廟堂敷地寄進の話を聞き、それを関東へ周知させるには、常念だけでは不十分であって、関東教団の中の有力者として顕智・教念の両名こそ全体への周知に必要だと推挙した、と思われるからである。

五　大谷廟堂とのかかわり

このあと顕智上人の名が史料上に現れるのは、『本願寺文書』の弘安三年（一二八〇）十一月十一日、信海等連署書状である。この書状については、解読や解釈に異論のあることから、これまでとり上げられることが少なかったが、その内容を見ると、大谷廟堂の念仏衆による毎月二十七日親鸞聖人月忌念仏は、関東から費用を送金しているにもかかわらず、近ごろ闕怠されることのあるのを歎き、今後闕怠するならば他僧を招請しても勤仕するように、と申し入れたものであって、信海・顕智・光信の三人が連署している。

信海は順信房を名乗る親鸞聖人の直弟で、鹿島門徒のリーダーとして知られ、この当時は関東門徒の中での長老的人物となっていた、と考えられる。光信は先の結城称名寺古系図では顕智上人門下となっているが、『交名牒』では顕智上人と並ぶ真仏上人の付弟で、「武蔵之荒木住」と記されている。この一門は絵伝などビジュアルな手段を多用して教化したため、繁昌したことで注目されている。上人がこの信海・光信両名と並んで署名しているところからも、このころ関東教団の中での枢要な存在となっていたことがわかる。ときに上人五十五歳、脂の乗りきった年齢であった。

大谷廟堂では、覚信尼の没後、その跡目をめぐって二人の子息覚恵と唯善との間に摩擦が生まれていた。嘉元二年（一三〇四）十二月十六日、唯善が顕智上人に宛てた書状が専修寺に伝えられているが、それは鎌倉幕府の一向衆取締に対して、自分が親鸞聖人の後継者として陳弁し、幕府の諒承を得ることができた、と誇らしげに報じたものである。文面はまことに尊大であるが、顕智上人を関東教団の主導者と見做しているかのようで、関東教団を自分の掌握下に収めようとした気配が窺える。

このあと、唯善は京都での訴訟に敗れて、廟堂を破壊し、聖人像を奪って逃亡するが、青蓮院門跡は、廟堂の復旧を「顕智以下門弟」が行うよう、正式文書をもって命じている〈高田専修寺蔵、延慶二年〈一三〇九〉七月二十六日付、親鸞上人門弟宛「青蓮院門跡御教書」〉。この文書は、顕智上人が親鸞聖人門弟の総代表者であることを公式に認めたものともいえる。

六　終焉

顕智上人は延慶三年（一三一〇）七月四日、示寂せられた。齢八十五歳、親鸞聖人面授門弟の最後の一人であった。その前年、専空上人に対し、浄土教にかかわる経釈文の抜書き集『見聞』などを伝授しておられる。専空上人を自分の後継者とすることの意志表示だったのであろうか。

上人の示寂について『正統伝後集』は、

延慶三年庚戌七月四日辰時、野州高田金堂ニ入テ、焼香三礼シ畢テ、西ニ向テ去リ、忽ニ行方ヲ失ス。唯夕磧《アト》ニ払子一枚ヲ残セリ。同日午時、勢州川曲郡三日市村如来堂ニマシマシテ説法シ、日没ニ至テ亦所在ヲ失ス。所以《ユヘ》ニ七月四日ヲ取テ滅ニ定ム。

と神秘的な伝説を載せるが、もちろん信ずるべきではない。上人の御遺骨は、白い楮紙に包まれたのが宝庫に伝えられてきた。その楮紙は中央に、

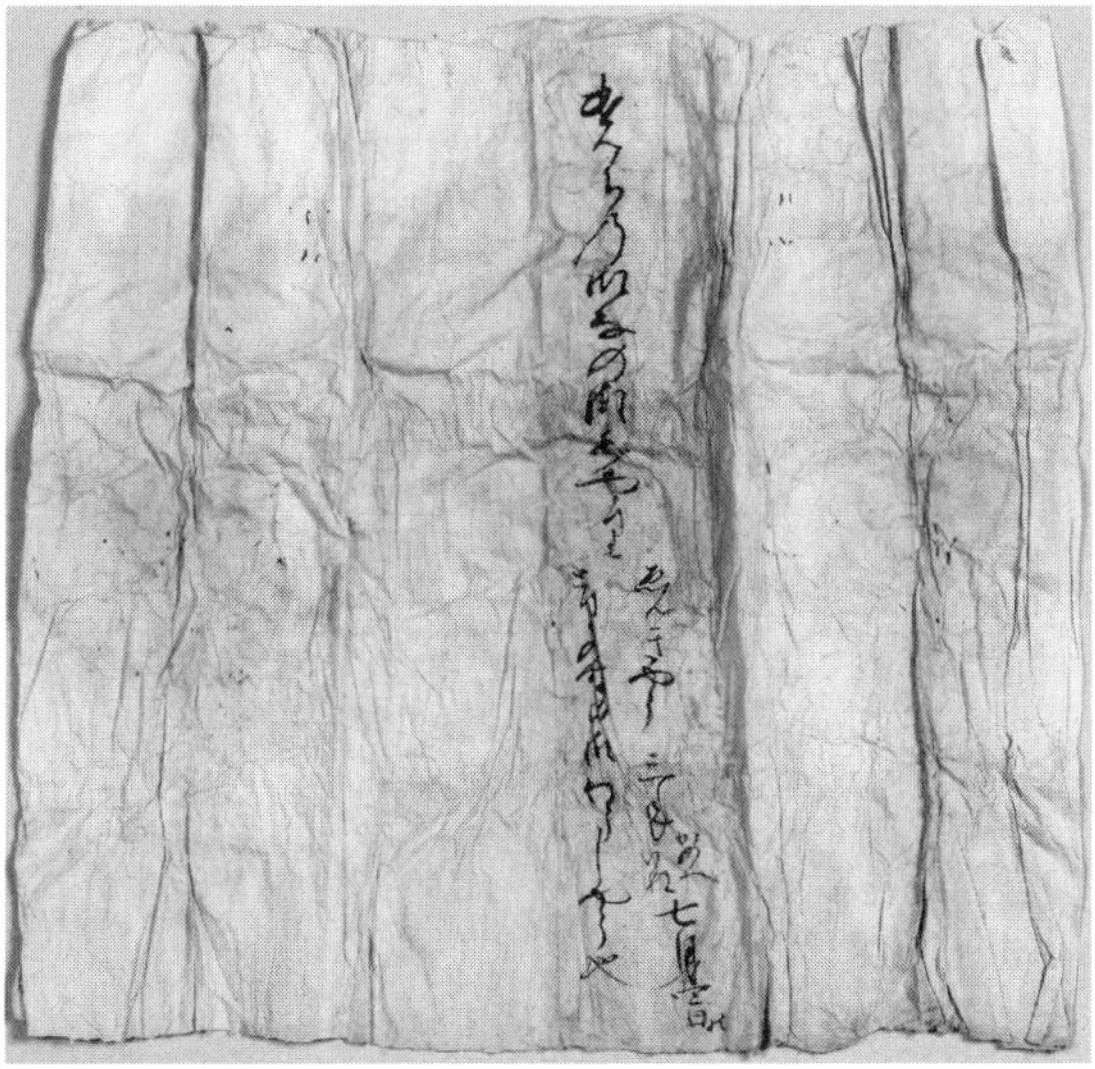

図29　顕智上人御遺骨包紙（高田専修寺蔵）

ゑんきやう三年かのへいぬ七月四日の
けんちの御房の御しやり
とりの時の御わうしやう也

と墨書されている（前頁図29）。まぎれもない鎌倉時代の筆跡である。

補註

（1）下総国内の地名の一つで、現在の茨城県南西部一帯を指す地名。この地域の表記について、「佐島」以外に「猨島」、「猿島」、「幸嶋」、「辛嶋」、「佐嶋」などの表記例が見られる。奈良時代資料の『続日本紀』、『和名抄』、『延喜式』などは「猨島」が、『三代実録』では「猿島」が用いられ、平安時代に入ると『将門記』、『今昔物語集』、「源義宗寄進状」などの資料には「辛嶋」と表記され、『扶桑略記』では「猿島」の名が見られる。『吾妻鏡』、『尊卑分脈』など鎌倉時代の資料には下河辺庄の庄司下河辺氏が幸嶋（島）氏を称している例が見られ、室町、江戸時代になってからは「猿島」の表記が多くなり、現在に至っている。『親鸞聖人門侶交名牒』に常念の居住地として、光薗院本では「シモフサクニサシマ」と記しているが、妙源寺本では「下総国佐嶋」と表記している。正慶元年（一三三二）親鸞の孫如信の孫空如が執筆したと伝える『二十四輩牒』では成然（常念と同一人物と考えられている）の居住地を「下総国上猨島」として奈良時代の資料に見られる「猨島」が用いられている。「猨」、「猿」、「幸」、「辛」、「佐」は当て字と考えられるが、「猨」と「猿」、「幸」と「辛」はそれぞれ異体字であり、「猨」「猿」と「幸」「辛」と「佐」は音通表記の違いによるものと考えられる。

第五章　新発見の古写本『三河念仏相承日記』

一　これまでの経過

『三河念仏相承日記』は、親鸞聖人のお念仏が三河国に伝わり、そこで展開していく状況を記した記録として早くから著名である。それはひとり三河国だけにとどまらず、初期真宗教団の状況を教えてくれる貴重な史料であった。ただその写本は愛知県岡崎市上佐々木町の上宮寺（大谷派）にただ一本が伝えられるだけで、ほかに伝本が知られていなかったことから、これまではすべてこの本に依拠してきた。

ところが昭和六十三年（一九八八）、この上宮寺に火災が発生し、残念ながらほかの多くの文化財と共に、この本は焼失し、わずかに火災前に撮影の写真を残すのみとなってしまい、真宗史の学界にとって大きな損失であった。

この本については、右のように大谷派寺院に所蔵されてはいたが、冒頭から高田派教団の三河国内における活動を記したものであり、ことに末尾に一紙を継ぎ足して、「下野国大内庄高田専修寺開山親鸞聖人」との文言が付記されていることから、もともと高田派寺院に伝えられてきたと認められる。

そのことを背景にしてか、つい最近の『同朋大学仏教文化研究所紀要』第二五号（二〇〇六年）に、脊古真哉氏の「『三河念仏相承日記』の史料論的検討」という論文が発表せられた。拝読してみると、表面的には、学術論文のようになっているが、実は宗派的偏見を根に持った論文で、何の具体的証拠も示さずに、この『三河念仏相承日記』を戦国時代の高田派僧侶による偽作だと決めつけるもので、たいへん驚いた。「これはあまりにもひどい」と思っていた矢先、どういう因縁だったのか、その同朋大学仏教文化研究所のメンバーを主体とする調査班の人々が、岡崎市東泉寺（高田派）において、『三河念仏相承日記』の古写本を発見したとのニュースが入ってきた。写真を見せてもらうと、その写真が小型なので詳しいことはわからないものの、片仮名の形などをみると、室町時代までは下らなさそうである。そこで高田派教学院に相談した結果、高田派としても調査をさせていただくこととした。しかもその結果を高田派『教学院紀要』に発表することについても同朋大学関係者の御了承をいただいたので、ここにその影印を発表する。

〔所蔵者〕東泉寺（高田派）　岡崎市菅生町元菅六一番地

〔寸法・形状〕縦二三・二cm　横一四・〇cm　三ツ孔袋綴　一冊

〔料紙〕斐楮紙七枚

〔表紙〕本文と同質紙。中央に本文と同筆をもって「三河念仏相承日記」と外題を墨書する。左下隅にも墨書があるかに見えるが、判読できない。上宮寺本はここに「主唯仏」との袖書を記している。

〔本文〕一頁に六行の片仮名混じり文で、ほとんどの漢字に振り仮名をつけている。したがって草稿本とは考えられないが、割註の中にはやや乱雑で、後から付記したかと思われる点もあって、草稿本の直後ぐらいに清書本のつもりで書写した写本かと思われる。

全体に一筆でその筆致は南北朝期と認められる。とくにその片仮名の字体は全体に古態で、たとえば鎌倉時代に多用された「ヽ」（キ）が三か所に使用されているのが注目される。またすべて「マ」は「こ」とし、「ケ」は「个」としている。

〔識語と奥書〕 最後に、建長八年（一二五六）三河で念仏が始められてから百九年になることなどの年数を計算し、末尾に「貞治三年（一三六四）九月二日」の奥書を記す。残念ながら筆者の名はない。上宮寺本に書かれていた「高田山専修寺開山……」などの文言はもちろん全く記されていない。

二　解説

以上のように、この書は、南北朝期に著された。奥書に記す年紀がその著作年代と認められる。草稿本ではないにしてもその清書本に近いと考えてよいであろう。著者は多くの史料を蒐集してこの書を編纂したらしく、その一つが冒頭の建長八年（一二五六）の部分であって、かつて安城市歴史博物館の図録にも書いたことがある（補註1）が、建長八年という年は十月五日に改元して「康元」と変わっている。だが三河地方にはまだしばらくはそれが伝達されてきていなかったのだろう。真仏上人ら主従四人は、「建長八年十月十三日」に三河の薬師寺で念仏を始めたと旧年号で書き出されている。ところが、奇しくもそれと全く同じこの日、京都にいた親鸞聖人は『西方指南抄』（高田専修寺蔵、国宝）を書写しておられ、その上末巻に、

康元元年丙辰十月十三日　愚禿親鸞八十四歳書之

と奥書を書いておられる。これは京都と三河との改元伝達の時差を示している。これは三河の念仏開拓の年時が、

口頭伝承のような曖昧なものに依ったものではなく、この当時に記されたリアルな記録によっていることを示すものである。

この一例をもってしても、この書の記事の信憑性は誠に高いものがある、と言えよう。

焼失した上宮寺本は濁点が随所に振られており、江戸時代の写本であった。この東泉寺本と対照すると難読の箇所を省略したり誤写もある。今後この東泉寺本によって内容の詳しい分析と研究の進展を期待したい。

補註

（1）「三河のリアルタイムで書いた上宮寺の『三河念仏相承日記』」（安城市歴史博物館編『よみがえる上宮寺の宝物』同歴史博物館、二〇〇三年）。のち、この展覧会図録は増補改訂されて、蓮如上人・如光上人五百回御遠忌記念『よみがえる上宮寺の法宝物』（太子山上宮寺、二〇〇四年）として刊行された。なお、上宮寺本『三河念仏相承日記』は、火災で甚大な損傷を被ったものの、焼失は免れ、部分的に文字が判読できる状態という（同前書六二頁）。

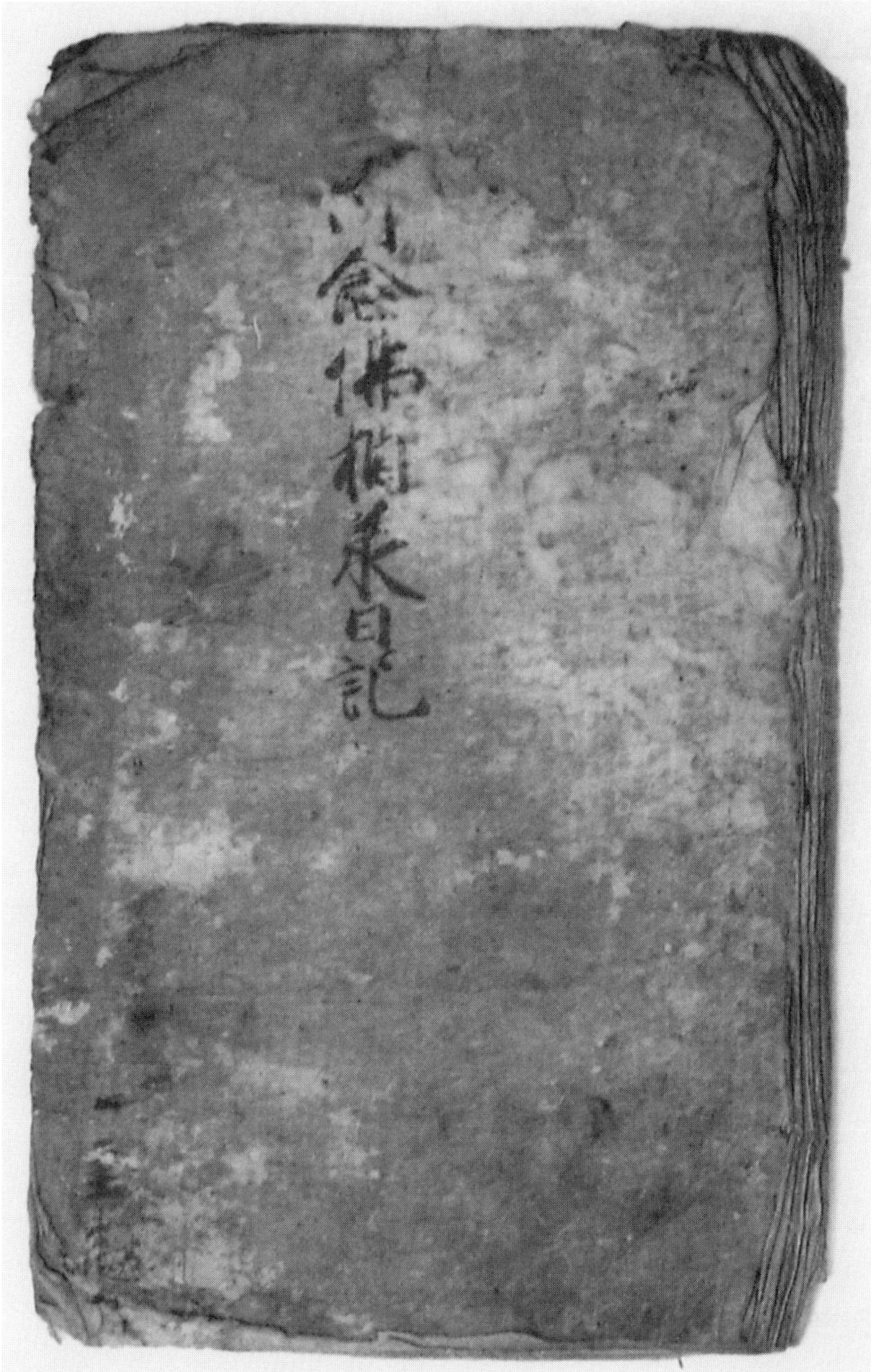

図30－1　『三河念仏相承日記』表紙（岡崎市東泉寺蔵）

図30－2　表紙見返し

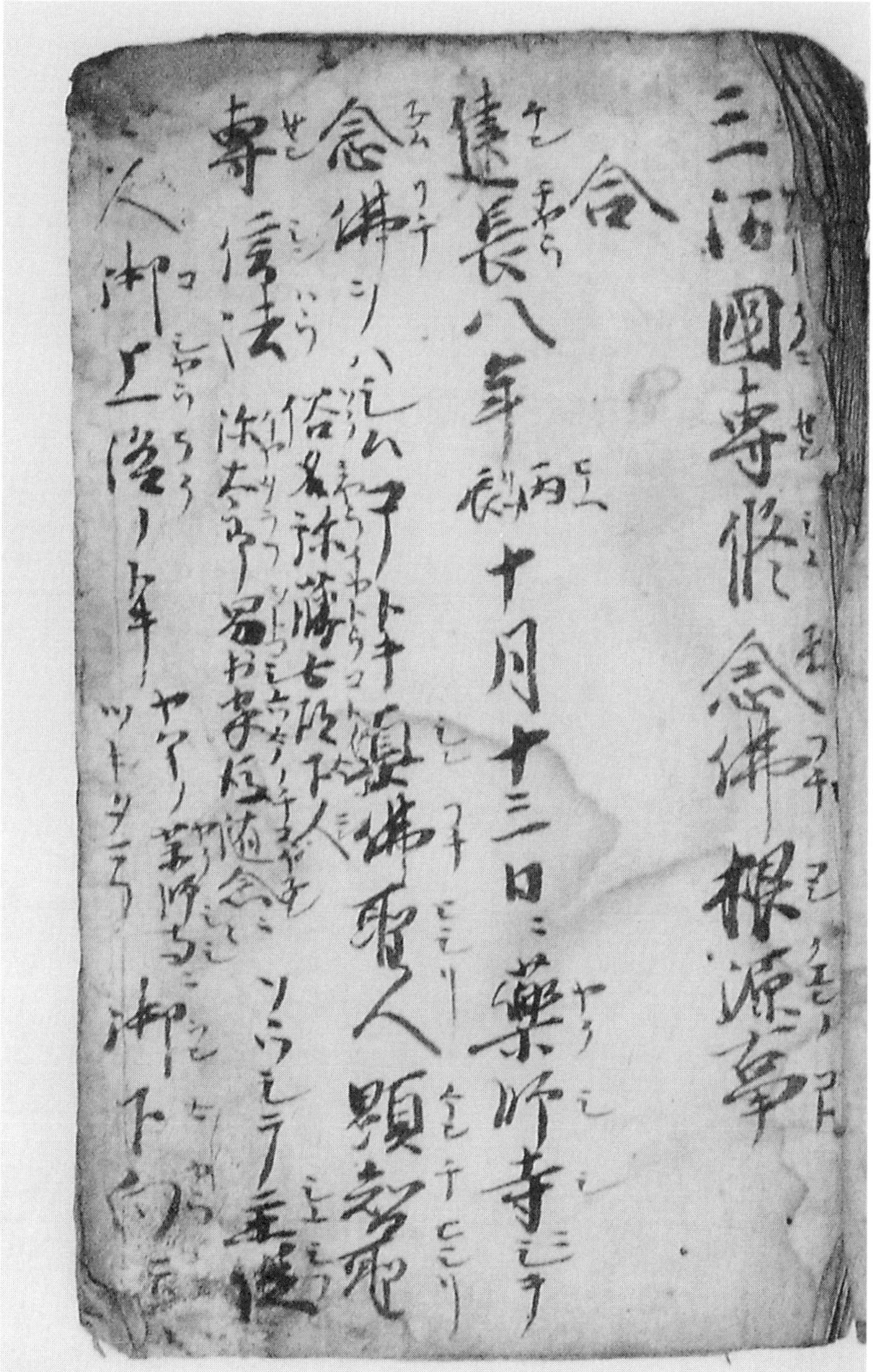

図30－3　第１丁オ

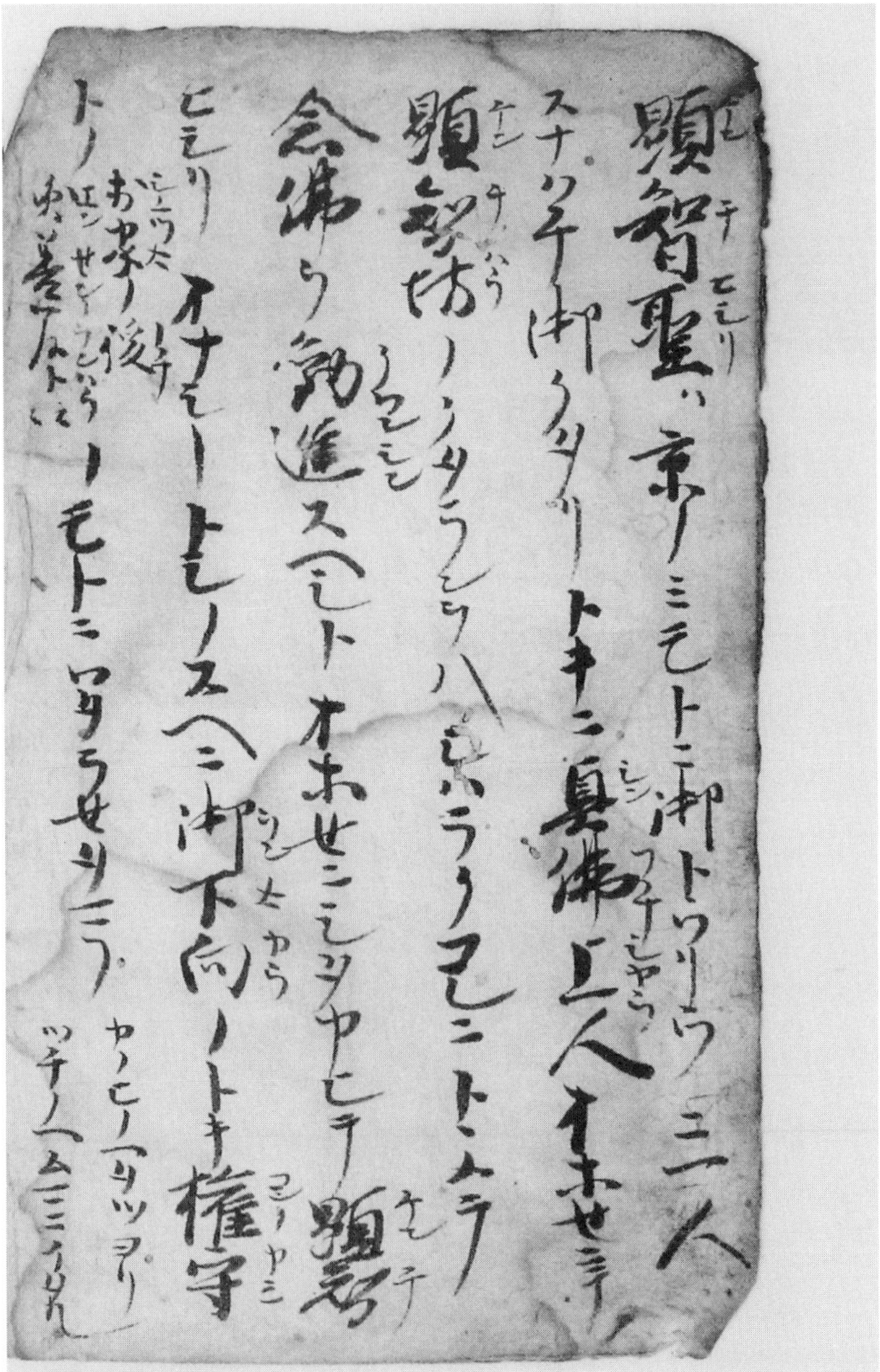
図30－4　第１丁ウ

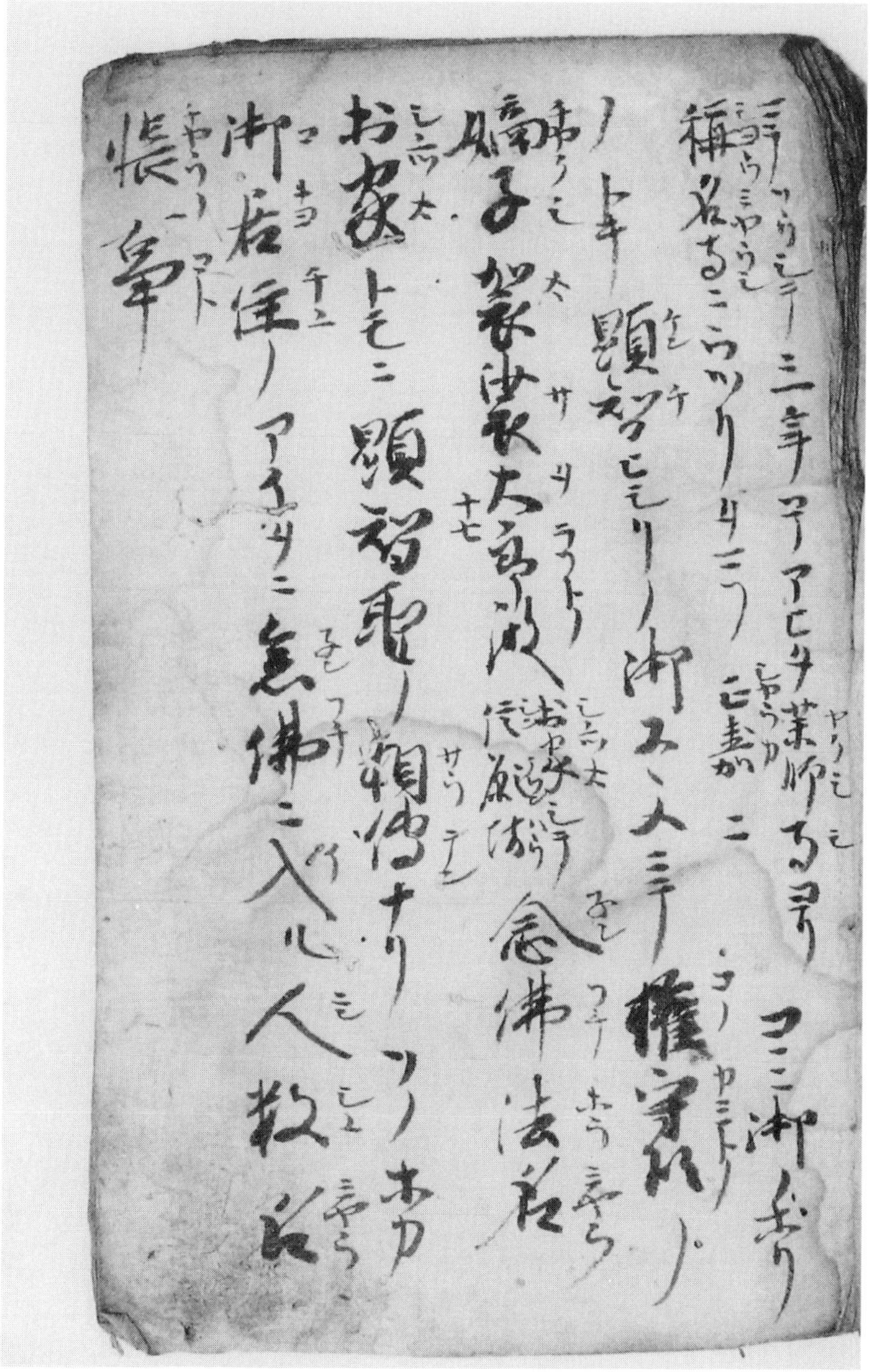

図30－5　第２丁オ

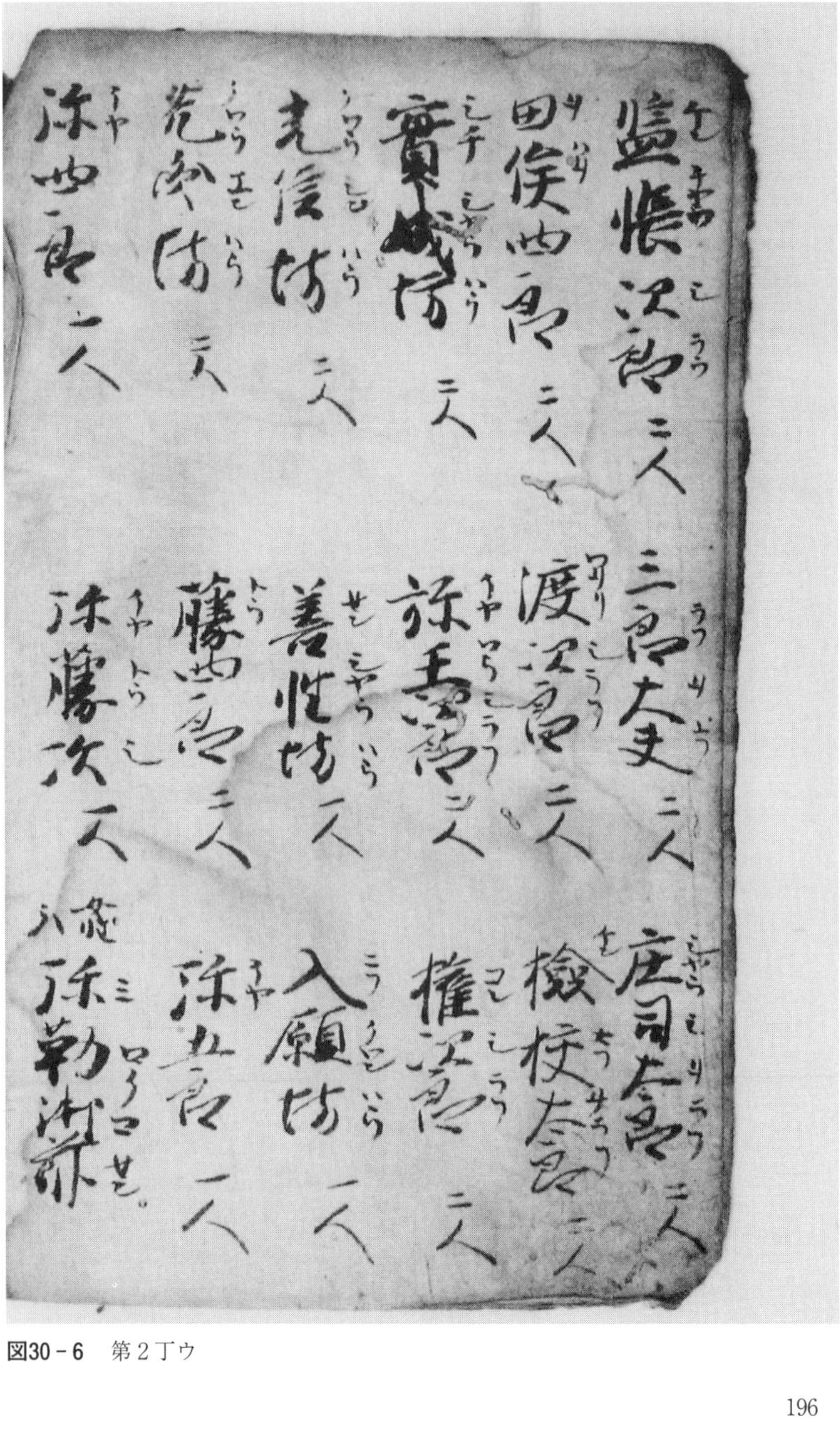

図30－6　第２丁ウ

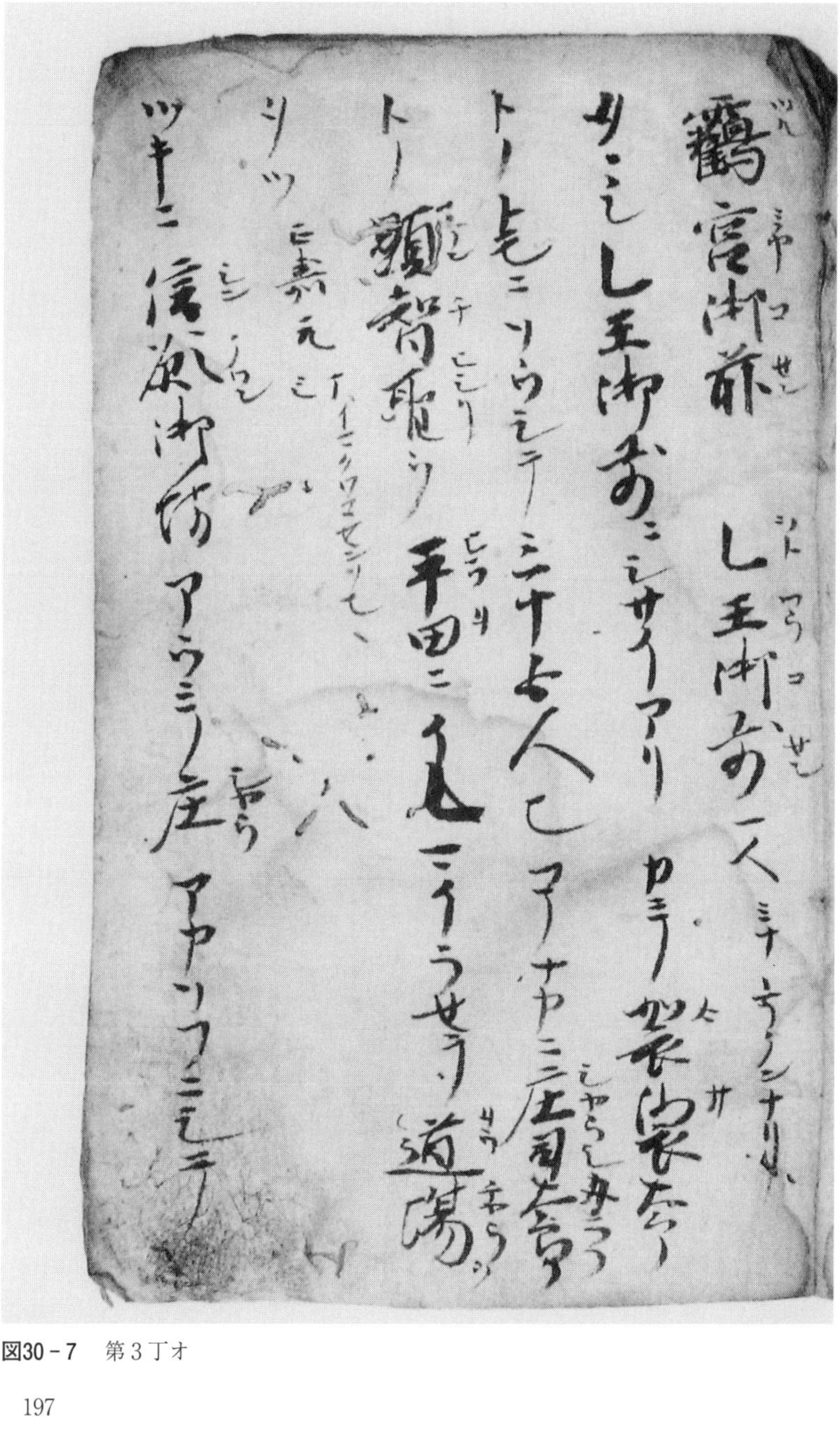

図30－7　第３丁オ

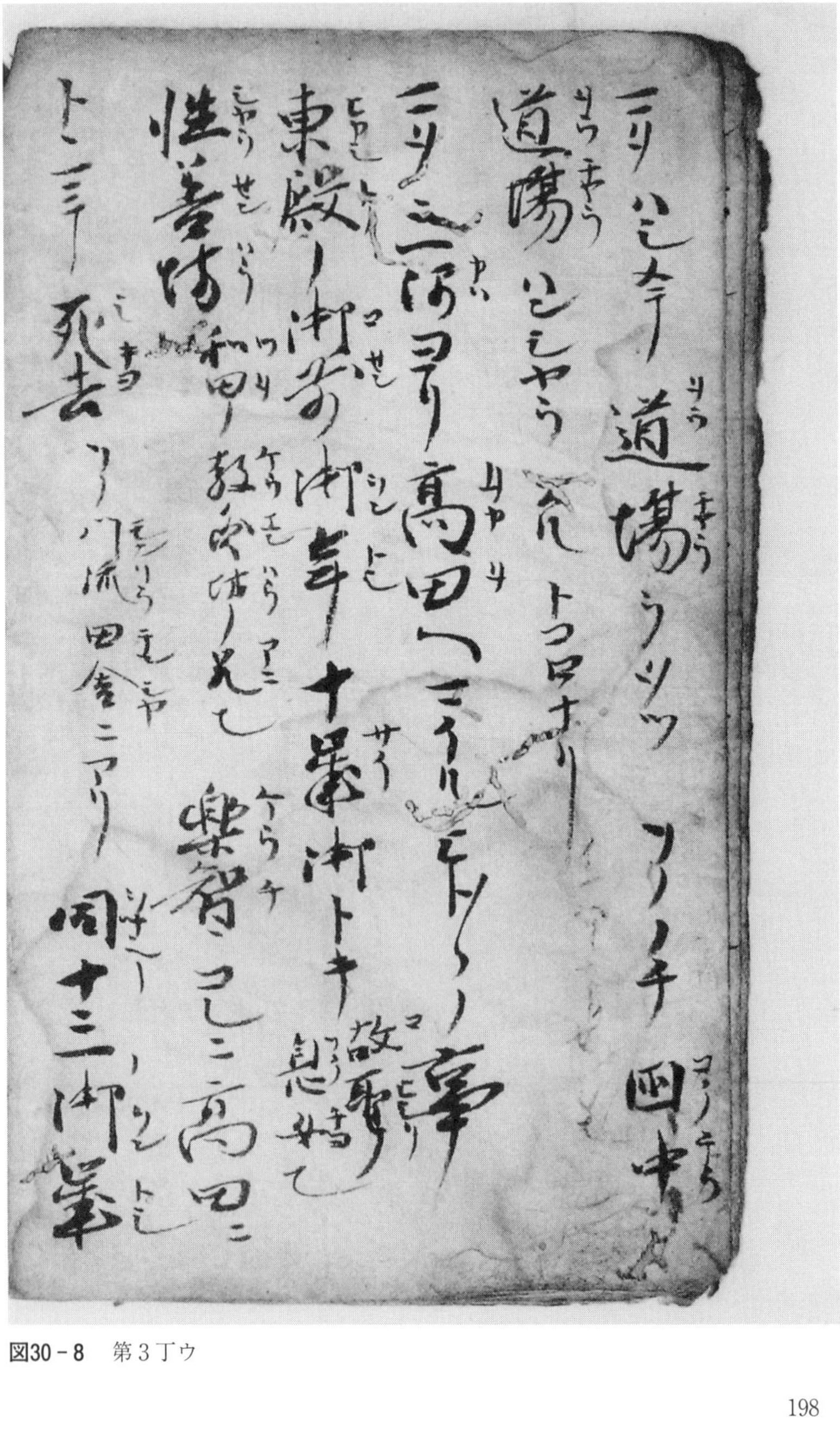

図30－8　第３丁ウ

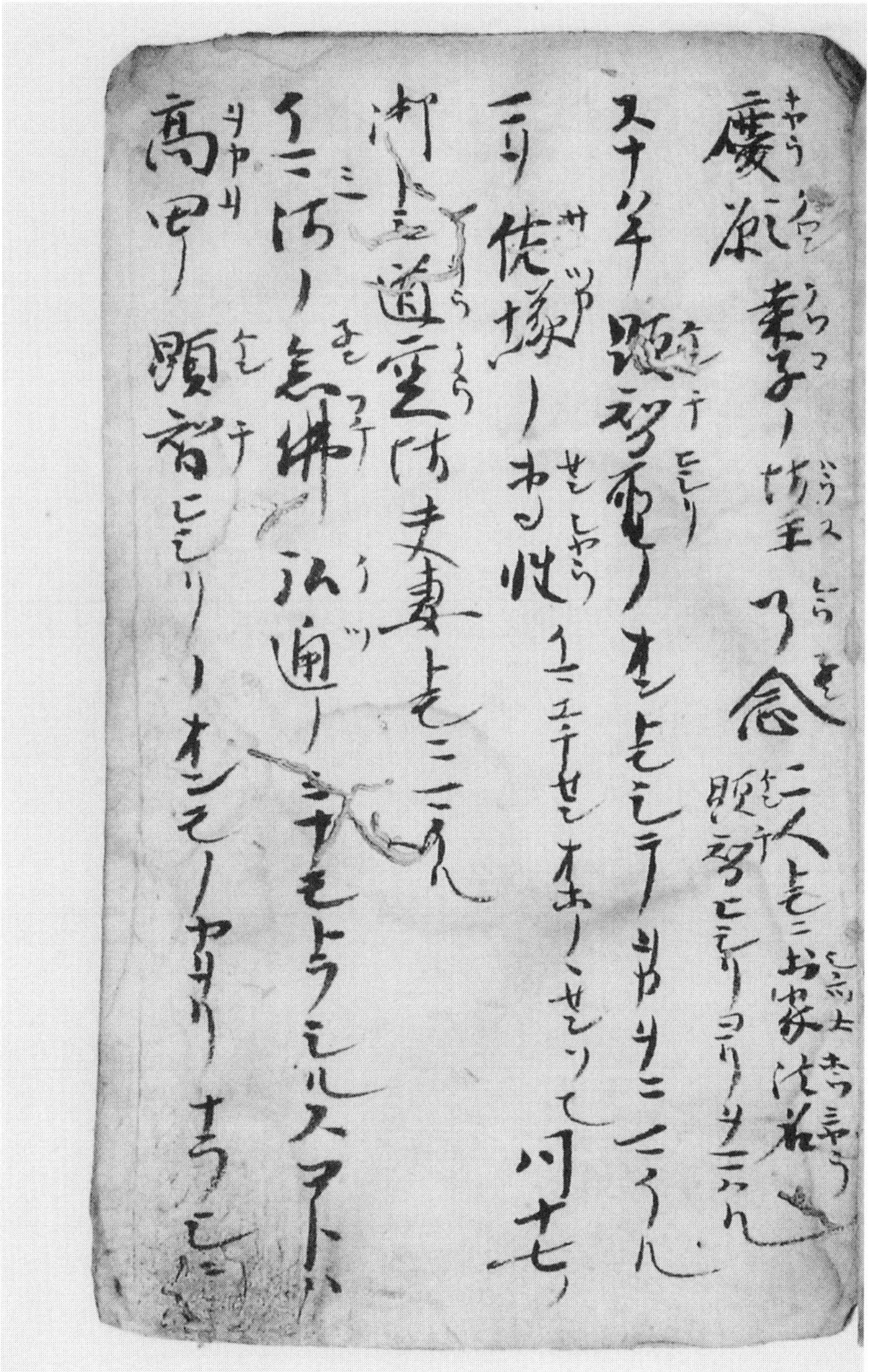

図30－9　第4丁オ

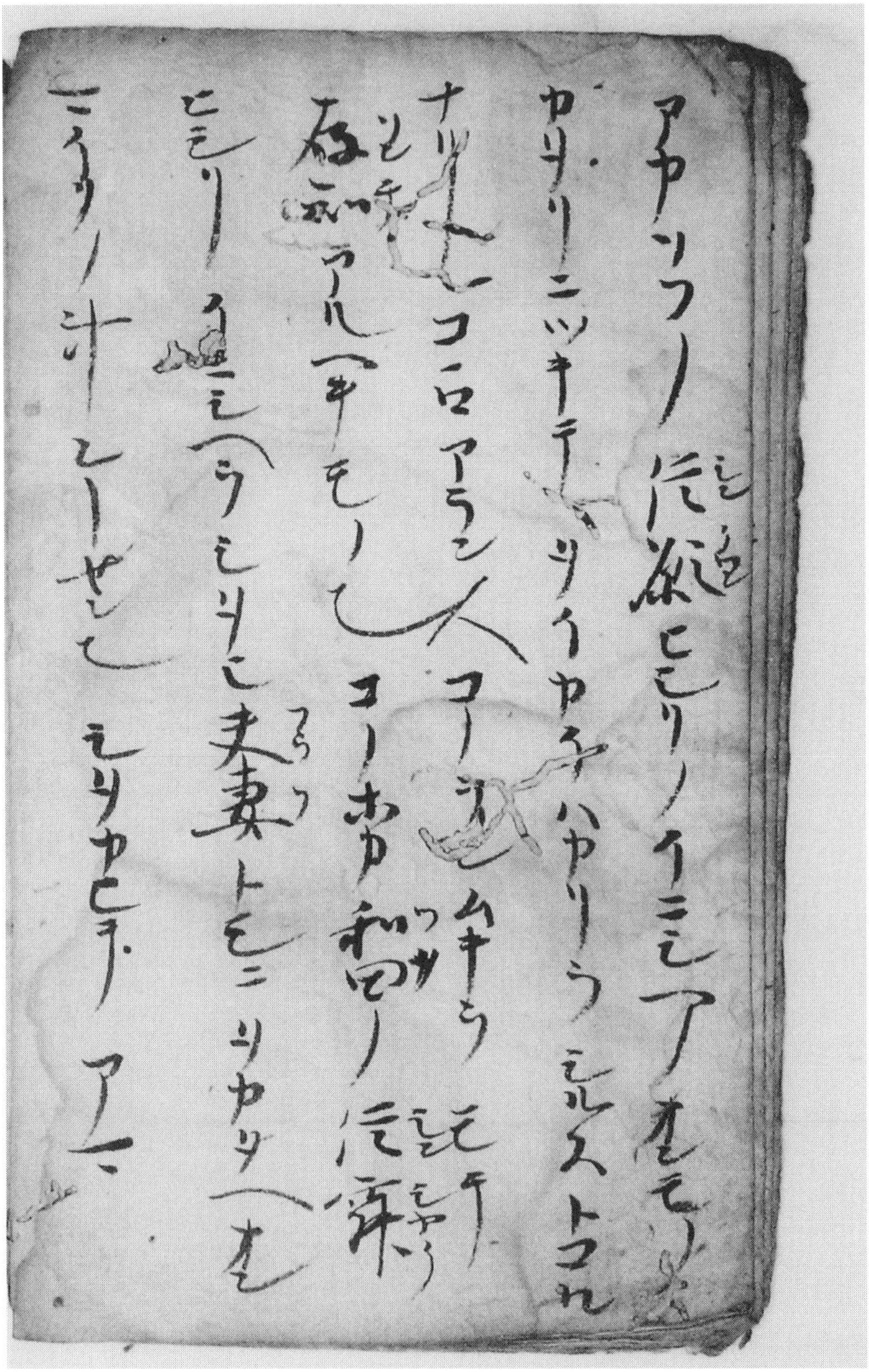

図30－10　第４丁ウ

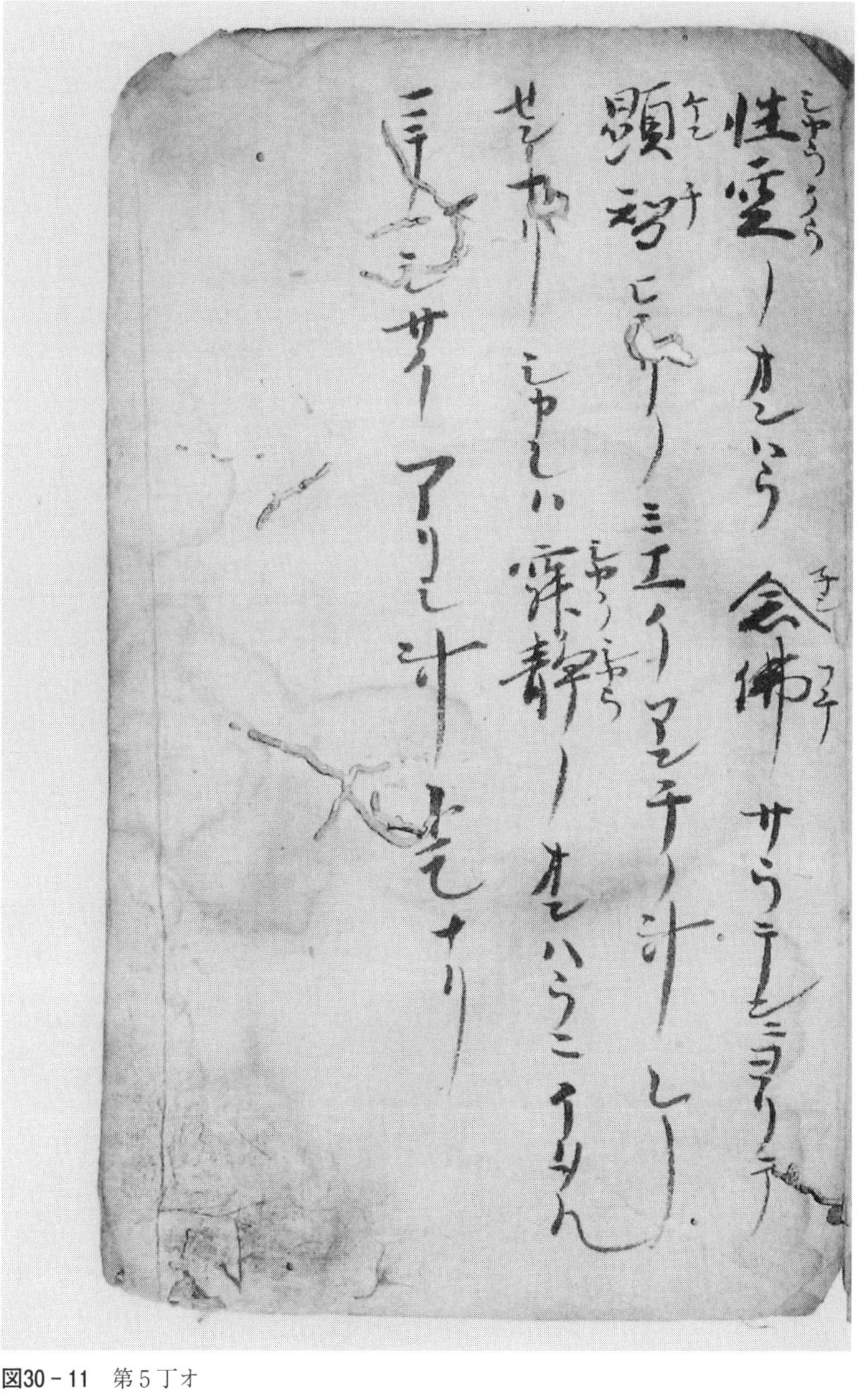

図30－11　第５丁オ

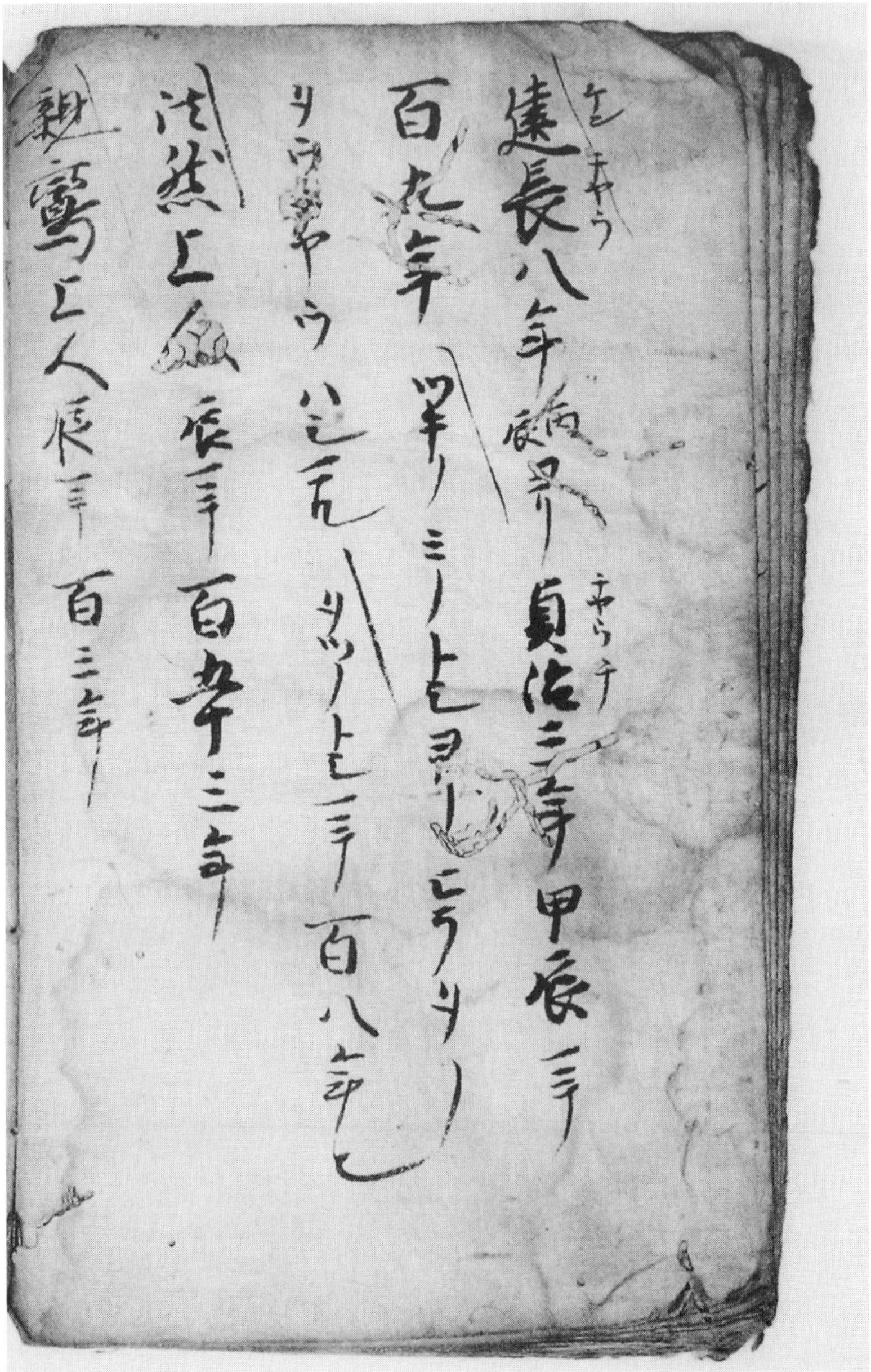

図30－12　第５丁ウ

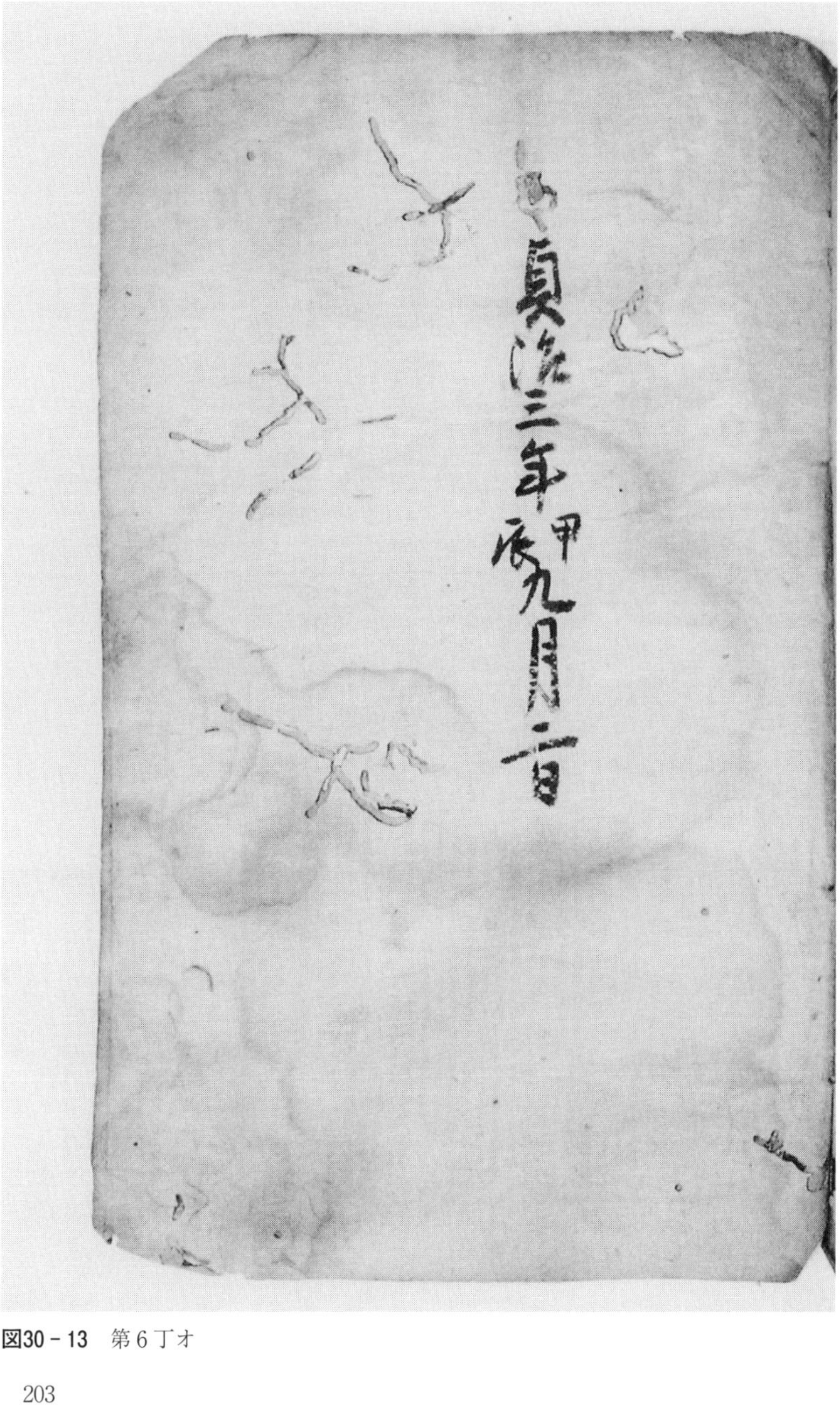
貞治三年甲辰九月二日

図30－13　第６丁オ

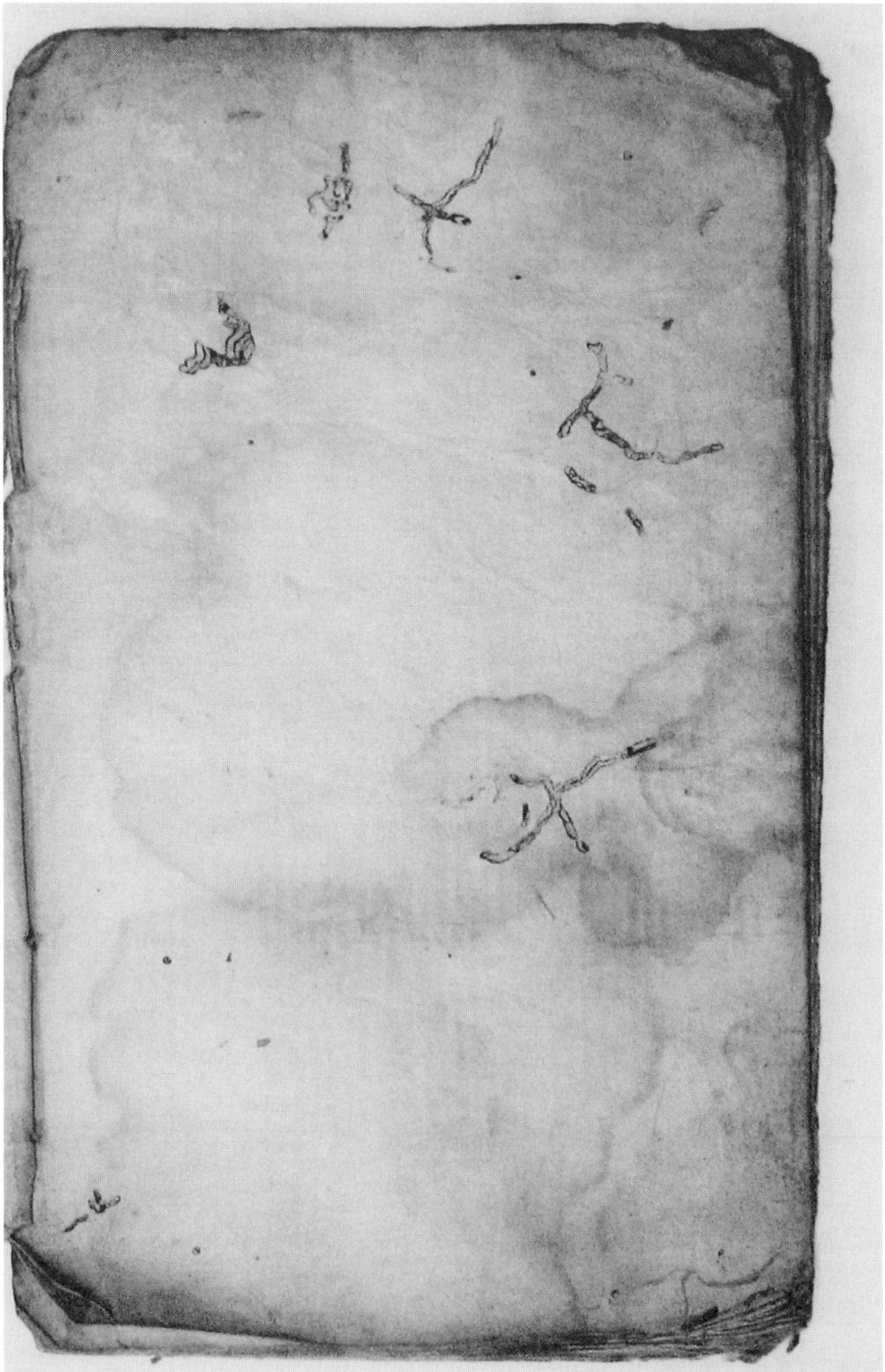

図30－14　第6丁ウ

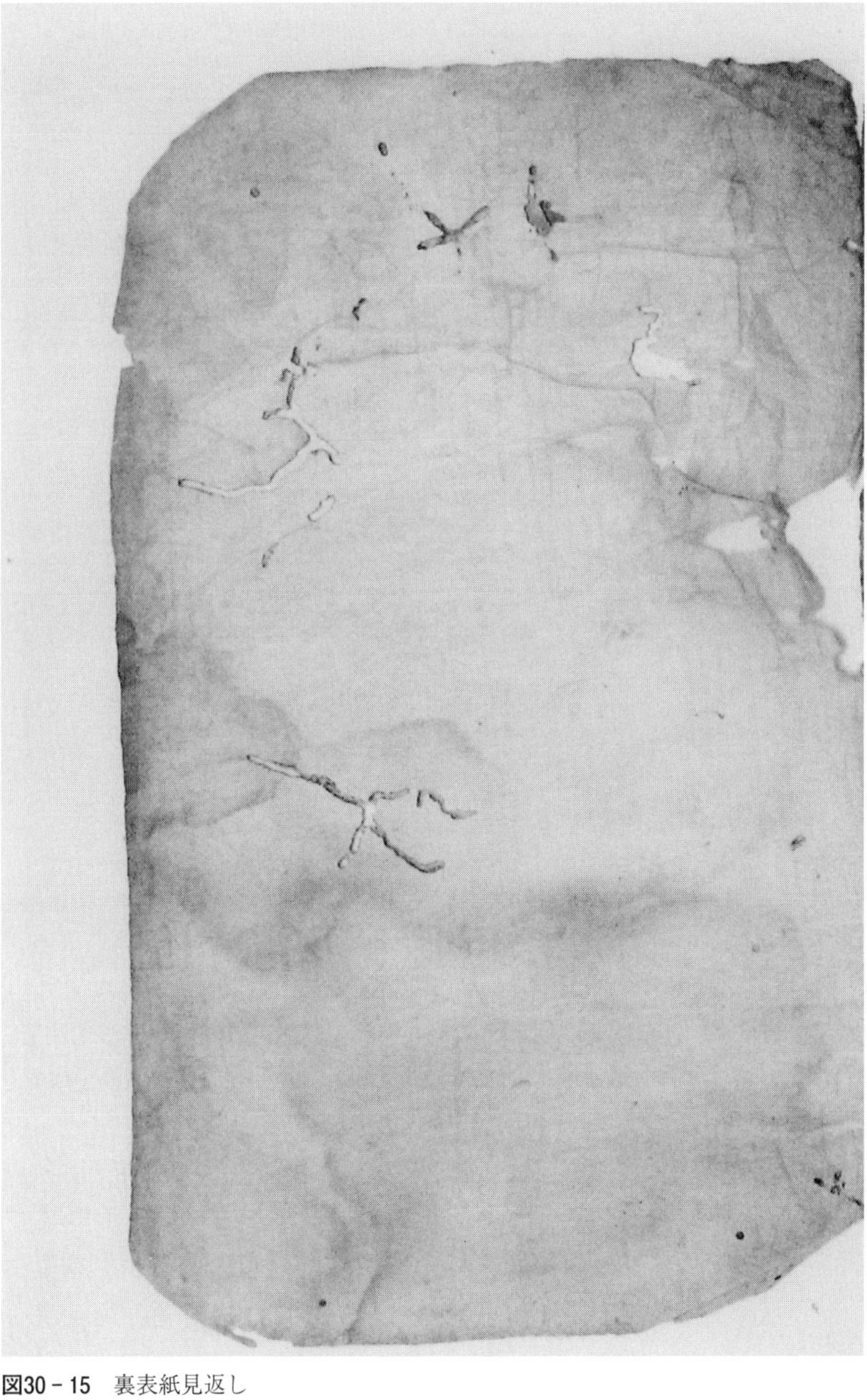

図30－15　裏表紙見返し

図30－16　裏表紙

第三部　下野国高田から伊勢国一身田へ

——真宗高田派の展開——

第一章　下野国高田山専修寺史考

一　草創期の高田専修寺

専修寺草創縁起

寺伝によると、専修寺は嘉禄二年（一二二六）、親鸞（ときに五十四歳）によって創立されたという。江戸時代高田派の巨匠五天良空の著した『高田開山親鸞聖人正統伝』（以下『正統伝』と略称する）は、そうした寺伝の決定版とも言えるが、それによると、折から関東各地を教化中であった親鸞は、嘉禄元年（一二二五）正月、この地に来り、明星天子の夢告を得て、ここに伽藍の造立を発願し、近辺の豪族の協力のもとに建立にとりかかり、本尊には信濃国善光寺より感得した一体分身の一光三尊仏を安置して、翌年四月に成就した、というのである。

しかし一般に寺院の縁起が、草創者を名僧知識にあてるのは、その常套手段であり、この種の親鸞草創説は、史実として信憑されていない。しかも親鸞の生涯には信頼できる史料によって知る限り、寺院を建立した形跡は全くないだけでなく、親鸞の曽孫覚如の著した『改邪鈔』第九条に、

おほよそ造像起塔等は、弥陀の本願にあらざる所行なり。これによりて一向専修の行人、これをくわだつべき

にあらず。されば、祖師聖人御在世のむかし、ねんごろに一流を面授口決し奉る御門弟達、堂舎を営作するひとなかりき。

とあることもあって、専修寺の親鸞草創説は、学界では誰一人として支持する者のないのが現状である。

それに対して最も有力なのは、戦前の昭和九年（一九三四）、中澤見明氏が『高田学報』第九輯（「真仏上人研究」号、一九三四年）に発表（のち『真宗源流史論』法藏館、一九五一年、一九八三年復刊）した、真仏の専修寺草創説である。これは直接的には、高田派第十世真慧の著『顕正流義鈔』（文明四年〈一四七二〉の初稿本）に、「高田開山真仏上人」と明記されていることなどをその典拠とし、真仏が高田付近の武士の出身と推定されることから、この地の武士団が尊崇する善光寺如来の小さな堂があり、真仏はそれを管理していたが、彼が親鸞に帰依し、親鸞もここに来て教化したことから、この堂も次第に大きくなり寺院化したのであろう、とする説である。

この真仏を高田専修寺の開祖とする説は、『顕正流義鈔』だけでなく、天文十二年（一五四三）の「高田山専修寺再興勧進帳」（『専修寺文書』第九二号。『真宗史料集成』第四巻、同朋舎出版、一九八二年）にも、「尋㆓当寺元祖㆒、後堀河院御宇嘉禄年中比、親鸞上人之嫡弟真仏上人、為㆓天下安全興法利生㆒、始草㆓創之㆒」とあって、少なくとも室町時代までの高田では、一般的な伝承であったらしい。その点からも中澤説は信頼するに価するものと言える。

この中澤説ではあまり重要視されていないけれども、戦後になってしきりに説かれるようになったのが、本尊を善光寺如来像としていることの意義である。その口火は松野純孝氏の『親鸞――その生涯と思想の展開過程――』（三省堂、一九五九年。のち『増補　親鸞』として真宗大谷派宗務所出版部、二〇一〇年）によって切られた。氏は、親鸞が善光寺如来信仰を契機として念仏の教化にあたったであろうことを、この専修寺如来堂を例証として推定すると共に、鎌倉時代真宗の伝播が善光寺如来像の分布線に沿っていることを指摘した。平松もその驥尾に付して、親鸞と真仏とに善光寺の勧進聖の性格が見られること、そして専修寺如来堂はその活動の一つの成果であろうことを述べた（「高田専修寺の草創と念仏聖」〈『赤松俊秀教授退官記念　国史論集』赤松俊秀教授退官記念事業会、一九七二年〉。のち千葉乗隆・幡谷明編、日本仏教宗史論集第六巻『親鸞聖人と真宗』〈吉川弘文館、一九八五年〉。さらに『真宗史論攷』〈同朋舎出版、一九八八年〉第二部第二章として収載）。その後、こうした勧進聖、念仏聖についての研究は大きく進展し、中でも五来重博士が近著『善光寺まいり』（平凡社、一九八八年）において、親鸞と善光寺との関係を強く主張しているのが注目される。五来博士の説には、まだまだ慎重に検討されねばならぬ点が多々残されてはいるが、こうした研究経緯を得て、高田専修寺が善光寺系念仏聖によって開創されたであろうことは、もう定説化したと言って差支えないのではなかろうか。

専修寺の前身

ただ専修寺草創縁起の中で、一つ気になるのは、「明星天子」という存在が草創に関与していることである。『正統伝』では、親鸞に向かって、

我ハ明星天子、本地極楽ノ聖衆虚空蔵菩薩ナリ、師ニ伽藍ノ霊地ヲ示サン為ニ、コ、ニ来レリ、

と自分を語り、専修寺が完成すると、「明星天子ノ叢祠ヲ、伽藍ノ南ニ立テテ守護神トス、柳植神社《ヤグヒノヤシロ》ト名ク」と記していて、現に専修寺の南東三〇〇メートルほどのところに小祠が存在する。

もっとも現地の人々はこれを、「柳植神社」とは言わず、「三宮神社」と呼んでいるが、その御神体（次頁**図31**）を拝すると、立像ながら、右手に剣、左手に宝珠を捧げていて、まぎれもなく虚空蔵菩薩の姿である。ただ制作年代は江戸時代より上へ遡るものではないから、問題がないわけではないが、古くから虚空蔵菩薩を祀ってきた伝統

図31　御神体の虚空蔵菩薩立像（真岡市三宮神社蔵）

が受け継がれてきたもの、と考えるのは、そう誤っていないであろう。また高田の集落では、毎年十一月十三日が「虚空蔵さんのお祭り」となっていて、この三宮神社の前には露店が並び、結構人出がある。言うまでもなく、十三日は虚空蔵菩薩の縁日であって、各地の虚空蔵を祀る寺院では「十三詣り」というので賑わうところが多い。そんなところにもこの高田には虚空蔵の信仰が今も残っているのを見ることができる。

ところで虚空蔵菩薩を本尊とする求聞持の法というのは、福徳と叡智を得る秘法で、この修法が成就したとき、空に明星が出現するという。先に引用した「明星天子」が、自らの本地を虚空蔵菩薩と称したのは、これによるものであるが、言うまでもなくこの求聞持の法は密教の呪法であり、空海がしきりに行ったので著名である。そんな密教の秘法が、なぜこんな真宗の縁起の中へ登場しているのか、その意味を考えねばなるまい。もちろん親鸞がここでそんな秘法を行ったはずはない。そこで考えられるのは、この地が親鸞来化以前に虚空蔵菩薩の信仰にかかわる聖地であって、その事実が縁起の中に影を落としているのではないか、ということである。現在の寺域が広大で、伽藍の背後に風致林が広がっている景観が、通規の真宗寺院とは趣きを異にしている理由や、毎年八月一日（旧暦七月一日）の夜、境内において「高田まち」または「顕智まち」と言われる夜祭りが行われる理由、あるいは山内寺院に「遍照寺」と「泰澄寺」という密教系の名を持つ寺院が存在することの理由も、専修寺の前身をそうした面に求めることによって、ある程度の理解ができるかもしれない。

草創の時期と規模および寺号

専修寺の創立について、寺伝では嘉禄二年（一二二六）としているが、その徴証はない。しかし明応九年（一五〇〇）の「川北道場建立旨趣」（津市大里川北町久善寺蔵、『真宗史料集成』第四巻収載、「伊勢川北久善寺文書」）や、天文十二年（一五四三）の「高田山専修寺再興勧進帳」（前掲）に、専修寺の創立を「嘉禄年中」としているところからみて、そう出鱈目な年紀とも思われない。この年は親鸞の関東地方教化二十年のほぼ半ばにあたっており、関東での親鸞の行動から推測される高田地方への来化年代は、これをそう大きくはずれるものではあるまい。それは現に専修寺如来堂に安置する一光三尊仏の彫刻様式から推定される制作年代ともほぼ相応している（「下野専修寺の彫刻について」〈『高田学報』第六三輯、一九七一年〉）。

創建当初の伽藍の規模については、『正統伝』に「金堂縦横九丈三尺、影堂縦横七丈八尺」と壮大な規模を記している。しかし『正統伝』の史料的価値の低さから、これを事実と考える人はほとんどいない。逆に山田文昭氏が「善光寺如来の分身を安置した小堂」（『親鸞とその教団』法藏館、一九四八年、一二一頁）と述べたように、村の辻堂ぐらいの小堂とするのが大方の意見であった。しかしこれはまたあまりにも過小ではあるまいか。というのは、この当時の専修寺で依用されていた、と考えられる巨大な名号が、今も専修寺に伝えられているからである（**図32**）。

図32　紺地十字名号
（高田専修寺蔵）

その名号は、紺地に「帰命尽十方無碍光如来」の十字を金截箔で表したもので、その上方と下方とに色紙型を作り、賛銘を墨書したものである

〈「高田本山所蔵の名号本尊について」〈『親鸞真蹟の研究』法藏館、一九八八年〉〉。全体の色調、とくに蓮台のそれは鎌倉時代であることを示し、賛銘はその筆跡から親鸞の自筆と推定される。ただその筆勢からみて、相当の高齢であろうと思われるだけでなく、親鸞が名号本尊を制作したのは、八十三、四歳前後と考えられるので、この名号も専修寺の創立と伝える「嘉禄年中」からすれば、三十年近くを経過した後の制作であろうけれども、草創期の専修寺の堂に掲出されたであろうことはまず疑いない。その寸法は縦一八〇センチメートル、横四〇センチメートルという巨大なもので、表具を加えると、縦二メートルを越すから、「村の小堂」のような小さな堂にはとても掛けられるようなものではない。これによりこの名号から推される堂は、『正統伝』ほどではなくても、相当な規模であったと考えるべきであろう。

したがって専修寺が一つの伽藍を構成していたことも考えられる。しかしそれがどのような伽藍であったかは全くわかっていない。江戸初期に制作された高田派依用の「親鸞聖人絵伝」〈高田専修寺蔵、第四幅に「前大僧正尭秀」との銘があるので、正保三年〈一六四六〉以降寛文六年〈一六六六〉までのものであることが明確〉には、親鸞聖人建立の専修寺を、如来堂と御影堂〈開山堂〉が併立しているように描いている〈次頁**図33**〉けれども、これが事実を伝えているものかどうかは怪しい。むしろ絵空事ではあるまいか。というのは、現在の伽藍がそうなっていないからである。現在は総門、山門、如来堂を結ぶ東西の主軸線に対して、御影堂は南面していて、主軸線と直角に交差する軸線上にある。両堂併立していたものが、このような直角交差に変えられる、ということはちょっと考えられないからである。このことについては、後によく考えてみたい。

「専修寺」の寺号については、かつて論及したように、正和元年〈一三一二〉、京都大谷の親鸞廟堂に掲げようとして、叡山からの抗議によって撤下した「専修寺」の寺額を、ここへ掲出したことによるもの、と考えたい〈『真

図33　「親鸞聖人絵伝」高田建立の段（高田専修寺蔵）

宗史料集成』第四巻解説。のち『真宗史論攷』第二部第一章）。それ以前には、『正統伝』に言うように、「阿弥陀寺」と称した時期もあったのではないか、と推測しているが（「口伝鈔の異本成立と高田口伝鈔について」〈『高田学報』第七四輯、一九八五年〉。のち『親鸞真蹟の研究』）、目下の段階では憶測の域を出ていない。

二　中世期の専修寺

顕智による専修寺の本寺化

親鸞没後の高田門徒は、顕智を中心として、高田周辺だけでなく、三河国とその三河からの支流である北陸越前方面へ積極的に教化活動を行った。とくに三河での活動は『三河念仏相承日記』によってその態様を知ることができるが、それによると鎌倉末期には多くの人々が三河から高田へ参詣に訪れている。それは「高田巡礼」とも言えそうな状況である。ここに高田専修寺は、下野の片隅だけに跼蹐した小寺院から、広範囲の門徒に支えられる〝本寺〟へと発展した、と言える。

現在、高田専修寺御影堂の向かって左脇に安置されている顕智の坐像（『真宗重宝聚英』第九巻、同朋舎、一九八八年）は、頭部胎内の墨書銘によって、顕智死没直後の延慶三年（一三一〇）八月二十三日の造立と知られるが、その彫刻技法が見事な写実的技法によっており、地方色は見られず、当代一流の仏師の手になるものと認められるところにも、専修寺が地方寺院から本寺化していることを知ることができよう。

しかしその後の高田専修寺は、その〝本寺性〟を進展させた形跡が見られない。文和四年（一三五五）の「如来堂葺萱料足施入状」（『専修寺文書』第一一号。『真宗史料集成』第四巻）は、尾欠の断簡であるために、断定はできかねるが、ここに記されている地名はすべて高田周辺に限られている。またその後、専修寺と外部勢力との間にとりかわされた古文書をみても、ほとんどが宇都宮氏とその一族という在地勢力の発出したものであって、専修寺はその地域性を下野国一国内へと狭めていたようである。

真慧等の活動

専修寺第十代住持となった真慧は、この事態を打開し、専修寺を広く全国的な真宗門徒の本寺たらしむべく、意欲的な教化活動を開始した。それは京都の本願寺が蓮如の出現によって、急激に強大化してきたことに刺激されたものとも考えられる。彼は顕智教化の跡をたどって、三河、越前、伊勢に教線をのばすと共に、応仁文明の乱によって荒廃の極に達していた京都に入り、皇室に接近した。その最初の成果が文明九年（一四七七）専修寺住持に対する「後土御門天皇綸旨」（『専修寺文書』第二八号）の下附であり、翌十年（一四七八）には専修寺を皇室の御祈願所とすると共に、自らへも上人号の下附を得ることに成功した（『専修寺文書』第二九号）。

彼はこの成果をテコにして専修寺の本寺化を進め、御書を発出して「本寺崇敬」を繰返し繰返し説いている（たとえば『真宗史料集成』第四巻、専修寺歴代御書のうち真慧御書「永正規則」)。江戸時代に作られた寺伝では、彼が本山を伊勢国一身田へ移したかのように説明されているが、これは一身田専修寺の正統性を説くために、工作された伝説であることは明らかである(「一身田専修寺の成立について」〈藤島達朗博士還暦記念『日本浄土教史の研究』平楽寺書店、一九六九年〉。のち『真宗史論攷』収載)。

たしかに真慧は一身田に寺を建ててはいる。しかしそれは天文十五年(一五四六)の「厚源寺玄祐申状」(『真宗史料集成』第四巻)に、「京都長野をかね申候御寺」と記されているように、伊勢国内の末寺や直参衆をとりまとめると共に、京都の皇室と幕府、伊勢の半国守護長野氏などと接触を保つための寺院であった。彼が本山を伊勢へ移そうとした形跡などは一かけらも見えない。彼はひたすら下野高田への崇敬を説き勧めているのである。

専修寺の炎上と再興勧進

真慧の活躍によって、専修寺は活況をとりもどしたかに思われたが、永正九年(一五一二)真慧が没すると、その跡目継承をめぐって、実子応真と養子真智との間に葛藤が発生し、末寺は両派に分かれて抗争することになって、発展の勢いは大きく削がれた。しかも専修寺伽藍が兵火によって焼失するという悲運に直面する。焼失の時日は明確ではないが、大永六年(一五二六)九月の「延暦寺東塔院東谷彼岸所衆議状」(「法雲寺文書」第一三号、『真宗史料集成』第四巻)に「(応真の)住房令焼失」とあるのが、それにあたるものと思われる。

応真は三河国の末寺などへ復興資金の奉加を求めている(満性寺蔵「応真書状」、『真宗史料集成』第四巻)が、思うように集まらなかったらしい。応真の跡を継いだ第十二代住持尭恵は、天文十一年(一五四二)伊勢国へ入ると、すぐにその翌年「高田山専修寺再興勧進帳」(前掲)を出し、募財を行っている。しかしそれもどれだけの成果をあげたかは疑問である。というのはその後専修寺住持はついぞ下野国高田へ帰らず、伊勢国一身田に居付いてしまい、教団の中心は一身田に移っているからである。文明六年（一四七四）宇都宮正綱によって「無量寿院」と命名された一身田の寺も、弘治三年（一五五七）ごろには、「専修寺」と呼ばれるようになっている（『言継卿記』弘治三年三月十八日条）。

三　近世期の専修寺

復興への足どり

高田派教団を二分する対立抗争がようやく終熄し、天正二年（一五七四）専修寺に門跡の称号が勅許されるようになって、高田の専修寺もようやくにして復興へ動き出したらしい。その詳細はわかっていないが、天正十二年（一五八四）六月、羽柴秀吉が下野国専修寺へ宛てた禁制を発出しているところをみると、ある程度の復興がなったのではあるまいか。

それから五十年が経過した寛永十一年（一六三四）、真智の後継者を名乗る越前の専修寺と、一身田専修寺との間で、本寺争いが起こり、江戸幕府で裁判が行われたことがあるが、その中で越前専修寺を名乗っている空恵なる者は、実は下野国高田専修寺の留守居であって「零落した」高田専修寺の屋根上葺きなどにあてる資金を一身田で受取って着服し、越前へ来り、寺を建てた者であることが暴露されて、一身田の勝訴に終わっている。そのときの対決覚書（『専修寺文書』第二六三号）によると、専修寺は再び修理を要する状況となっていたらしいが、これも屋根が萱葺きであって耐久力が弱かったからであろうか。

その裁判から四年後の寛永十五年（一六三八）七月、親鸞聖人像が伊勢一身田より高田へ移されている（『専修寺文書』第二六九号）。この像は現在御影堂の本尊となっている等身御影と認められるが、この時期にわざわざこの像を移座したのは、先年の幕府での裁判の一種の後始末ではなかったかと思われる。すなわち一身田と高田とのつながりを世間に強くアピールする狙いがあったのではないか、ということである。

この像は、坐像で像高八四センチメートルを測り、親鸞像の中では大像に属し（『真宗重宝聚英』第四巻）、このような大像を安置する堂は、それなりの規模を持っていたであろうことを思わせる。ことに、もし専修寺が一光三尊仏を本尊として中央須弥壇上に、この像をその脇壇へ安置していたとすれば、それは相当に巨大な堂でなければならない。しかし当時の専修寺にそれほど巨大な堂があったとは思われないので、このときの堂は、現在のように如来堂と御影堂と、別々の堂となっていた、と考えるべきであろう。そしてその御影堂は、この寛永十五年（一六三八）に建造されたもの、と考えるのが至当ではあるまいか。享保三年（一七一八）に制作された絵図にも、現位置に近い場所に、それらしき大きな堂が描かれている（**図34**）。

図34　「高田山専修寺絵図」（享保３年・栃木県専修寺蔵）

また慶安元年（一六四八）八月、将軍徳川家光の朱印状（松山忍明編『高田史料』第二巻、一九〇六年〈未公刊〉所引）[補註1]をもって、芳賀郡高田村のうち二十石が寺領として認められるのも、このように両堂が並び、伽藍としての景観が備わっ

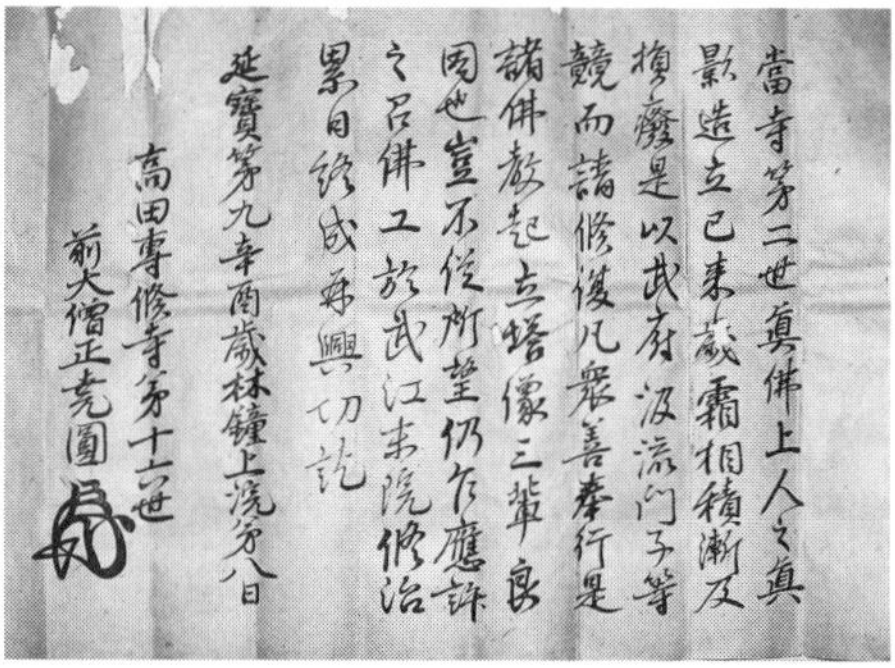
當寺第二世真佛上人之真
影造立已来歳霜相積漸及
廢是以武府汲流門子等
競而請修復凡衆善奉行是
諸佛教起立塔像三華良
同也豈不從所望仍令應許
之召佛工於武江末院修治
畢目終成再興切訖
延寶第九辛酉歳林鐘上浣第八日
高田専修寺第十六世
前大僧正堯圓

図35　真仏上人像胎内納入修理記録（栃木県専修寺蔵）

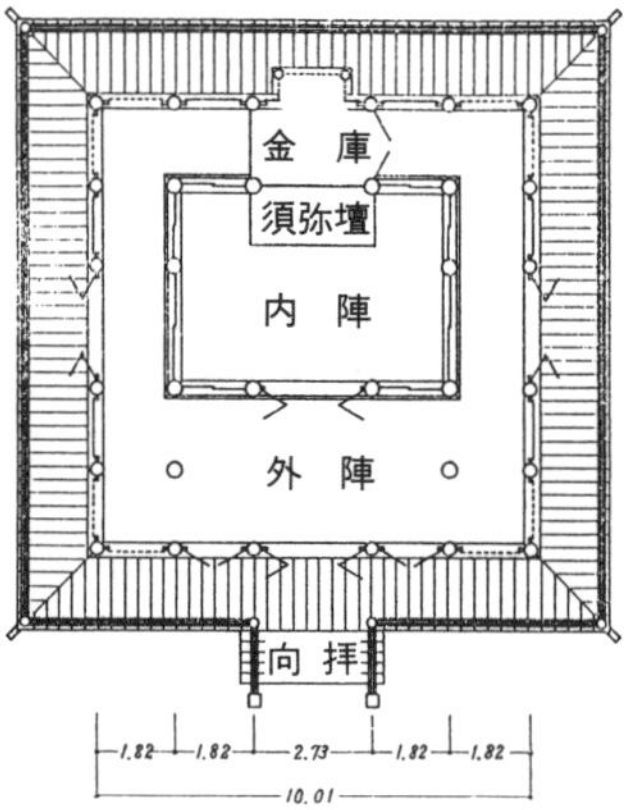

図36　栃木県専修寺如来堂現状平面図

たことによるものであろう。

延宝・元禄期の専修寺

いま御影堂の両脇壇に安置する真仏・顕智両上人像は、その胎内に延宝九年（一六八一）、専修寺第十六代住持堯円による修理記録を墨書した紙片が納入されている（**図35**）。また専修寺境内の鐘楼に吊り下げられている梵鐘は、その前年に製作されたもので、同じ堯円の銘文が刻まれている。

これらからみて、この専修寺の整備が一段と進み、境内は充実したことが知られる。これは江戸初期社会経済の高度成長にあずかって力があったためと思われるが、このころ一身田専修寺では千部会勤修が成功し、宗門全体が隆盛を迎えたこともまた大きく影響しているものと思われる。

如来堂の改築はその勢いに乗ったものであろう。一光三尊仏を本尊とするこの堂は元禄十四年（一七〇一）の建築と伝え、各柱の上部に刻まれた大口寄進者の名前からも、ほぼその伝承は信頼できると考えられるが、その人々がみな高田周辺の住民であることも注目される。

それにしてもこの堂の建築は甚だ異色である。まず屋根が、正面に

図37　木造釈迦涅槃像（栃木県専修寺蔵）

大きな千鳥破風をつけた入母屋造になっていて、権現造の神社建築を思わせる形である。内部の間取りは、真宗建築とは全く違って、堂の中央部やや後よりに、三間に二間の内陣を作り、骨の太い格子戸でかこっている。その周囲が外陣である（**図36**）。これは中世密教寺院風と言えよう。しかも内陣の正面欄間に入れている彫刻が異様である。それは中央が黒駒に乗る聖徳太子像で、その左右両脇が梵天と帝釈天の倚像であり、さらにその左右に四天王の立像が配されているのである。これを要するに密教臭が甚だ強い建築であると言えよう。それはこの当時、この地方での一光三尊仏に対する信仰が、そうした民俗的信仰に支えられていたことを示すものである、と考えられよう。

山門もその建築様式から如来堂とほぼ同時期の建築と考えられているが、現在境内の旧宝物庫の土蔵に安置されている木造釈迦涅槃像（**図37**）も、その頭部胎内に元禄十五年（一七〇二）の墨書銘があって、如来堂の建立にあわせて制作されたことが知られる。善光寺如来が釈迦涅槃像とも関係を持つ事例については、五来重博士の指摘もあり（『善光寺まいり』〈前掲〉）、今後研究を要するところであろう。

御影堂の再建

このたび修理工事の行われた御影堂については、工事中に発見された寛保三年

（一七四三）や延享二年（一七四五）の墨書によって、そのころの建造であることが明確になった。実はこの堂はそれまでは寺伝によって万治二年（一六五九）の建築とされてきた。この寺伝は松山忍明氏が『高田史料』に書き留めているところであるが、（補註2）氏が何を根拠にしたのかはつまびらかでない。御影堂は前述の通りそれより約二十年早く寛永十五年（一六三八）ころには建造されているものと思われるので、この万治二年説は何らかの誤伝であったと考えておきたい。

この寛保・延享期の御影堂再建は、従来は全く知られていなかったが、このほど一身田専修寺所蔵古文書を調査中、寛保・延享ごろの書状と思われる書状（案文）の中の一通に、

下野高田御建立に付、御門下共得心不申候事に御座候は丶、両人曽而手ぬけも有之間敷様存候、殊更蓮蔵院は御開帳に付致上京、如来之儀委細無拠様子存知候事にて罷下り（中略）扨、大隅罷下候砌申候弥陀堂金子も只今にて爰元よりかり受差登せ申事、最早難仕御座候（下略）

四月九日　（差出名なし）

とあるのが知られた。虫損などにより解読不能箇所もあって、内容には不明な点が多いが、下野専修寺の建築工事について、宗門の中に不協和音のあることや、その建築資金が不足のため、一身田如来堂の建築資金を一時流用しようとして果たせなかったことなどが知られる。またこれによって、延享二年（一七四五）京都で行われた一光三尊仏の御開帳は、どうやらその建築資金調達のためだったらしいことが推測される。この京都開帳は、桜町天皇による宮中御拝が行われ、いわゆる「天拝」の御開帳であったのであるが、これが御影堂建築にかかわるものであったとすれば、それがその後の「天拝一光三尊仏」というキャッチフレーズへつながることになった訳で、大成功の御開帳であったと言えよう。

以上のほか、下野高田専修寺については、御影堂と如来堂とが併立せず、直角の方向に向かって建っていること、山門が如来堂の門のごとくであって、御影堂はその埒外にあるかのような形になっていること、しかもその御影堂は如来堂の約四・七倍という大きさであることなど、伽藍配置について究明されるべき点が多いが、今は十分な用意がないので、省略に従いたい。

補註

（1）『高田史料』慶安元年条に次のように記載されている。

八月十七日、徳川家光先規ニヨリ高田村廿石ヲ寄附シ永ク寺領トス。

当寺領下野国芳賀郡高田村内弐拾石事、任先規令寄附之訖、全可致収納并寺中山林竹木諸役等免除之、如有来不可有相違之状、如件

慶安元年八月十七日　朱印

高田専修寺堯秀前大僧正御房

（2）『高田史料』万治二年条に次のように記載されている。

御影堂等再建ヲ始ム。大工棟梁ハ江戸坂本三左衛門、尾張長兵衛権。大工ハ松岡図書、森万右衛門ナリ。

三月、下野高田開山堂再建。

第二章　寺内町一身田

一　江戸時代の景観

一身田《いっしんでん》の町は、伊勢湾の西側、伊勢平野のほぼ中央に位置する。四〇〇メートルほど北を流れる志登茂《しとも》川は、ときどき暴れて洪水被害をひき起こしたりするが、町は、その志登茂川の沖積層上にある。行政上は津市に属する。

この町は今でこそ周辺に集落が広がっているが、明治二十五年（一八九二）の陸地測量部地図を見ると、一辺約四五〇メートルのほぼ正方形に近い形の集落で、その半分近くを専修寺（真宗高田派本山）が占め、町の周囲には堀が設けられている。

この形は、江戸時代、宝暦十二年（一七六二）ごろと推定される木版の「一身田御略絵図」（**図38**）や寛政四年（一七九二）の「一身田惣絵図」（**図39**）とほとんど変わっていない。嘉永五年（一八五二）に元禄十三年（一七〇〇）の古図をもって作ったという「一身田地方間数幷地下家屋舗間数其外諸間数」帳（平松蔵）には、堀は東側が長さ一九九間半、幅二間半、西側が長さ二三二間半、幅（記入がないが三間か）、北側が長さ二四〇間、幅三間、南側は毛無《けなし》川という川を利用した堀だが、堀に相当する部分は長さ二六五間半、幅三間であり、それぞれの堀の内側に一

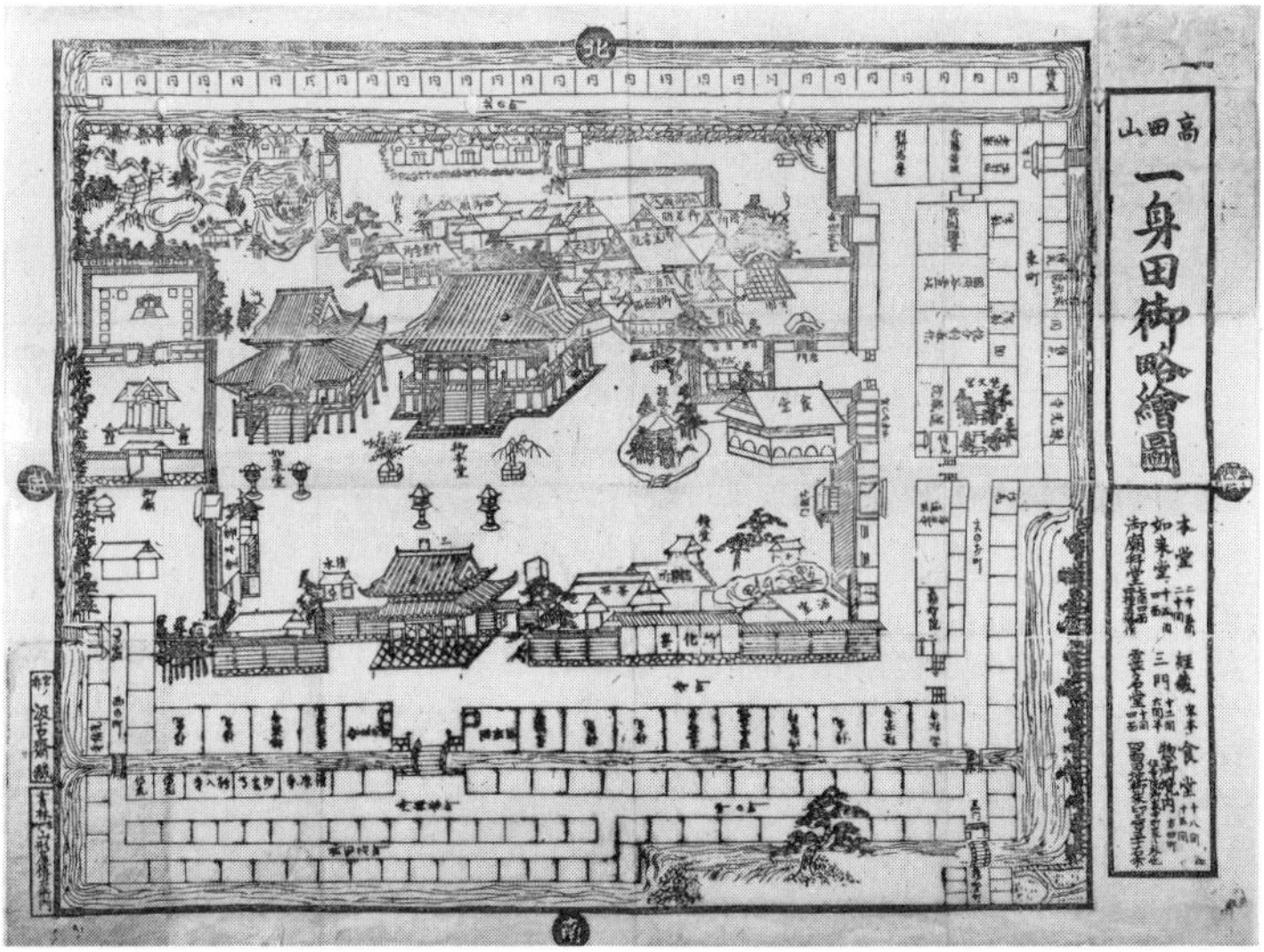

図38　「一身田御略絵図」（宝暦12年ごろ・高田専修寺蔵）

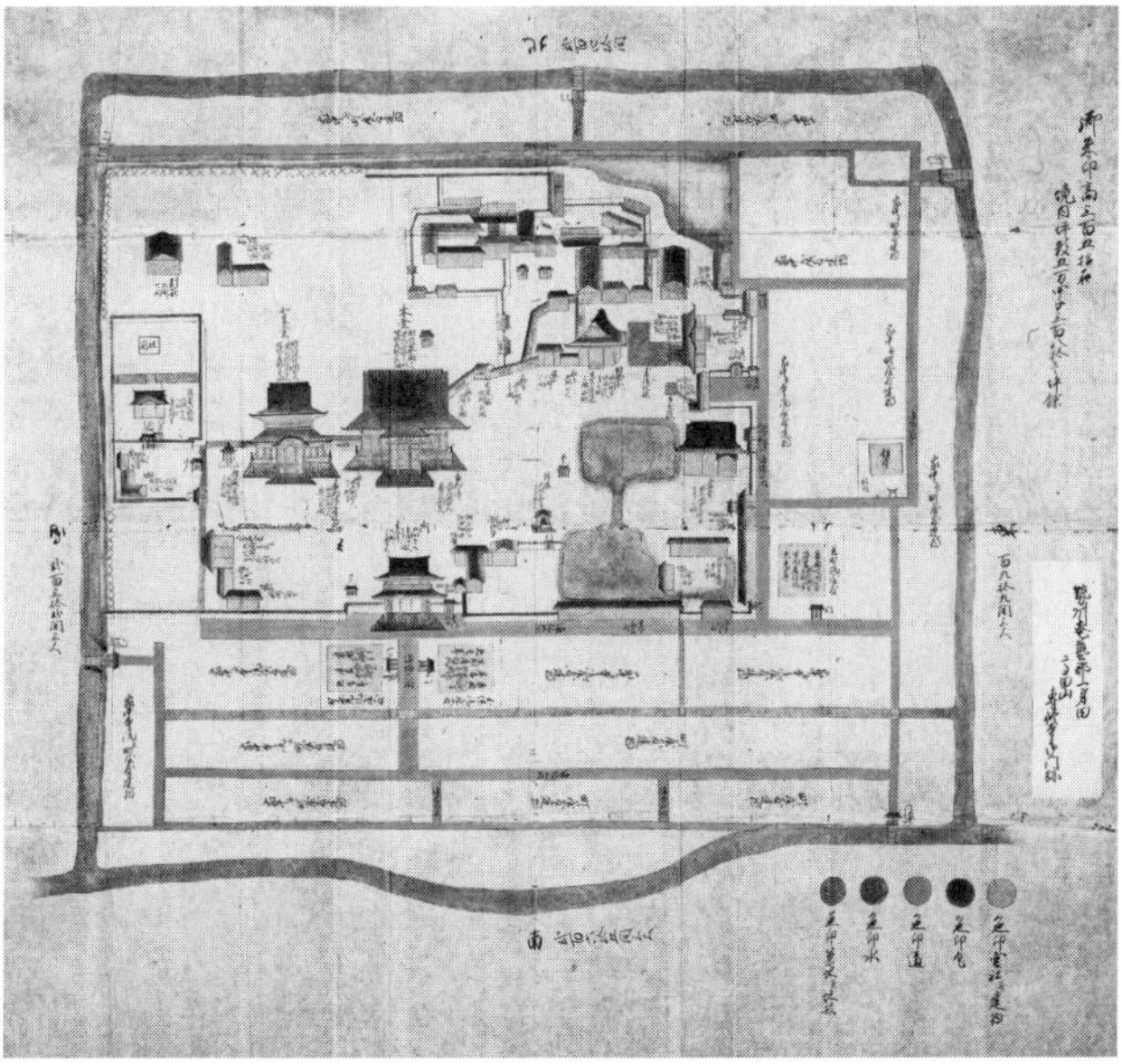

図39　「一身田惣絵図」（寛政 4 年・高田専修寺蔵）

間ないし三間の土居があった、と記されている。今この土居は西側にわずかに残されている程度で、ほとんど姿を消したが、堀の方は幅が少し縮められたところがあるだけで、これはほとんど完全に残っている。

江戸時代、堀には東南隅、東北隅、西側の三か所に橋がかかっていて、門があり、東南隅のを黒門、東北隅のを赤門、西側のを桜道門（または桜門）と呼んでいた。門の脇には番屋があって、小使が住み、扉は明け六つに開いて、暮れ六つに閉じた、と言い伝えられている。しかし専修寺門跡死去による忌中の際は、町の住民が交替で番屋に詰め、町への出入りを厳重に監視すると共に、扉は必ず暮れ六つに閉じるよう御触書が出されているところをみると、平常はそれほど厳格ではなかったらしい。またこの三つの橋のほかに、北側と北西隅とにも小さい橋がかかっていて、農耕の出入りなどに使用されていたこともわかっている。

図40　昭和30年ごろの一身田環壕（南側）

黒門の外側にだけは、川を隔てて数十戸の集落が続いており、堀の内側と同じ専修寺領で、橋向町《はしむかいちょう》と呼ばれる。ここには万治元年（一六五八）に茶屋株二十五軒が免許されたという水茶屋があり、茶酌女と称する遊女を抱えて、昭和三十二年（一九五七）の売春防止法施行まで続いた遊廓であった。

この橋向町を含めて一身田の町は、ほとんどの家が真宗門徒であって、今でも正月に門松や注連縄を飾らず、家庭には神棚を設けていない。これは真宗の教えを忠実に守っているからであるが、茶酌女の黒門内への立ち入りが禁止されているところをみると(1)、同じ一身田の町でも、堀の中はまた特別な地域として意識されていたことが知られる。

その堀の中の町がいわゆる寺内町であることを最初に指摘したのは牧野信之助氏の論文「中世末寺内町の発達」であった。私がこの論文を掲載した氏の著書『土地及び聚落史上の諸問題』（河出書房、一九三八年。のち日本資料刊行会、一九七六年復刊）を買い求めて読んだのは京都大学の学生のころであったが、自分の生まれ育った町が研究対象になっているのを知って、愕然としたのを想い出す。それ以来、寺内町の研究には関心を持って注意を払ってきたが、一身田についてはとりたてて研究は現れなかった。それは史料が極めて乏しいことによるものではあるが、一つには牧野氏が記しているように、寺伝では江戸初期に構築されたとなっており、現存する形状も実に整々としていて、その寺伝に沿うがごとくであること、しかもこの地が一向一揆に全く関係がないこと、などが学者たちの食欲をそそらなかったもののようである。

ようやく昭和六十三年（一九八八）にいたって、津市教育委員会がここに町並み調査を実施した。私もその中に加わって、翌平成元年（一九八九）にはその調査報告書『一身田寺内町――町並み調査報告書――』（津市教育委員会）が刊行されたが、調査の主対象が近世建築にあったことから、中世の風景にまで眼をむけることができなかった。そこでこのたび幸いにも石井進・網野善彦両先生から機会を与えていただいたので、これから中世に生きた我が祖先の姿を思い描いてみることにする。

二　中世にも遡る寺内と地下

まず専修寺の寺伝の検討から入ろう。専修寺では、町の周囲の堀は第十四世堯秀（一五八二～一六六六）が築造したもので、これが城郭を意図したものとして幕府のとがめるところとなり、堯秀の跡を継いでいた堯朝（一六一五～四六）が江戸へ呼びつけられ、幕府の叱責を受けて切腹したと言い伝えてきた。たしかに堯朝は三十二歳の若さで急死している。自決した可能性も大きい。しかし町の周囲に堀を作ったからとするのは訛伝であり、堯朝が幕府から叱責を受けたのは、父堯秀の大僧正昇任が幕府の了解を得ていなかったことによるものであった。このことは『徳川実紀』正保元年（一六四四）十月十五日条などによって明確であり、この辺の経緯については、最近、常磐井和子氏が『高田学報』第八二輯（一九九三年）に「堯朝上人の殉難」と題する詳細な研究を発表せられた。

では周囲の堀はいつ築造されたか。それを明確に教えてくれる史料はない。しかし専修寺に所蔵する史料によって判明することは、堯朝が江戸出頭中の正保二年（一六四五）正月二十三日、大火によって専修寺伽藍が焼失し、翌年八月、堯朝急死という高田派教団始まって以来の危機的状況となったこと、その復興のため、京都から花山院定好の第四子を養子として入室させるとともに、その内室に津藩主藤堂高次の娘を迎えたが、それに伴って津藩から隣村窪田《くぼた》村などのうち一八五石余の土地が寄進され、そこに新しい堂宇を建設したことなどである。その寄進が行われたのは万治元年（一六五八）で、その際の検地帳も残っているが、その寄進地を調べてみると、次頁の**図41**のように寺内町のほぼ西半分にあたっている[2]。そういうことになると、寺内町全体の四周をとりかこんでいる外堀は、万治元年の寄進以後の構築であることはまちがいない。それ以前には遡り得ないことは明確である。

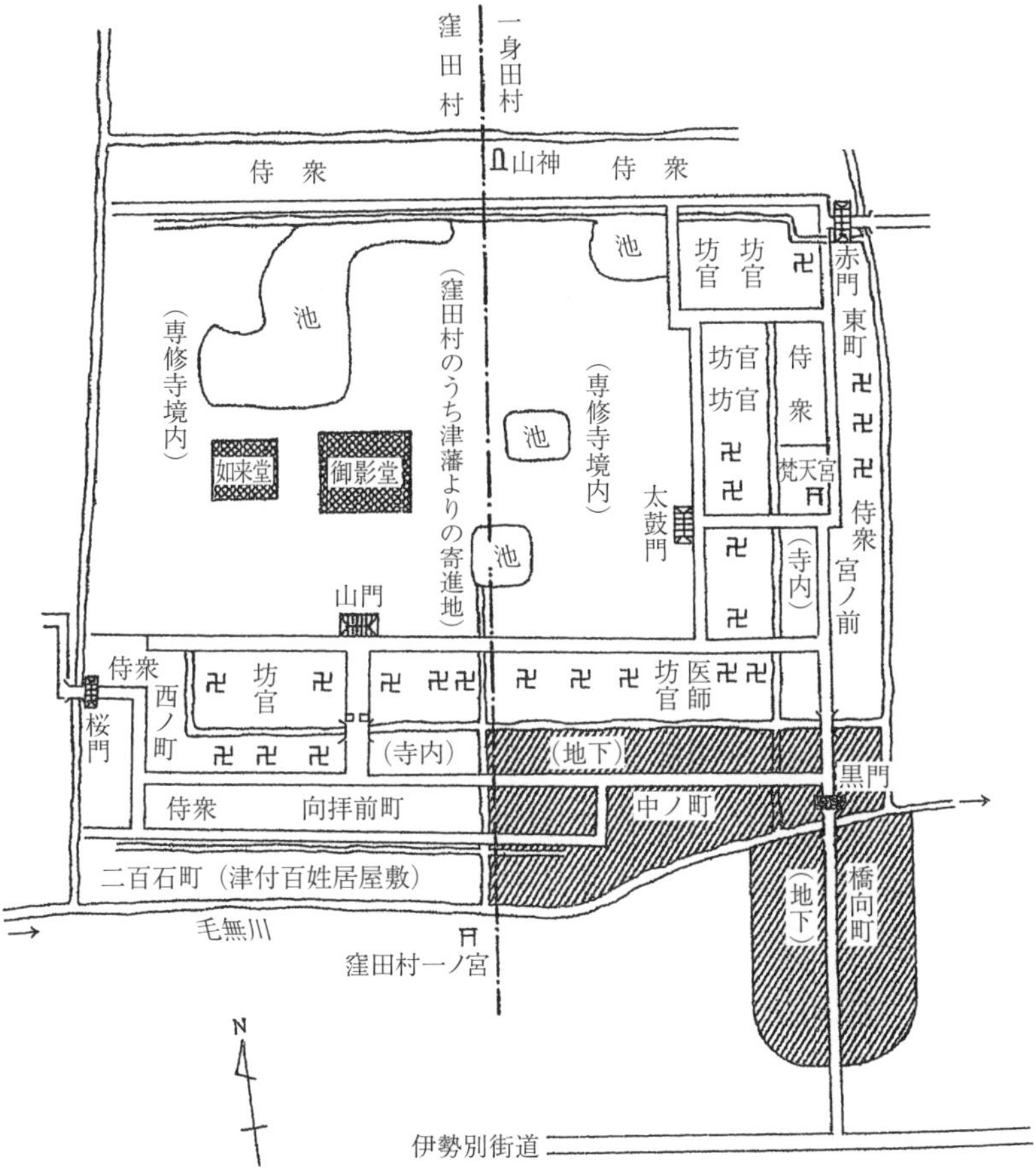

図41　万治元年の検地帳による専修寺への寄進地（窪田村）ともとからの一身田村

では一身田寺内町はこのときに成立したのかというと、そうとばかりは考えられない。寄進を受ける以前の旧地がすでに寺内町を形成していた、と思われる節があるからである。いろいろの史料をあわせ考えてみると、万治の寄進地は、専修寺境内を除くと、寺内と津付百姓居屋敷とであるが、寄進以前の旧地には境内と寺内のほか「地《じ》下《げ》」と称する地域がある。それを先にも記した「一身田地方間数幷地下家屋舗間数」などを記した帳面によって復原してみると、地下というのは旧地のうちの南部約三分の一であって、今も残る幅約三メートルの溝によって北部の寺内と区別されており、その一方で黒門の外の橋向町が同じ地下なのである。こうしてみると、地下が商業を営む町家からなりたっているのに対して、寺内は専修寺末寺と坊官および寺侍など専修寺被官の屋敷の地域であった。「寺内」と称せられる地域は、万治の寄進地についても同様であって、今でこそこの地域の「向拝前《ごはいまえ》」「西ノ町」と呼ばれる地域は町場化しているが、寄進当時は末寺や被官の屋敷地であった形跡がある。

そういうことになると、寄進前の旧地と寄進地とでは、町の構成プランが異なっているわけである。つまり万治以前に、境内と寺内と地下からなる町が構成されていたところへ、万治元年の寄進地が付け加えられて、旧地とあわせて全体に外堀で囲繞せられることになった、と想定することができよう。北側の外堀が内と外と二筋になっているのは、万治以前の町が内側の堀の中だけでおさまっていたところ、万治以後にその外側へ寺侍衆の居住地を造成して、寺内がふくらんだ結果、それをとりかこむためにさらに外側へ堀を作ったので、二筋となったらしい。そうした想定を支えてくれる史料が、一身田の鎮守社である一御田《いちみだ》神社の旧棟札の中にある。

一御田神社には、嘉吉三年（一四四三）のものを最古として江戸末期までの旧棟札二十二枚、室町時代の能面一面、簓《ささら》二組〈うち一組に明応四年〈一四九五〉の刻銘〉、板書田植歌一枚が神宝として伝えられているが、そのうちの天正二十年（一五九二）八月十一日の上葺棟札に、「神戸孫右衛門尉きもいり、寺内地下観進《（ママ）》に入」とあって、このときすでに寺内と地下とが成立していることが知られるからである。このあと慶長九年（一六〇四）や元和五年（一六一九）の再興棟札にも「寺内地下勧進」の字句が見える。つまり一身田の「寺内」と「地下」は少なくとも十六世紀末には成立していたのである。十六世紀といえば、摂津・河内・和泉地方にいくつもの寺内町が形成された時代である。大和の今井、近江の金森もこの時期である。それらと同じ時期に、伊勢でも寺内町が形成されたことは大きな意義を持つはずである。

ただこの寺内と地下に外堀がめぐらされていたかどうかを見極める史料はない。この堀も万治の寄進の際に一挙に作られたのかもしれないが、町のプランの違いからすると、それ以前の寺内と地下が構成された際に作られた、と見るのが自然ではなかろうか。これについては、のちに改めて述べることとしたい。

三　中世交通路と一身田の集落

いずれにせよ、一身田にとって津藩からの万治元年（一六五八）の寄進は大きな変革をもたらしたものであったが、いま地図上でこの万治の寄進地を消してみると、それ以前の一身田は、寺内・地下・橋向と南北に続く細長い形の集落で、寺内の西側に専修寺境内があったことになる。谷間とか山裾とか特殊地形に制約されて生まれた集落を別にすると、一般に広い平野の中にこのような細長い形の集落が形成されるのは、街道に依存する場合が多い。いわゆる街村集落である。そんな視点に立って見ると、意外と中世伊勢参宮道とのかかわりが見えてくるように思われる。

もっとも中世の伊勢参宮をする人々がここを通って行ったという史料はない。江戸時代の伊勢参宮で、京都方面

図42　一身田付近の中世古道（推定）と江戸時代の街道

から鈴鹿峠を越えてきた人々は、関で東海道と別れて伊勢別街道に入り、一身田のすぐ西南を通って津へ入った。この伊勢別街道から一身田へは二本の取付進入道路があり、橋向町水茶屋からは参宮道者を呼び込んでいたようで、専修寺は地下の庄屋に対して見苦しい行為を止めさせるように命じたりしている。

しかし中世の参宮紀行文を見ると、すべて窪田から安濃津《あのつ》に到ったことを記していて、一身田の名は現れていない。そしてここ三年ほど前から始まった中勢バイパス道路建設のための発掘調査によって、一身田寺内町から一・五キロメートルほど西方の山裾近く、今は完全に農地となっているあたりから、大古曽《おごそ》遺跡・橋垣内《はしがいと》遺跡・六大《ろくだい》B遺跡・安養院遺跡などが次々と現れ、和同開珎銀銭や木簡をはじめとする多量の遺物が出土した。そこには古代から中世にかけての多数の掘立柱建物の存在が確認され、このあたりが中世までの交通路ではなかったか、と推測されつつある。また文献の上では、南へ約二キロメートル離れた上津部《こうづべ》田の勝久寺が所蔵する『大般若経』[3]は十四世紀末に書写されたものであるが、その奥書にはこのあたりが交通路であったことを窺わせるものがあって、伊勢別街道の古道は江戸時代の道よりも西方、一身田が位置する氾濫原の西端、山裾のあたりを通っていたものと思われる。

窪田から安濃津を通った旅行者で一身田を経由したことの知られる最初の人は山科言継《やましなときつぐ》で、『言継卿記』によると、永禄元年（一五五八）八月十五日に豊久野《とよくの》・窪田から一身田専修寺に入り、二泊したのち、安濃津へ向かっている。これは当時の専修寺住持が彼の先輩、飛鳥井前大納言雅綱の子息であったためでもあるが、このころになって、街道が一身由に近づいてきたのであろうか。

伊勢湾岸に沿って南下する伊勢参宮街道は、現在の国道二三号線で、江戸時代に繁昌した参宮街道であったが、一身田からは約二キロメートル東に隔たっている。十返舎一九の『東海道中膝栗毛』では、「高田の御堂、右のかたに見ゆる。石井殿《いしいでん》（一身田）といふこれなり」と専修寺を遠望しているが、参宮街道がここを通るようになったのは、志登茂川の河口近くに橋（通称「江戸橋」）が架けられた江戸初期以降のことのようである。志登茂川は河口付近では川幅も広く、しかも両岸が低湿地帯であって、中世の古道はここを通っていたとは考えられない。地形上は、志登茂川を遡った一身田付近で川を越え、安濃津方面へ出ていたのではないか、と思われる。

弘治三年（一五五七）三月の『言継卿記』によると、駿河から上洛しようとした山科言継は、知多半島の常滑から船で伊勢湾を横断して、鈴鹿神戸《かんべ》（現在の鈴鹿市神戸）から乗馬で、上野（現在の津市河芸《かわげ》町上野）を経て、一身田専修寺に到着している。段丘の裾をたどって南下し、一身田のすぐ北で志登茂川を渡ったらしい。一身田で四日ほど逗留したのち、安濃津を経て伊勢参宮をし、帰途も安濃津方面から一身田へ来り、二泊して窪田を経由、上洛している。この旅程が当時の交通路だったのではあるまいか。

中世の交通路が右のようであったとすると、一身田の集落は、まず鈴鹿市方面から南下する参宮道に沿った街村集落として発達し、中世末期になって、ここから西の窪田へ通じる道路との分岐点にもなった、と考えることができる。

四　惣村的自治の農村風景

しかし一身田は最初から街村集落だった訳ではない。交通路発達以前に、一身田の名が史料の上に現れる。それは鎌倉時代、伊勢神宮領を書き上げた『神鳳鈔《じんぽうしょう》』で、伊勢国奄芸《あんげ》郡の中に「一身田御厨《みくりや》三十六丁」と見え、毎年なにがしかの上分米《じょうぶんまい》を神宮へ納めていたらしい。この一身田御厨についての詳しい考察は別の機会に譲ることとして、いま一身田寺内町の北東入口、いわゆる赤門の近くに、「上分田《じょうぶんでん》」という小字名があり、これが御厨の名残りであろうことを指摘するにとどめたい。

一身田の在地状況を知る上での有力な史料は、先にも記した一御田神社の神宝類であって、その中の最古のものは嘉吉三年（一四四三）の棟札で、縦八八・〇センチメートル、横一二・一センチメートル、厚さ二・三センチメートルの板に次のように墨書されている。

大夫成四人

嘉吉三年十月十九日

奉造立

信心村人等三十五人

筆者森川三郎左衛門□□（花押）

このあとの棟札はすべて「奉再興」とか「奉上葺」とか書いているので、「奉造立」というのは、このとき初めて社殿を造営したと解釈してよいだろう。

当社は明治の排仏棄釈になるまで「梵天宮」と呼ばれ、「大梵天王・神明・溝淵」の三柱を祭神とし、これに稲荷と天神とを末社として付属させてきた。「大梵天王」というのはどういう神かよくわからないが、神の依り代である御幣の束を「ボンテン」と呼ぶことが多いから（『分類祭祀習俗語彙』〈角川書店、一九六三年〉、『日本国語大辞典』〈小学館〉など）、漠然とこの土地の聖霊を神格化した神であって、それに仏教の梵天が習合してこの名になったのではあるまいか。そうだとすると、要するに在地鎮守の神、というだけのことになる。それに対して、「神明」は伊勢神宮だから、当地が伊勢神宮の御厨であったことから祀られたであろうことは言うまでもない。「溝淵」というのは、安濃郡《あのうぐん》雲林院《うじい》（現在の津市芸濃町《げいのうちょう》雲林院）の延喜式内・美濃夜《みのや》神社が、中世には「みぞぶち明神」と呼ば

図43　伝翁面（室町時代・津市一御田神社蔵）

れ、平安末期から水利の神としてこの地方の信仰を集めていたことが史料によって確認されるので（『日本歴史地名大系24――三重県の地名――』平凡社、一九八三年）、そこからの勧請に違いない。

　これらの祭神からみると、当社は農村的な信仰が強いと言い得るが、ただこの祭神が記されるのが元和五年（一六一九）以降の棟札である点に若干の危惧がない訳ではない。しかし当社神宝の一つである板書田植歌は、寛文二年（一六六二）に記されたものであるが、そこに記されている歌詞は全く中世調であり[4]、それが「古神歌」として歌い継がれてきたこと、また同じ神宝の明応四年（一四九五）銘の簓とあわせて、豊作をねがう田楽が行われていたことを思わせる。また翁面と言い伝えられた仮面（**図43**）は、その方面の専門家の判定によると、能狂言面が定型化する以前の古面であって、室町前半期の制作にかかるものとのことである。この面がどのような芸能に使用されたかはつまびらかでないが、田植歌や簓と共に保存されてきたことからも、やはり農耕神事にかかわったものと考えられ、以上の諸事実と併せ考えて、当社は農耕の神をまつる神社として成立し、その姿を守り伝えてきたものとして誤りなかろう。すなわち十五世紀までの一身田の集落は、完全な農村であったと認められる。

　そこで先に記した嘉吉三年棟札にたち返って、その記載内容からこの社の祭祀組織について考えてみることにしたい。ここに記された「大夫成《たゆうなり》四人」と「信心村人等三十五人」というのがその手がかりとなろう。

「大夫成」については、戦前に豊田武氏が「中世に於ける神社の祭祀組織について」（『史学雑誌』第五三編一〇・

一一号、一九四二年。のち著作集第五巻『宗教制度史』吉川弘文館、一九八二年）という論文の中で豊富な事例を挙げ、「官途成《かんどなり》」などと同じく宮座の中で一段と高い身分となった人々であることを立証している。「村人等」については、萩原龍夫氏がその著書『中世祭祀組織の研究』（吉川弘文館、一九六二年、一九七五年増補）にこの棟札を一例として取り上げて論じておられるところで、要するに「宮座の座衆」にあたる、とされる。

これらによって一身田は、志登茂川の沖積平野の中央に農村集落として発足し、十五世紀に入ったころには、鎮守社梵天宮に宮座が組織され、大夫成ら幹部によって自治的に運営されていたことが知られる。それは室町時代に畿内を中心に展開していた「惣村」そのものである。「信心村人等」はそんな「惣」を結成していたであろうことは疑いない。一身田の村は、その中を参宮道が通るようになったり、次に述べるように専修寺真慧がここに寺院を建設したことによって、大きく変貌していくことになるのだが、農村で惣的結合をしていた村人らは、江戸時代になっても、梵天宮の神事に奉仕する際は「モロト（諸人）」となってその名をとどめている。(5) それについても萩原氏はその著書の中で詳しく述べている。

五　国人領主と専修寺

一身田に関東から専修寺第十世真慧が来て、堂宇を建立したのは十五世紀の末近くであった。専修寺の寺伝では、親鸞が下野国芳賀郡高田に草創した高田派教団の本寺専修寺を、寛正五年（一四六四）、この地に移したというが、これは江戸時代に意図的に作為された伝説である。真慧はたしかにここに一堂を建ててはいるが、それは無量寿寺（または無量寿院）と呼ばれていて、彼に本寺専修寺を移す意図が認められないことについては、これまで機会あるごとに述べてきたところである。[6]

彼は伊勢国内を教化するにあたって、直参門徒をとりたてたことなどから、この伊勢国内で古くから高田門徒の中心勢力であった三日市（現在の鈴鹿市三日市）の坊主衆との対立が生じ、三日市の僧はそのころ鈴鹿郡一円を支配していた関氏に真慧を誣告した。関氏は真慧が拠点としていた鈴鹿郡原の寺を破却したので、真慧はそこを退去し、関氏と対立していた長野氏をたよって一身田に来たらしい。長野氏は安濃郡長野（現在の津市美里町北長野、南長野）を本拠とする有力国人で、奄芸郡・安濃郡一円を支配していた。真慧がどういう経緯によって長野氏と接触したか、またどうして一身田の地を選んだかについては史料を欠いている。あえて推測を加えるとすれば、彼が文明九年（一四七七）と翌十年と二度にわたって後土御門天皇の綸旨（『専修寺文書』第二八・二九号。『真宗史料集成』第四巻、同朋舎出版、一九八二年）を受け、文明十年には室町幕府からも奉行人連署奉書（『専修寺文書』第三〇号）によって専修寺住持職を安堵せられるなど朝廷・幕府と接近していることと、長野氏が幕府の奉公衆であったこと、それに加えて一身田が幕府の御料所[7]であったことなどがかかわっていたのではなかろうか。

このころの歴史に関する専修寺側の史料としては、今も専修寺の門前にある厚源寺の第三世玄祐が記した天文十五年（一五四六）七月八日付の「厚源寺玄祐申状」（『真宗史料集成』第四巻）がある。真慧の没後、その跡目をめぐって、高田派教団は真慧の実子・応真方と養子・真智方とに分かれて長い対立が続き、真智は一身田無量寿寺に居住していたが、応真の跡を襲った堯恵が天文十一年（一五四二）伊勢国に入ると、真智は一身田を退去した。そんな情勢の中で記されたのがこの申状で、玄祐が過去をふりかえりつつ堯恵方へ、忠誠を続けてきた事実を申し述べている。したがって若干の片寄りはあろうけれども、一般の寺院縁起のように寺の歴史を飾りたてようとしていない点で信憑性は高い。その申状は九項目にわたっているが、第二項に、

一、一身田之御寺、為両上人様、六十年以前ニ被直《(置カ)》立候、此屋敷共ハ下津名字者共、地下ノ中八、平野ノ四郎兵衛なとも寄進仕候て、于今御相続被成候、誓祐、浄祐、浄幸、筑前八郎兵衛と申者共、京都長野をかね申候御寺立参ラセ候、定テ将監殿モ此趣連々可被及聞候哉ト存知候、

と一身田無量寿寺の建設について記している（次頁図44）。この「将監殿」というのは、山科言継が一身田を訪問した際の『言継卿記』（弘治三年三月二十一・二十二日条、同年四月四日条、永禄元年八月十五日条）に現れる人物で、専修寺堯恵の家司と考えられ、「定テ将監殿モ此趣連々可被及聞候」というから、ここに記された記事が当時周知の事実だった、ということになろう。そして「京都長野をかね申候御寺」というのは、先に記したような真慧と幕府および長野氏との関係を意味するのではなかろうか。

次に問題になるのは、この寺の寺地を「下津名字者共、地下ノ中八、平野ノ四郎兵衛」が寄進したと記している点である。「下津名字者」については、文化六年（一八〇九）のものであるが、寺内・地下の有力者「諸人侍《もろとざむらい》」十六人を書き上げて専修寺へ届け出た控（森徳蔵氏旧蔵文書）に、下津理兵衛、下津善兵衛、下津彦大夫の名が見えることが参考になろう。「地下ノ中八」については、手がかりがないが、「地下ノ」と記している点が注目される。わざわざ「地下ノ」と記すからには、この天文十五年にすでに寺内と地下の区別が成立していた、と考えることもできよう。「寺内」の文字は見えないものの、「寺内町」がもうできていたのかもしれない。なお「平野ノ四郎兵衛」については、一身田の東に隣接する平野の明覚寺では開基村田十郎左衛門尉の弟と伝承しているが、つまびらかでない。

この寺を建てたのが真慧自身ではなく、「誓祐、浄祐、浄幸、筑前八郎兵衛」と記しているのも注目される。筑前八郎兵衛については伝承がないが、誓祐は北黒田（津市河芸町北黒田）浄光寺、浄祐は一身田（津市一身田町）厚

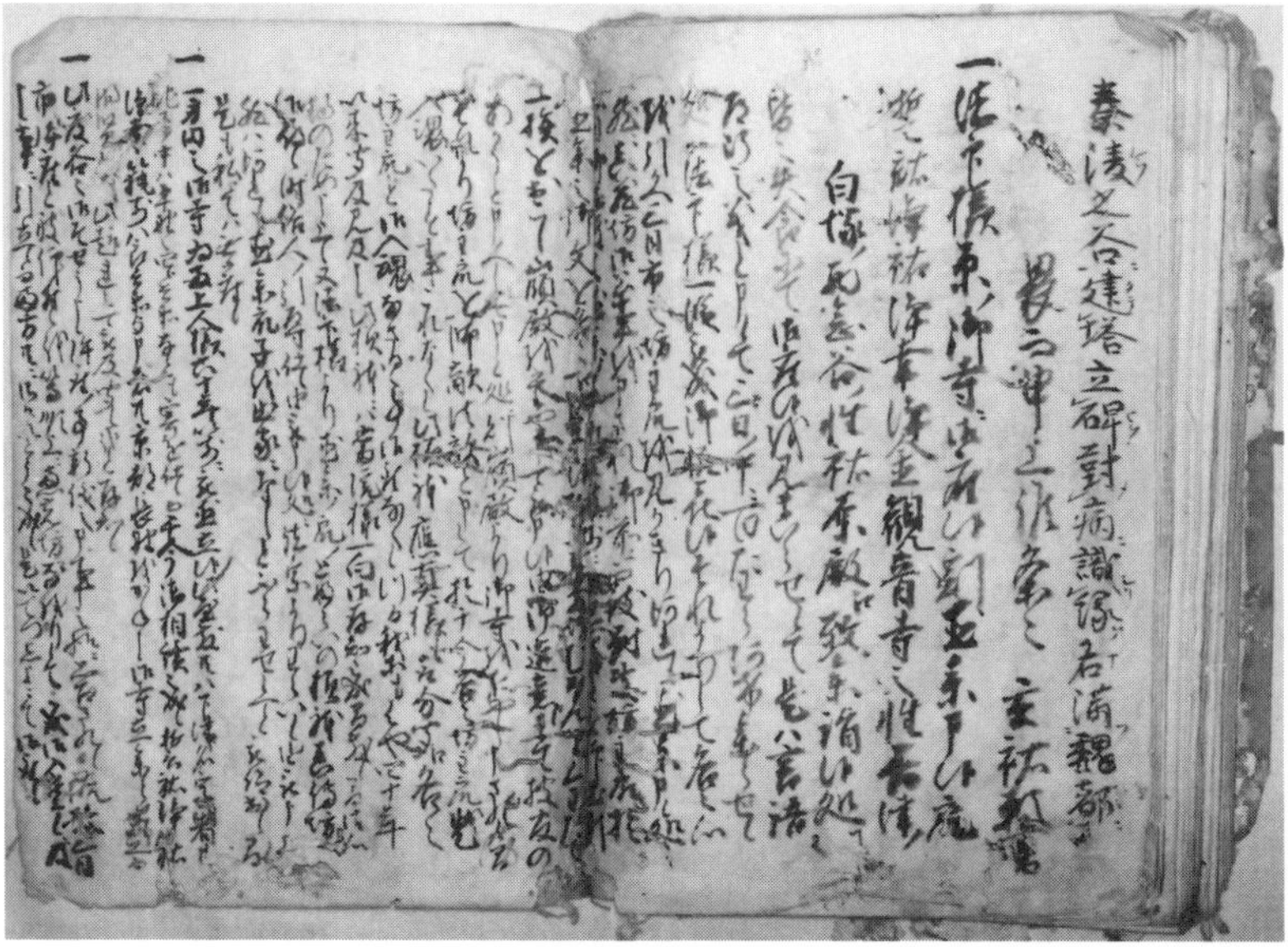

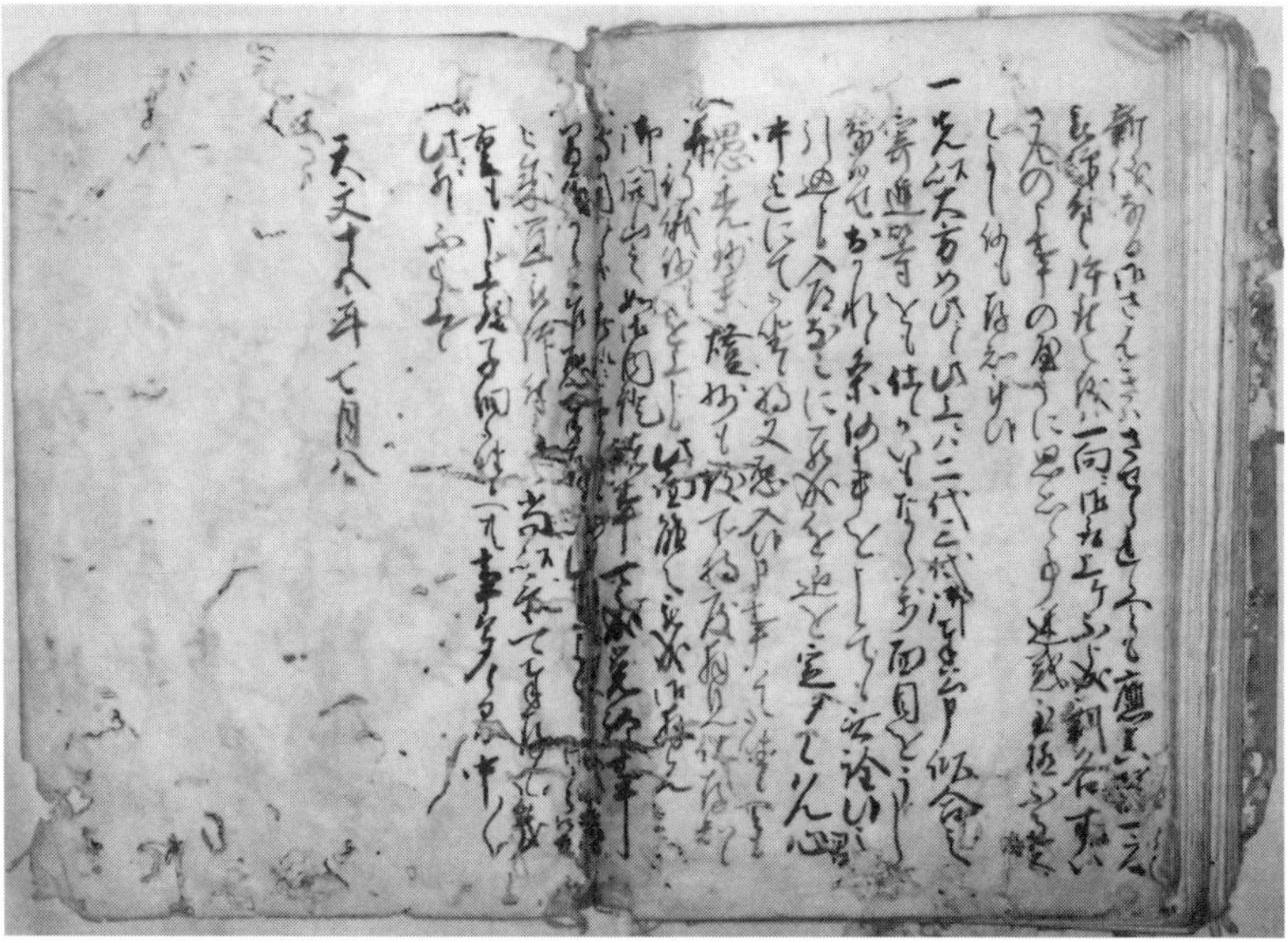

図44　厚源寺第六世元誓の『要文集』に書写されている「厚源寺玄祐申状」（津市厚源寺蔵）

源寺、浄幸は安濃津（津市北丸之内）報恩寺の開基とされ、真慧直参衆の中での有力者で、一身田周辺の僧である。

こうしてみると、一身田の寺は、惣村的結合をしていた村人らと周辺の真慧直参門徒たちが力を合わせて建立し、そこへ真慧を招致したものであった。それが農村であった一身田の村を寺内町へと変貌させてゆくことになるのであるが、これはこれまで寺内町の成立について学界で考えられていたものとは様相を異にしている。というのは寺内町の成立については、脇田修氏が画期的な論文「寺内町の構造と展開」（『史林』四一巻一号、一九五八年。のち「寺内町富田林の成立と構造」と改題して『日本近世都市史の研究』〈東京大学出版会、一九九四年〉に収載）を発表して以来、三つの類型に分類されてきた。この三類型については、中部よし子氏がその著『近世都市の成立と構造』（新生社、一九六七年）によって若干の補正をされた結果、〈第一類型〉寺院側の主体的設立によるもの、〈第二類型〉在地領主土豪層が主体的に設立したもの、〈第三類型〉農村の商人的名主・有力農民、さらに商人らが主体的に設立したもの、というのが学界に定着している。では一身田はこの中のどれに該当するかというと、そのいずれにも属さないようである。まず一身田は核となっている専修寺の強力な支配下にある点で、蓮如が構築した山科や石山本願寺の寺内町に似るようであるが、山科も石山も蓮如自身が発願し、自力によって土地を調達し堂宇を建築したことから始まっているのに対し、一身田の場合、先に述べたように真慧がそれほどの主導力となっていない点で、大きく違っていて、第一類型ではない。寺地の調達や堂宇の建築の経緯からすれば、第三類型に属するかのごとくであるが、建設に参画した人々がその後の寺内町の運営にはあまり関与せず、後にも述べるように、木村将監とか長岡石見守とか専修寺門室の家司が支配することになる点が違っている。どうしてそうなったのだろうか。

六　貫徹していた無縁・公界の原理

『専修寺文書』の中に次のような「長野尹藤条々書」（『専修寺文書』第四七号）がある（次頁図45）。

就此方御滞留、申談候筋目条々

□（一カ）、□（御被カ）官中間諸役免許之事

一、喧嘩口論之儀、御方依御注進、可□（加カ）成敗之事

一、敵御方出入不可有相違候、幷当質□相不可有之候、雖然、何も無聊爾之様、可被仰付事肝要候之由、可得

御意候、恐惶謹書

（永正九年）壬四月十一日　　尹藤（花押）

坂東殿　参　御同宿中

この差出人尹藤は、先にも記した伊勢国安濃郡の国人長野氏であって、稲本紀昭氏が調べられたところによると、『守光公記』永正十一年（一五一四）一月十日条に「長野与次郎尹藤」と見えるなど、十五世紀末から十六世紀初めにかけての史料にしばしば現れているので、そのころ彼が長野氏の当主であったことは確認できる（稲本紀昭「伊勢国国人長野氏関係史料（上）（下）」〈『三重大学教育学部研究紀要』第三五・三六巻、一九八四・八五年〉）。したがってこの「壬四月十一日」が永正九年（一五一二）であることはまちがいない。とすると真慧示寂の六か月前にあたるのだが、問題なのはこの宛名で、この文書が専修寺に伝えられているのにもかかわらず、専修寺宛になっていない。しかも「坂東殿参御同宿中」という書き方は、この宛名人が僧侶ではなく、在俗の人、それも武士らしいこと

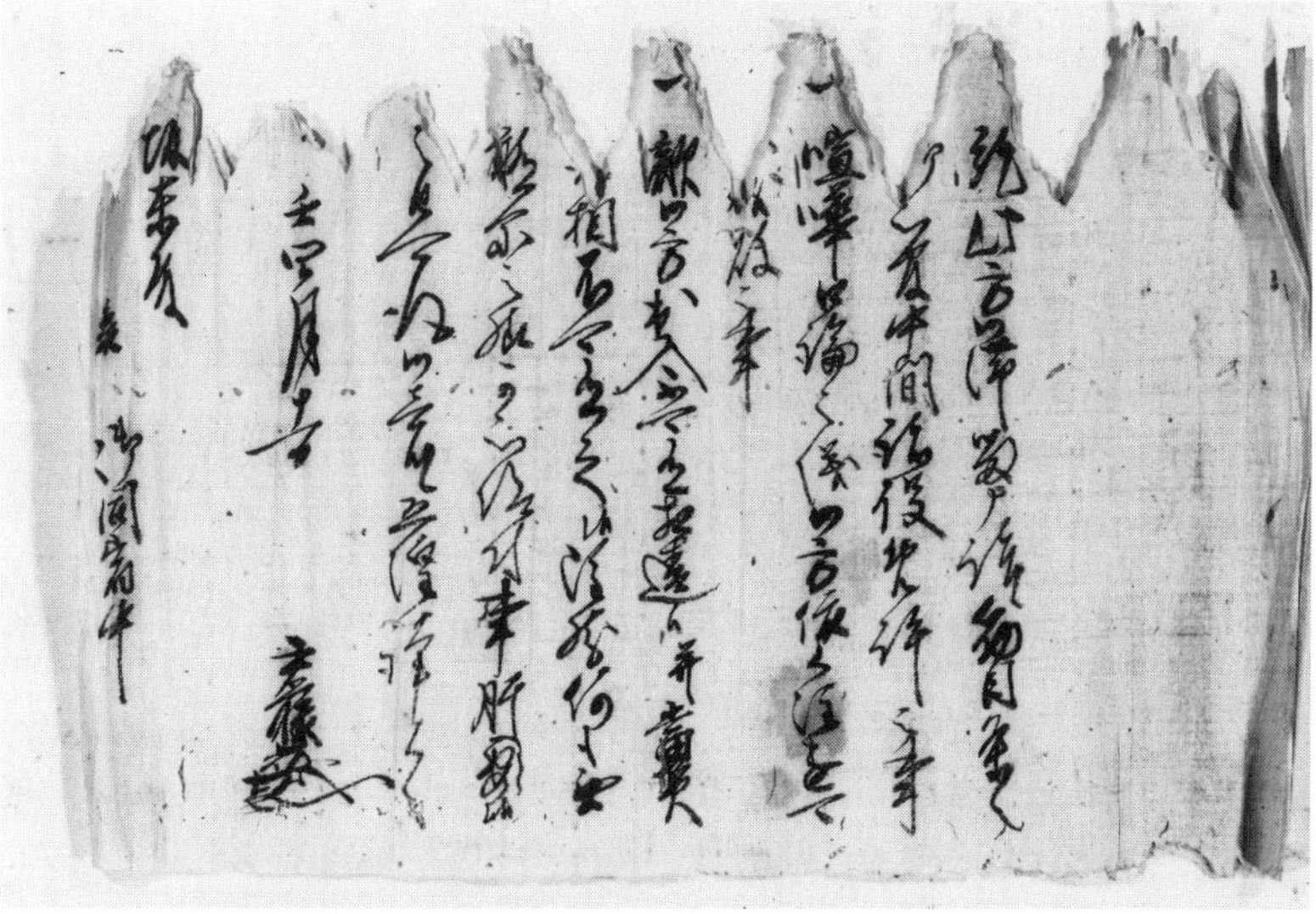

図45　「長野尹藤条々書」（高田専修寺蔵）

を思わせる。しかし専修寺関係者には「坂東」と名乗る人物は知られていないのである。そこで考えられるのは、真慧が文明九年（一四七七）の綸旨にも「下野国専修寺門流」と書かれているし、明応九年（一五〇〇）の「川北道場建立旨趣」（「伊勢川北久善寺文書」、『真宗史料集成』第四巻）に、「高田専修寺聖人真慧法印、（中略）、遥《ニ》自二関東一当国《ニ》来臨シ玉ヘリ、而一身田《ニ》御堂《ヲ》安置シ玉テ」と記しているように、関東より伊勢へ来化したことが彼の一種のトレードマークになっていることである。しかも真慧には僧侶のほかに在俗の者が何人か随従していたことが、先に記した「厚源寺玄祐申状」にも見えているが、のちに専修寺の坊官になった中には、関東の高田から真慧に随従してきた、との伝承を持っている家がある。江戸時代を通じて筆頭の坊官で、今も子孫が一身田に在住する長岡氏がそれで、関東高田専修寺の門前には今も長岡家があって、そこからの分家と言われているが、『言継卿記』永禄元年（一五五八）八月十七日条に「長岡石見守」の名が見える。山科言継はこのほかにも専修寺の家司らしい人物何人かに会ったことを記している。そんな状況から推して、「坂東殿」というのは真慧に随従して関東から来た家司の中にそういう名の者があったと考えてよいのではないだろうか。

この推測が認められるとすると、この文書の内容であるが、「就此方御滞留」という書き出しは、北陸・東海各地を遍歴していた真慧が、長野氏の支配圏内に滞留している間、次の三か条を保証する、との意味と考えていいだろう。その保証された三か条のうち、とくに注目されるのは第三条の「敵御《(味)》方出入不可有相違候」との文言である。これは網野善彦氏が名著『無縁・公界・楽――日本中世の自由と平和――』（平凡社、一九七八年、一九八七年増補版）において引用せられた、上野国長楽寺義哲の『永禄日記』にある「敵味方ノキライナキ公界寺」（同書七一頁）や九条政基の『政基公旅引付』の「敵御方之不及沙汰儀也」（同書七八頁）と同じ内容を指すものであろう。これは長野氏が真慧を「敵味方」共に「無縁」な「公界者《くがいもの》」と見ていたことを意味する。

長野氏がほかにこのような類の文書を発出していた証跡はない。しかしこれと関連していそうな史料に、文和二年（一三五三）九月、時宗第七世託何《たくが》の法語「被《ル》レ遣《ハ》ニ勢州長野《ニ》一之御書」（『定本時宗宗典』上巻、時宗宗務所、一九七九年）がある。これは長野道場の時衆が敵方をかばったとの理由で、そのころ長野を拠点としていた仁木義長から改易されそうになったとき、託何が差し出した抗議の書状で、「若於ニ時衆《ニ》一謂《ヒ》ニ敵方《ト》一云《フ》ニ御方《ト》一者、更《ニ》非《ズ》ニ出家之道《ニ》一」と述べている。時衆が「陣僧」として従軍し、敵味方の区別なく戦死者を供養したため、戦場も自由に往来できた特権を、この長野道場についても喚起し、「此道理《ヲハ》不ニ知《リ》給《ハ》一而《シテ》於《テ》ニ時衆《ニ》一成《シ》ニ敵方之思《ヲ》一給《フ》事、御痛《ハ》敷《ク》覚《エ》候」と説得を試みている。網野氏はこうした時衆を「「無縁」の原理を身につけた人々」（前掲書一五九頁）と表現したのであったが、長野尹藤はこの託何の警告を知ってか知らずか、同じように真慧を「公界者」として認めているのは注目されよう。

真慧が時衆と関係のあったはずはないが、時衆と同じように諸国とくに東海・北陸の各地を遍歴していたのは事実である。こうした遍歴はなにも彼の発明ではない。もとはといえば宗祖親鸞が念仏聖であった。そのことは近年の親鸞伝研究によって明らかにされているところであり、高田派教団が第二世・第三世とする真仏・顕智もその跡を継いで聖として活発に活動したことはよく知られている。[8] そして室町時代に入って停滞気味であった高田派教団の遍歴活動に力を入れたのが真慧であった。

　彼が伊勢国を教化したのが十五世紀も末近いころであったのは先に述べた通りであるが、彼が一身田を拠点とした活動の中で注目されるのは、「野袈裟」などの葬式用具を傘下の道場に配備して、そのころまだ葬式を営むことのなかった民衆に対し、誰でも葬式を出すことができるようにしたことであった。[9] そんな葬式とのつながりが、時衆との共通項であり、真慧を「公界者」とするのを手伝ったのかもしれない。

　ともあれ長野氏がその領有圏内での無縁的公界的活動を保証したことは、右の文書によって認められてよいだろう。したがってそれは真慧とその教団に対する保証である。属人的ではある。しかし「無縁の聖」が建設した橋や津泊・渡・道路が「無縁の場」となったことも網野氏の指摘するところであって（前掲書一六七頁）、真慧の滞留した場所、すなわち一身田も無縁の場・公界の地となったことを思わせるが、そのことは先の条々書の中から検出できるように思われる。それは「敵御（味）方出入不可有相違候」に続けて「当質□相不可有之候」との文言である。「当質」の語は寡聞にしてほかに用例を知らないが、楽市令にしばしば現れる国質・所質に類する「質」行為であろう。「□相」を「横相」とすれば、「正当な理由のないこと」の意である。真慧の属人的な無縁性・公界性が、真慧の滞留する場所すなわち一身田にも及んでいることを示している。一身田の地の無縁性と公界性は、このときに確立されたのであった。それまで農村から街村化しつつあった集落でしかなかった一身田は、ここから寺内町への道を歩き始めた、と言ってもそう誤りではあるまい。網野氏は寺内町には「「公界」「無縁」の原理が貫徹していることは間違いない」（前掲書一〇三頁）と言ったが、一身田はその一例となり得るのではなかろうか。

近世戦記物の記事だからどこまで信頼できるか問題ではあるが、戦国末期の戦争に際して、一身田がアジール（避難所）となったという出来事がある。一つは『勢陽雑記』に載せる天正八年（一五八〇）の安濃城合戦の記事で、織田信包《のぶかね》に攻められた細野藤敦が城に火を放って出て、一身田へ落ちて行き、保護してもらったという。もう一つは、『木造《こつくり》軍記』などに載せる天正十二年（一五八四）の戸木《へき》合戦の記事で、戸木城に立て籠もっていた木造具康のもとへ専修寺の堯恵大僧正が訪れ、説得して無事開城させたという。また慶長五年（一六〇〇）の津城合戦について、『津市史』第一巻（津市役所、一九五九年）は、城主富田信濃守信高が開城して一身田へ入ったとするいくつかの戦記の記事を収載している。

「火のないところに煙は立たぬ」式の論法を用いるつもりはないが、これらの伝承の背景には、少なくとも一身田が無縁・公界の場であったという記憶が、人々の脳裏に長く沈潜していたことがあると言えないだろうか。また一身田の街村集落化についても、無縁・公界の場であったことの一つの現象ではないかと考えられないでもない。網野氏が指摘したように、無縁・公界の場は交通にかかわることが多かったからである。中でも橋向町が江戸初期という全国的にも最も早い時期に遊廓として公認されていることも、それを思わせる。

七　中世的風景の終焉

最後に残された問題点は、第一に一身田の古い集落が、いつどうして堀でかこまれた寺内町の形態をとるようになったのか、ということ、とくに堀によって寺内と地下とをはっきり峻別する構成が、いつからできたのか、という点である。(10) こうした地域分割は、自然に成立したものではあり得ない。一身田が農村集落、あるいは街村集落から発展する過程で、ある時期に変革が行われた結果としか考えられない。それはいつか。それは強力な支配力によらなければ不可能であろう。一身田でそんな支配力を発揮できるのが専修寺でしかないことは言うまでもないが、専修寺にしても、住民が平穏無事な生活を送っている中で、ムリヤリに強行するとは思われない。となると、ある程度住民の理解も得られるような事態の中でなければならない。

そこで我々戦争を経験させられた人間が思い起こすのは、戦災を受けた都市がそれを機会に都市改造を行った事例である。その体験から専修寺の歴史を調べてみて、それに類すると思われる事態は、天正八年（一五八〇）の専修寺伽藍炎上しかない。伽藍が炎上すれば、被害は末寺や被官屋敷、町家にも及んだはずである。その復興を機に、集落にも思い切った変革を行った、と考えるのは必ずしも見当はずれではあるまい。一身田の集落はこのときに大きく改造され、外堀をめぐらした寺内町が作られた、と考えたい。

それにしてもこうした改造が実施される背景には、住民に対する専修寺の強固な支配体制がなければならないが、そうした支配体制の強化を思わせる史料は、先にも引用した天正二十年（一五九二）八月の梵天宮上葺棟札である。そこには「神戸孫右衛門尉きもいり、寺内地下観進《ママ》に入」と記されていた。この神戸孫右衛門尉というのは専修寺の坊官である。坊官が指揮して鎮守社の維持を行っているのである。神祇不拝をスローガンとする真宗教団側から見れば奇異に思われるかもしれないが、今はそれが問題ではない。かつて宮座を指揮して梵天宮を守ってきた「大夫成」がそこに見られないことが問題なのである。その後に行われた梵天宮修理工事の棟札を見ると、かつて宮座の構成員であった「村人等」は、「諸人」と呼ばれて、専修寺坊官の支配下におさまっているのである。ここに中世の村落共同体は完全に消滅しているのである。中世の終焉と言えよう。

十六世紀末は、摂津・河内・和泉の寺内町が信長・秀吉の封建権力によって押し潰された時期であるが、幸いにして一身田はそういう外部からの力による被害を受けることはなかった。しかし時代の趨勢は、内部から近世的な支配の町へと変えていったのである。

註

（1）「戌七月地下庄屋共へ申達書」（一身田町森徳蔵氏旧蔵文書、ただしこの文書は昭和四十九年〈一九七四〉の水害により流失した）に、「文化三寅十二月申渡置候橋向町水茶屋酌取女共、黒門内之徘徊勿論、両御堂之参詣之義堅御制禁之旨申付置候処、近来猥リニ相成候にも相聞へ候」とある。

（2）万治元戊戌年十二月廿七日「一身田御寺内津付百姓居屋敷高帳」、寛文四年甲辰十二月十四日「専修寺殿付一身田大曽古窪田三ケ村之高帳」、「安永七年御山庄《（ママ）》御再興記」（以上高田専修寺蔵）による。「御山庄御再興記」には、
一、同年（万治元年）御寺屋敷、高百七拾七石三斗弐升八合を、窪田地面之内ニテ津ヨリ被進候、但東之境御対面所前大松ヨリ西通、南ハ一宮之東山神ヨリ西通、北ハ北町中頃之山神ヨリ西通ニテ御座候由
と記している。このうち「御対面所前大松」は今はわからないが、一宮や北町山神は地図上に特定することができるし、この地域は明治二十二年（一八八九）町村合併まで窪田村として登記されていて、境界の溝は今も明らかである。

（3）勝久寺の『大般若経』六百巻は、明徳元年（一三九〇）から応永九年（一四〇二）ごろにかけて、「雲水客」と自称する遍歴聖らしい二人の僧によって書かれている。書写の場所は当時「大古曽郷」と呼ばれていた当地付近であるが、その記載を「大日本勢州路大古曽郷」と記していて、交通路にあたっていたことを思わせる。また奥書は書写日時、場所、筆者を記す程度であるが、巻第一三七にだけ「明徳二二（四）年九月廿日大将殿山田御参宮タテ

り、次月廿一日御神拝□」との記事がある。将軍足利義満の参宮を記したもののようであるが、わざわざこのような記入があるのは、将軍がここを通過して行ったことによるもの、と考えられないでもない。

（4）大梵天王御田植歌

一、神なれとよ〳〵わかなへ《（苗）》はをしあけてな、あらいな、つまやのう

一、三本うへてなれや、そか《（ママ）》のこほり田のめ田の神よのう

一、こすけ《（小菅）》のかさ《（笠）》をかたむけて、何をなそのていそや、ていれや、ていりていれてそや〳〵

一、京より下る〳〵わせ《（早稲）》はよいわせはひろ《（葉広）》のわせ、いねは三は《（把）》に、よねは八石よのう

一、やと《（宿）》はとこてとろうそ、みやますゝきのほのうへてとろう

于時寛文弐寅みつのへ年四月十三日、古神歌書写者也、

勢州安芸郡一身田

（5）江戸時代の一御田神社棟札の中には「諸人中」と記したものが多いが、具体的にその氏名を列記したものは、森徳蔵氏旧蔵文書の中の文化六年（一八〇九）二月二日付の「御尋ニ付書上扣」であって、「諸人侍」として十六人、「地下」として十六人の名を記している。注目されるのは、これらの人々が専修寺坊官四家に分けて所属されており、坊官が「寄親」、これらの諸人と地士とが「寄子」となっていることで、旧宮座の村人らが専修寺の配下に組み入れられたことを示していることである。この点については、今後詳しく調べてみたいと思っている。

（6）拙稿「一身田専修寺の成立について」（藤島達朗博士還暦記念『日本浄土教史の研究』平楽寺書店、一九六九年。のち『真宗史論攷』同朋舎出版、一九八八年）。なお『龍谷史壇』第九九・一〇〇合刊号（一九九二年）に「専修寺真慧の教化について」（本書第三部第三章）を寄稿し、一身田無量寿寺の成立時期について旧稿を一部修正したが、十五世紀末であることは動かないにしても、詳細な点については、実は今なお未確定である。

（7）内閣文庫蔵「諸国御料所方御支証目録」などによる。なお長野氏については稲本紀昭氏の業績「室町幕府と伊勢国――御料所を通じて――」（『三重大学教育学部研究紀要』第三四巻、一九八三年）、「伊勢国国人長野氏関係史料（上）（下）（拾遺）」（『同研究紀要』第三五・三六・三八巻、一九八四・八五・八七年）がある。

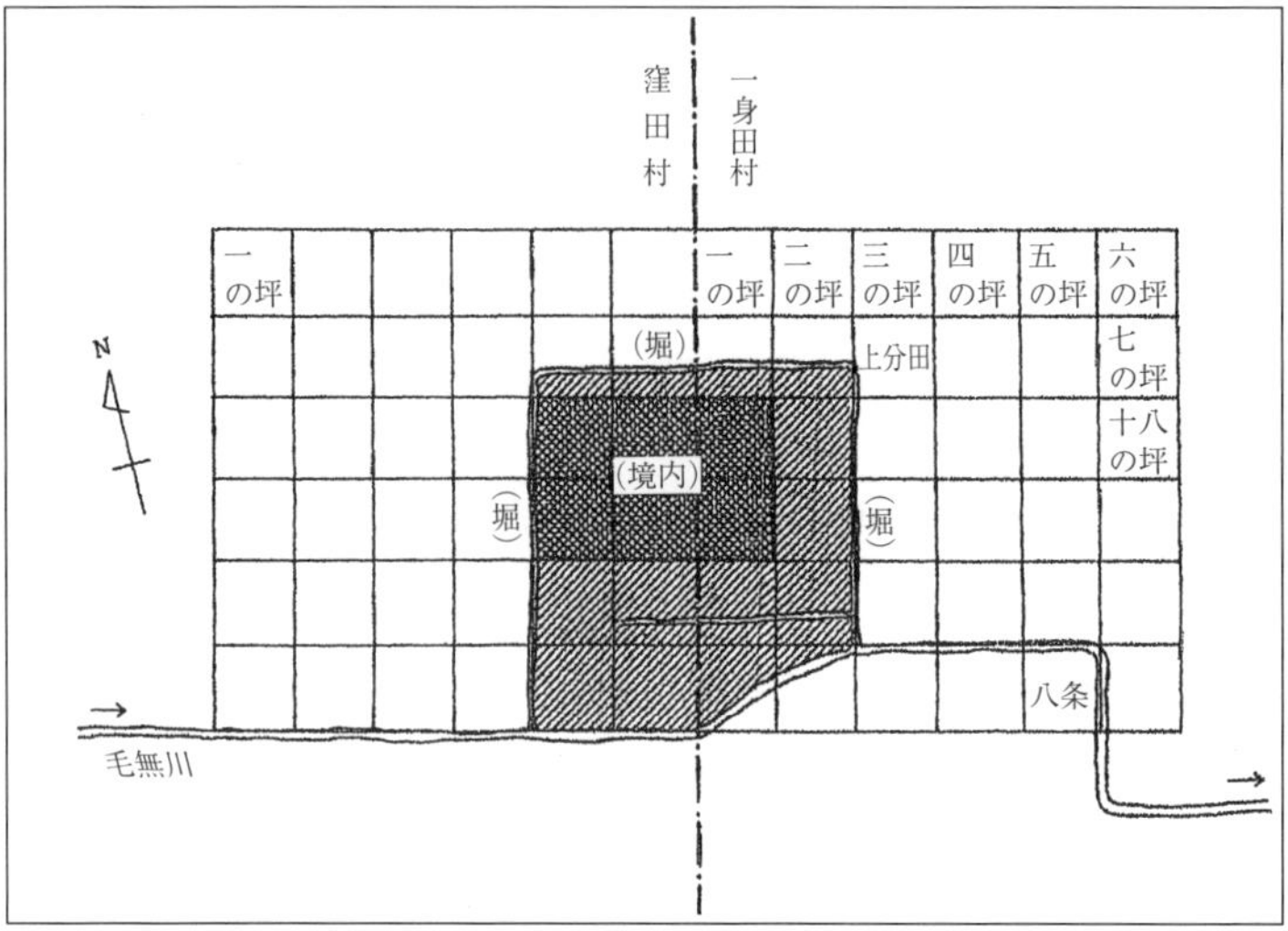

図46　明治８年の地籍図とその小字名による条里制地割と、寺内町との関係

（8）　高田派教団の念仏聖的活動については、早く宮崎圓遵博士が鋭く指摘しておられる（「親鸞聖人と関東の門弟」『宮崎圓遵著作集』第二巻「親鸞の研究（下）」思文閣出版、一九八六年）。

（9）　真慧の教化については拙稿「専修寺真慧の教化について」（註(6)所掲）。

（10）　一身田の町が縦横の直線的に整った形になっているのは、元来この地域には古代条里制に基づく地割が行われていたことによっている。このあたりの条里制については、すでに弥永貞三・谷岡武雄編『伊勢湾岸地域の古代条里制』（東京堂出版、一九七九年）に報告されているところであるが、津市役所一身田支所に蔵されている明治八年（一八七五）の地籍図によって条里を復原し、これに寺内町の地域を載せてみると、**図46**のように重なりあう。

〔追記〕

一身田の環濠の中が「専修寺境内」「寺内」「地下」「津付百姓居屋敷」の四地域に区別されていたことについては、本文中に述べた。したがって「寺内」は一身田の集落の一部に過ぎないが、本稿では集落全体を「寺内町」として取り扱ったので、その点ご諒承いただきたい。

第三章　専修寺真慧の教化について

一　初期真宗教団の伊勢国進出

親鸞が懸命に広めようとした専修念仏を、伊勢国に伝えたのは、顕智房と善然房であったと言い、今も鈴鹿市三日市の如来寺・太子寺にこの両名と称する木造肖像彫刻を伝えている。両像とも鎌倉時代の秀れた写実主義的彫技によって制作されており、顕智像は破損が甚だしいが、善然像は保存が比較的良好なために重要文化財として国の指定を受けている。

顕智は関東高田門徒の指導者であって、三河国に念仏を広めるなど、「聖」（ひじり）としての業績は諸史料によって確認されるが、善然については『親鸞聖人門侶交名牒』に「善念」（然と念は音通で同一人と考えられる）と記されている者が二人ある。一人は親鸞の直弟で、常陸国奥郡の住と記され、一人は顕智の門弟の中に見えるが、顕智との関係を考えると、後者と考えるべきであろうか。

『存覚一期記』応長元年（一三一一）の条に、「秋比、大上御下向勢州」との記事があり、覚如が伊勢国に入ったことが知られる。伊勢のどの辺であったか、また何の目的であったか、はつまびらかでないが、覚如はこの前年大谷廟堂の留守職に就いており、その大谷廟堂は唯善騒動によって破損しており、その復旧活動の中心であった顕智がその年に死去しているところから見て、彼は顕智・善然が教化を行った鈴鹿市三日市を核とする地域へ入って、廟堂復旧資金の勧進を行ったもの、と考えられる。三日市の教団は、顕智・善然の木像が、当代一流の仏師の制作になることはまちがいないところから推しても、相当に強力な教団であったであろうから、覚如も夏に越前へ下向した次にこの地を選んだのではあるまいか。

しかしその後、この教団の動きは全く史料に現れない。覚如の長子で、各地へ活動した存覚も伊勢国へ入った形跡がない。存覚の指導を受けて仏光寺教団を創設した了源は、仏光寺所蔵絵系図（重文）に「伊勢国住也」との註記があり、仏光寺の寺伝では「勢州竹中館ノ人也」(1)というが、伊勢国内にはこれとのかかわりを示すような伝承すら残っていない。

文化財によって伊勢国内の南北朝期までの念仏流布の形跡をたどると、まず鈴鹿市三日市に、先に述べた二体の肖像彫刻のほかに、十四世紀前半の制作と認められる太子寺の本尊聖徳太子立像(2)（孝養太子）がある。如来寺の本尊善光寺式阿弥陀三尊像は残念ながら後世の模作であるが、もとは少なくとも太子像と同時期の像があったに違いない。津市乙部の古刹上宮寺の太子堂本尊は同じ孝養太子像で、鎌倉末期と推定されているが(3)、残念ながら戦災によって焼失してしまった。

南無仏太子像には古像が多く、津市の高田本山専修寺とその門前厚源寺に、鎌倉後半期の制作と認められる秀作が伝えられており、津市安濃町松原寺、鈴鹿市柳町金光寺などには、南北朝期の可愛い像が所蔵されている。

絵画で専修念仏系と考えられるのは、津市乙部上宮寺の親鸞聖人二幅絵伝、光明本尊一幅、鈴鹿市神戸《かんべ》願行寺の光明本尊一幅、同市長太《なご》旭町高山寺の聖徳太子および高僧連坐像一幅などで、いずれも鎌倉末期から南北朝期の制

作と認められている。(4)

室町時代に入って、応永二十五年（一四一八）将軍足利義持の伊勢参宮に随従した花山院長親の紀行文『耕雲紀行』(5)に、「その夜はあの《安濃》、津に着きぬ。念仏の導場《ママ》にやとる」との記事がある。この「念仏の導場《ママ》」を金井清光氏は「参宮直前に念仏道場に宿泊して忌まないところをみると時衆道場の公算が大きい」(6)と述べておられるが、この推定には疑問がある。伊勢参宮に際して、寺院への宿泊を忌んだ、という事例は寡聞にして存知しないし、逆に康永元年（一三四二）『伊勢太神宮参詣記』を著した坂十仏は、宮川を渡って山田原に入ってから三宝院という寺院に宿泊している。「三宝院」は、度会延佳の頭註(7)にあるように、江戸時代には山田の坂世古にあった真言宗系の寺院だったらしい。これから考えてもこの「念仏の導場《ママ》」は必ずしも時衆道場とは言い得ず、むしろ南北朝期からの文化財を現にいくつも保持している津市乙部の太子堂上宮寺（真宗高田派）と考える方が当たっているのではあるまいか。

以上のことから、真慧が伊勢国へ入ったころ、真宗の信仰は鈴鹿市三日市の如来寺・太子寺、津市上宮寺を中核として分布していた、と考えられる。

二　真慧の出自についての問題について

高田専修寺第十世真慧は第九世定顕の子息である。もっともこれについては、谷下一夢氏の「真恵は定顕の実子ではなく、京都のさる公家の出である」とする異論がある。(8)まことに鋭い考察であって、考えさせられるところが大きい。高田派教団がこの時期急速に京都の公家社会に接近する背景には、谷下氏の言うような事実が考えられてもよい、とは思う。しかしながら、たとえ後世の聞書であるにせよ、そのような事実を直接に論及した史料のないことは、迫力に欠けるところである。逆に真慧に直接随従し、真慧の没後に起こった教団の分裂抗争をまとめるのに大きな功績のあった尊乗坊恵珍が、晩年の天文十七年（一五四八）、人々に物語ったところを記したという『高田ノ上人代々ノ聞書』と『代々上人聞書』[9]には「是レ定顕ノ真ノ御弟子也」とか「真慧上人、定顕ノ真弟也」と記されている。とくに『代々上人聞書』の方は真慧が若年のとき関東の高田近辺で学問に励んだことを記しており、その記述は多少の誇張はあろうが、真実味がある。これら恵珍の物語は真慧示寂後三十六年のこととは言え、真慧に直接随従した人の言葉として信頼度は高いと言える。以上によって、やはり真慧は定顕の実子と考えるべきであろう。

ただ彼は関東の高田を出てからは、伊勢・三河・越前を行動範囲として活動し、関東へ帰ることはなかったらしい。『代々上人聞書』には「此上人、上方へ御登アリテ越前・伊勢其外ヲ御勧化ニ因テ、上方ノ御流義繁昌セリ」と記している。『高田ノ上人代々ノ聞書』の方はこのところを「此ノ上人御上洛ニヨリ、伊勢、越前、越後、上ミ方ノ御流義、繁昌ス」となっているが、「越後」へ教化に行ったという形跡は全くないので、竄入であろう。またその箇条に「関東本尊ノ衰微ハ、此上人御上洛故也」というのは『代々上人聞書』には見えない文言であるが、このころそう考えられていた可能性はあろう。

三　真慧の加賀・越前などでの活動

真慧は二十六歳の長禄三年（一四五九）、関東の高田を出立し、加賀国江沼郡にしばらく滞在してから、越前を経て近江に入り、坂本十津浜の妙林院に住居し、寛正元年（一四六〇）伊勢へ入って、初め三重郡小松（現在の四日市市南小松町）、ついで鈴鹿郡原（鈴鹿市東庄内町）などを経て、奄芸《あんげ》郡一身田（津市一身田町）に移った、との伝承が『高田山峯の枝折《しおり》』（以下『峯の枝折』と略称する）に載せられている。(10)

この書は江戸時代に、高田派教団が伊勢国一身田の専修寺を本山として、活発な活動を行っているときに上梓されたものであるため、そこにどれだけの歴史事実が含まれているか、慎重な検証を行う必要がある。

まず加賀国であるが、現在高田派末寺は一か寺も存在しない。しかし中世には相当な勢力であった時期もあったらしい。比叡山が、寛正六年（一四六五）大谷本願寺を破却したあと、次の目標を高田派教団に置き、僧兵を越前と加賀へ出動させるべく決議をしたらしいし、(11)加賀一向一揆に際しては、高田門徒は本願寺門徒に対して戦闘を行っているのでその勢力の大きさはほぼ推察することができよう。したがって伝承されているような時期に真慧が加賀国を訪れたことは十分にあり得ようし、また真慧の訪問によって勢力が増大したかもしれない。

また越前については、現在も高田派の大坊の古寺が数多く存在しており、それらの多くは開基を鎌倉時代と称している。もちろんそんな伝承は鵜呑みにはできないが、開基の古さを窺わせるものとして、たとえば聖徳寺の嘉暦二年（一三二七）銘の聖徳太子像をはじめ十四世紀の様式を持つ聖徳太子の古像が越前の数か寺に伝えられていることが挙げられよう。これは鎌倉時代末期から南北朝期にかけて、高田派教団の法脈に属する三河国円善門下の如導が、越前大町を中心に念仏を広めたことに始まる、と言われている。(12)もちろんそののち覚如の教化も行われているので、越前における念仏の展開にはいろいろと曲折があったらしいが、少なくとも真慧が高田派教団との古い縁をたどってこの地に入り、積極的な教化活動を行ったであろうことは十分に察せられる。

ことに寛正六年の大谷本願寺破却後の比叡山の形勢を察知した越前の高田門徒が、その年の六月、比叡山や幕府

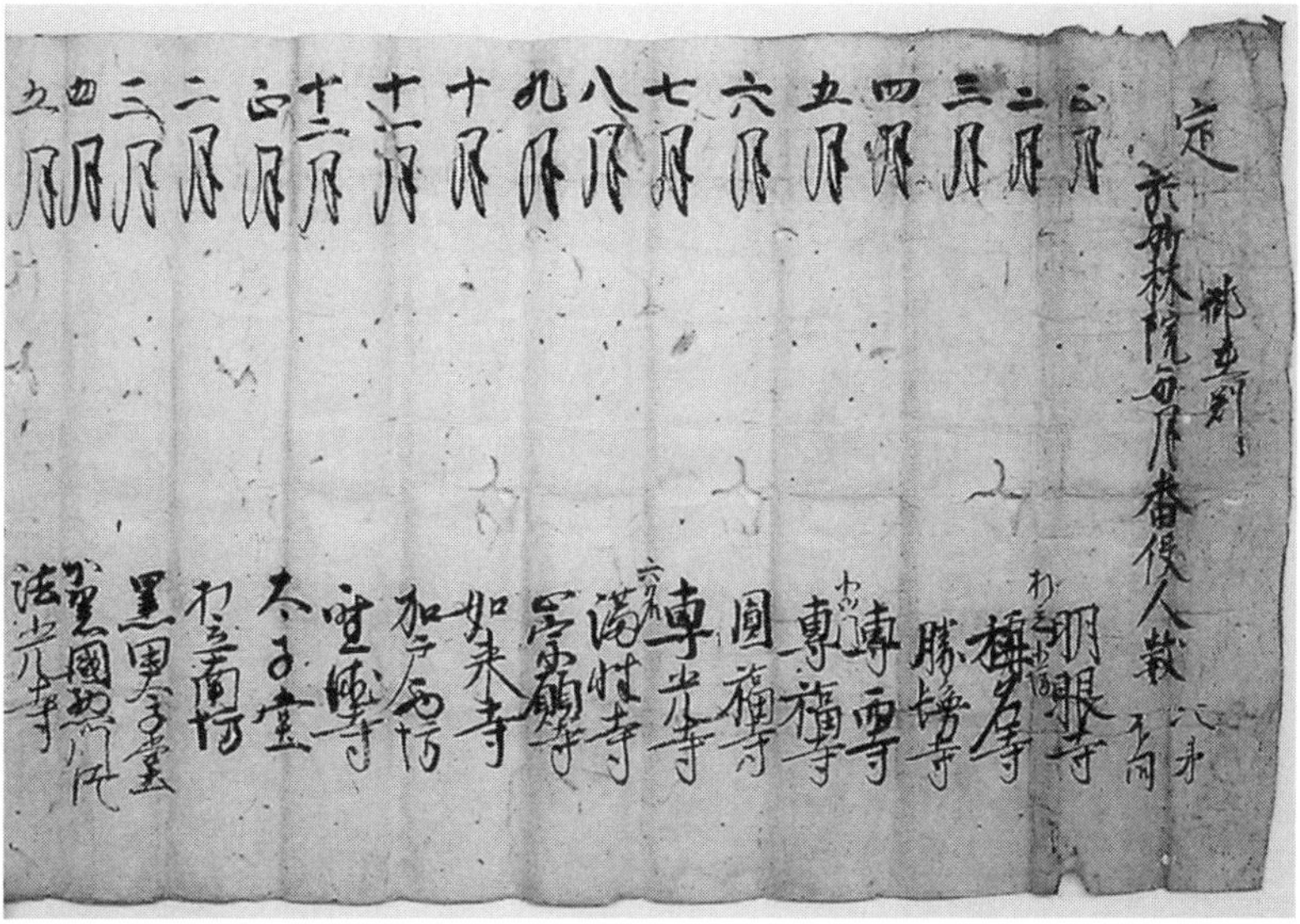

図47　「坂本妙林院番帳」（『専修寺文書』第49号。高田専修寺蔵）

に対して、本願寺の無㝵光衆との混同を避けてもらいたいとの申状を差出し、真慧もまた比叡山上へ同様の申し抜きを行った結果、比叡山三塔の諒解をとりつけることができたことが『専修寺文書』によって知られ(13)、真慧の越前での活動は確認される。

次に真慧が入ったという近江国坂本妙林院については、『専修寺文書』の中の「坂本妙林院番帳」(14)（**図47**）が注目される。これは妙林院に月ごとに勤務する寺院名を書きあげたもので、当時の有力末寺と思われる寺院はほとんどここに網羅されており、そこに妙林院の性格を窺うことができる。そこでここに記されている寺院を国別にまとめてみると、次のようになる。

三河国（二か寺）明眼寺（妙源寺）、満性寺

越前国（十か寺）折立北坊称名寺、勝鬘寺、専西寺、専福寺、円福寺（本流院）、専光寺、加戸西坊（常楽寺）、聖徳寺、折立南坊（黒目称名寺）、法光寺

伊勢国（三か寺）如来寺、太子堂（津上宮寺）、黒田太子

堂（浄光寺）

尾張国（一か寺）崇願寺

加賀国　　　惣門徒

この中でまず注目されるのは「加賀国惣門徒」である。周知のように加賀国では文明六年（一四七四）と長享二年（一四八八）とに一向一揆が起こっており、高田門徒は文明六年には富樫幸千代方に、長享二年には富樫政親方に加担して、本願寺門徒と戦い、共に敗北したことは周知の通りである。ことに長享の一揆の結果、加賀国は完全に本願寺の領国化し、加賀国内の専修寺派の寺院はすべて破壊されたというから[15]、「加賀国惣門徒」を記すこの文書は少なくとも長享二年以前ということになる。

ことに先に記した寛正六年（一四六五）の対比叡山対策は、どうやら真慧が坂本に腰を下しての行動であったように思われるので、真慧の坂本入居は、『峯の枝折』が記すように長禄三年（一四五九）とまでは言い切れないにしても、ほぼそれに近いものと考えてよいのではなかろうか。

さらに『代々上人聞書』には、「伊勢国御門下中ヨリ、毎月廿八日ノ御仏事料ニ、銭弐貫文ツ、坂本マテ進上セリ」と記されており、妙林院は真慧の単なる住居ではなく、末寺から上納銭を吸い上げると共に、右の「坂本妙林院番帳」のように末寺を上番勤務させる本山的機能を持つ寺であって、真慧はここを拠点として教団の統制と指導を行っていたようである。

四　真慧の伊勢国教化の通説とその疑問

これまでの真慧の行動に関する『峯の枝折』の記述は、以上のように大筋において承認できる。しかし、寛正元年（一四六〇）に伊勢国へ入ってからのくだりになると、三重郡小松、鈴鹿郡原に住居し同五年（一四六四）から奄芸郡一身田に移り、翌六年（一四六五）には下野国高田専修寺を一身田へ移した、というが、どれも問題であろう。四日市市南小松町の中山寺《ちゅうざんじ》は、多くの真慧関係遺品を伝えており、ここが一時期伊勢国における真慧の重要拠点であったであろうことは十分に推察できるが、それらの遺品は文明十五年（一四八三）を最古とし、多くは明応九年（一五〇〇）以降のものであって、寛正元年（一四六〇）にまで遡り得ることを推測させるものは何もない。

鈴鹿郡内での真慧居所について、『峯の枝折』は「鈴鹿郡原の吉尾、同峯の原に暫く御住居なされ」と記すが、この地名の表記は混乱しているように思われる。「原」は鎌倉時代から戦国期まで「原御厨」または「原荘」として記される地で、現在は鈴鹿市東庄内町に属する。それに対して「峯」は、北伊勢の豪族関氏の一族峯氏が本拠としていた地で、その城跡はいま亀山市川崎町森字殿町にある。この二つの地は、現在の行政区分は鈴鹿市と亀山市とに分かれているが、実は隣接しており、一つの地域と言ってよいぐらいである。原は峯氏の支配下にあったことから、『峯の枝折』のような混乱をもたらしたらしい。

真慧の没後わずか三十四年の天文十五年（一五四六）に記された「厚源寺玄祐申状」(16)（以下「玄祐申状」と略称する）には「法印様、原ノ御寺ニ御座候刻」と記されており、原には戦前まで真慧の居住地と言い伝える寺院が存在して、その住持は吉尾姓を名乗っていたこと、峯の方にはそうした伝来が全くないこと、などを併せ考えると、真

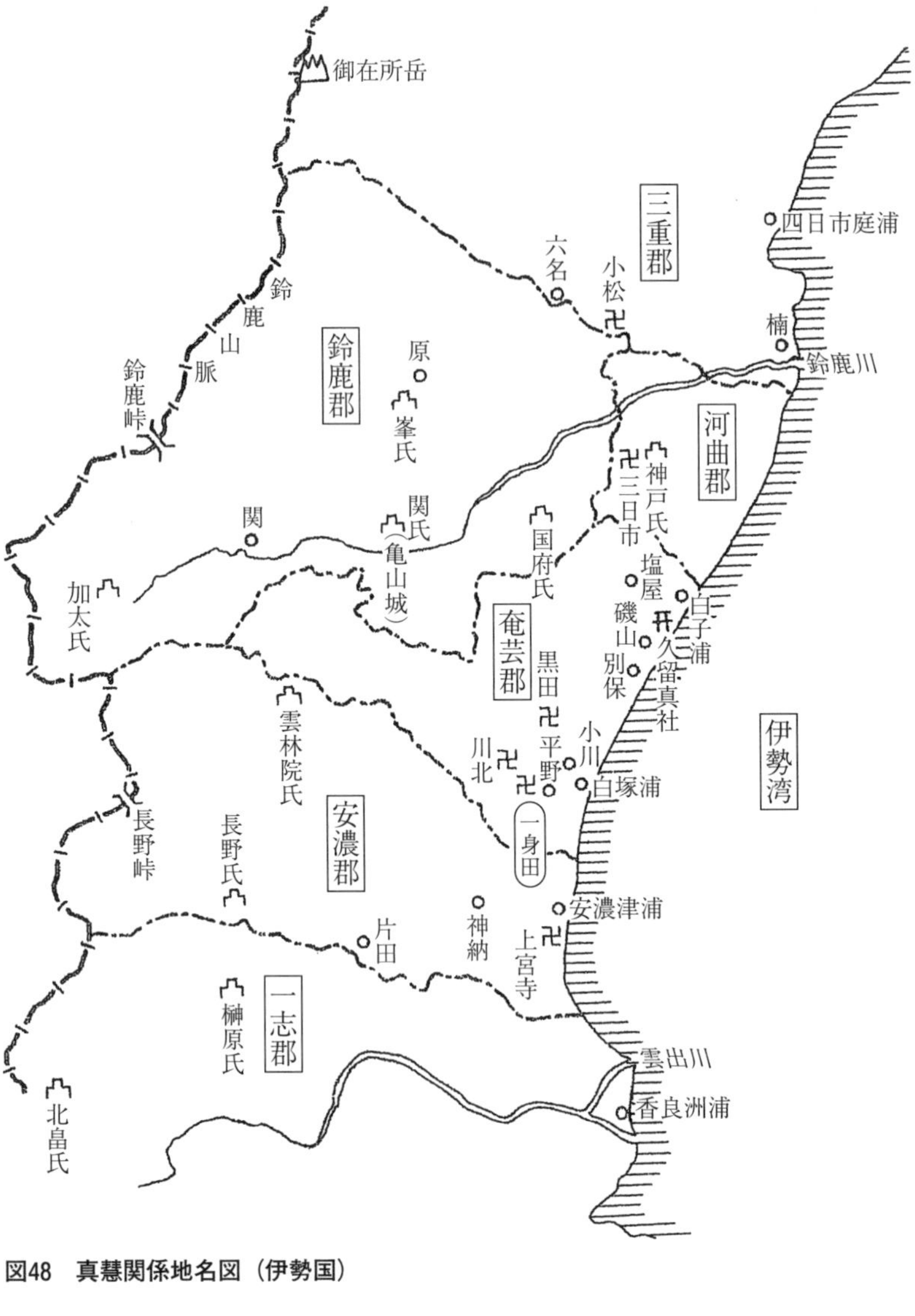

図48　真慧関係地名図（伊勢国）

慧の居所は今の鈴鹿市東庄内町原であった、と考えられる。

その原での真慧が三日市の僧たちと対立したことは、真慧とかかわりの深い寺院の縁起にもしばしば記されているが、その最も古く、かつ詳しいのはやはりこの「玄祐申状」である。この申状は若干写誤と思われる箇所もあって難解であるが、誓祐以下八名ほどが真慧に直参したこと、それに対して三日市の真蔵坊(17)が、これに異議を申立て、真慧の前で対決したが、そこでも直参として認められ、「直参之御文」が各々へ下されたこと、そのため真蔵坊は謀叛を企て、峯氏に対し、「真慧が一揆をおこして、峯氏の支配を崩そうとしている」と誣告したため、峯城主は原の寺を破却し、真慧を追放してしまったこと、それ以来直参衆は三日市坊主衆を法敵として断絶していること、などを記したもので、その内容はほぼ信頼できる。その時期がいつであったか、は記されていない。しかしまずそれは『峯の枝折』に言うように、寛正五年（一四六四）より以前というような早い時期であったとは思われない。というのは、寛正六年（一四六五）の比叡山による大谷本願寺破却事件のあと、彼の比叡山に対する説得工作が成功して、七月に比叡山から、高田派教団に対しては攻撃をしないとの衆議状が到着するが、彼は悦喜してその写本を作り、三日市如来寺・太子寺と安濃津太子堂（現在の津市乙部上宮寺）に報告していて(18)、彼と三日市との間には何らギクシャクしたものが感ぜられないからである。真慧と三日市坊主衆との反目はそれから相当の年数が経過してからではあるまいか。「玄祐申状」によると、真蔵坊は真慧を「一向一揆の危険人物」と誣告しているが、一向一揆が支配者にとって危険な勢力として世の注目を集めるようになるのは加賀の一向一揆、とくに長享二年（一四八八）に守護富樫政親の軍を打ち破り、政親を自決へ追いこんだ一揆からのちのことだから、真蔵坊が誣告に一向一揆をとり上げたのは、長享二年より後、と見て誤りなかろう。

またこの原での事件は門徒の直参化が引き金になっているらしいが、直参の問題は後に述べるように、明応年間

（一四九二〜一五〇一）以降に多発しているので、やはりほぼそのころの出来事と考えるべきであろう。

五　一身田無量寿寺創立時期の補正

『峯の枝折』の真慧の項は、寛正六年（一四六五）、伊勢国一身田に御堂を建て、ここへ本山専修寺を移転した、というのが最大のポイントとなっている。しかし、真慧はその御書において、「本寺崇敬」を繰返し繰返し述べていて、本尊をほかへ移すなどの様子は全く窺われず、また一身田の寺は室町時代の諸記録には「無量寿寺」と記されていて、専修寺の名はずっと後でないと現れないことなどから、真慧の本山移転説は、江戸時代初期に越前専修寺との本山争いに勝利した一身田側の作為的虚構であって、歴史的事実とは認められない。このことについては、昭和四十四年（一九六九）藤島達朗博士の還暦記念論文集に寄稿して以来[補註1]、いろんな機会に述べてきたところで、大筋において、今もその考えは変わっていない。しかし一身田無量寿寺の成立時期ついては、若干補正すべき点があるので、この機会に述べておきたい。

真慧が一身田に御堂を建立したことについては、のちに引用するように明応九年（一五〇〇）の「川北道場建立旨趣」[19]に見えるので、明応九年以前であることはまずまちがいない。また天文十五年の「玄祐申状」に、「一身田之御寺、為両上人様、六十年以前ニ被直立（置カ）候」とあり、天文十五年から六十年以前に創立したということらしいが、そうだとすると、文明十八年（一四八六）に相当する。次に『専修寺文書』の中に、文明六年（一四七四）九月日の年紀を持つ宇都宮正綱の「無量寿院」院号書出[20]がある。先の論文ではこれを一身田無量寿寺の寺名を書き与えたもの、と判断し、それによって文明六年前後に一身田の御堂が建立された、とする見解を発表したのであった。

しかしこれについて熟考してみると、宇都宮氏は専修寺最大の外護者ではあるが、その勢力範囲は言うまでもなく北関東であって、伊勢国は遥か圏外である。しかも宇都宮氏の実力は鎌倉時代が頂点であって、室町時代はもう凋落傾向にある。加えて、後にも述べるようにこのころ一身田の地は室町幕府の御料所すなわち幕府直轄領であった。(21)いくら宇都宮氏が専修寺として大切な外護者であり、個人的に親密な間柄であったとしても、そんな状況の中で伊勢国に建てる寺の命名を、宇都宮氏に依頼するだろうか。元来この院号書出が一身田の御堂に対するものであると、どこかに書いてある訳ではない。とするとどうやら先に発表した見解は考え直した方がよさそう、ということにならざるを得ない。そもそも真慧の伊勢国での活動そのものが、次に述べるように、『峯の枝折』に記す寛正元年（一四六〇）という早い段階ではなく、もっとあとに引き下げるべきである。そのことは現存する真慧遺品の状況からも言うことができよう。仮に加賀一向一揆の長享二年（一四八八）を境にしてみると、それ以前の真慧遺品で伊勢国内に現存するのは、寛正六年（一四六五）に真慧が近江の坂本から差出したか、と思われる如来寺・太子寺と、安濃津太子堂に宛てた書状と、四日市市南小松町中山寺の文明十五年（一四八三）書写「三帖和讃」とだけである。前者は真慧がむしろこのころ伊勢国に居なかった証明になるかもしれないし、中山寺の和讃はどこで書写されたのか、在地性がないので、何とも言い得ない。そうすると、一身田無量寿寺の成立を文明ごろとする説はますます成り立ちそうにない。

六　真慧の活動とその地域

現存諸史料によって真慧の行動した地域を追ってみると、初期の段階では文明六年（一四七四）に下野国で宇都宮正綱と書状の往復があるなど、下野国在地武士との交誼関係が見られるのと、文明九年（一四七七）には専修寺住持職の綸旨、翌十年（一四七八）には皇室御祈願所の綸旨、と幕府の奉行人連署奉書、そして長享元年（一四八七）に法印叙任の口宣案というように中央政界との接触が中心であるが、長享元年から翌年にかけて、山城国桂西庄で葉室家から屋地や田地を買得したり、寄進を受けたりしている。このことから専修寺は葉室家と何らかの縁戚関係を持っていたのではないかと想察され、それは真慧の中央政界への接近に大きくかかわっているように考えられないでもない。その辺は戦前に谷下一夢氏と小妻隆文氏との間で論争が交されたところであるが[22]、その後発展を見ず、論争は結着していない。いずれにせよ、長享二年（一四八八）ごろまでの真慧の関心は京都ないしその周辺にあったと思われる。わずかに文明九年（一四七七）七月、三河国明眼寺（現、妙源寺）下の星崎道場（現在は名古屋市南区本星崎町海隣寺）の本尊に裏書を書き与えたのが例外的な行動である。

長享二年（一四八八）の一向一揆以後あたりから真慧の行動に地域性が見られるようになる。まず即得往生と即便往生とについての問答など本願寺教団と高田教団との間の論争が延徳四年（一四九二）ごろから行われているが、これが三河地方での出来事であったことについては、かつて論及したことがある[23]。三河満性寺に自筆『十六問答記』を残していることも併せ考えて、彼はこれらの問題を指導のために現地へ下ったのではないか、と思われる。明眼寺宛の御書[24]に「長々在国ニツイテ、其煩ラヒ実ニ謝シカタシ候[ク]」と述べているのは、このときの滞在を指しているのではなかろうか。

明応三年（一四九四）十月には、加賀の本願寺門徒が一揆して越前へ侵攻し、朝倉氏と戦うが、このときも高田門徒は結束して、本願寺門徒と激しく戦い、ようやくこれを撃退するという事件が発生する。彼はこれを機に越前に来たらしく、十一月十一日には自ら所持していた十字名号に裏書して越前風尾勝鬘寺明真に与えている[25]。そしてそれ以来、越前に滞在したらしく、専西寺の方便法身像[26]にも裏書しているし、明応五年（一四九六）二月には、高田専修寺のすべてを阿児丸に譲渡する旨の譲状を風尾勝鬘寺において書いている[27]。ときに真慧は六十三歳。当時としては老齢とされる年代であり、その年の九月には歯が抜けたので、「往生之期既近、一見之輩可唱南無阿弥陀仏者也」と紙片[28]に書きつけているところを見ると、死を覚悟させるような病気にでもなったのであろうか。

ところがその年の十一月、鈴鹿市正信寺の方便法身像に裏書をしたのを手始めにして、伊勢国内の寺院や門信徒へ、名号などを盛んに書き与えたようで、多くが伝えられて残っており、圧倒的な数である。このころ彼が越前から伊勢国内に移って、教化に励んだことを思わせる。中山寺に方便法身像とその裏書、中山寺々額、野袈裟、名号、自筆賛銘の善導像など数多くの真慧遺品が伝えられているのは、『峯の枝折』にも記載されているように、一時期この地（三重郡小松）が伊勢国内教化の拠点となっていたことを思わせる。それに対して、鈴鹿郡原に滞在したことを思わせるものが何一つ残っていないのは、やはり寺の破却によるものであろうか。

七　室町幕府御料所と一身田無量寿寺

鈴鹿郡の原を追われた真慧は一身田に移った、というが、その時期について、『峯の枝折』の記載が信用できないとすれば、どう考えるべきであろうか。まずこれについての最も古い史料である「川北道場建立旨趣」[29]には、

茲ニ念仏真宗ノ元祖親鸞聖人ノ末弟高田専修寺ノ聖人真慧法印、為《ノ》レ欲《スルカ》下止任（住ノ誤カ）百歳ノ輝《シ》二法炬《ヲ》一示《ト》中一念往生之直路《ヲ》上故《ニ》、遥《ニ》自《リ》二関東一当国ニ来臨シ玉ヘリ、而一身田ニ御堂ヲ安置シ玉テ、専《ラ》対《シテ》二貴賤上下《ニ》一、示《シ》二末世相応之要法《ヲ》一

と記されているが、この文面から受ける感じでは、一身田の御堂建立は二十年も三十年も昔のことではなく、せいぜいここ一両年のことのようである。それと先に見てきた伊勢国に残された真慧の遺品とを考え合せると、一身田への御堂建立は、この旨趣が書かれた明応九年（一五〇〇）の前年あたりが相当すると思われる。

次になぜ一身田の地が選ばれたのか、という問題であるが、先に述べたように室町幕府の御料所、すなわち幕府直轄領であったことが大きくかかわっているのではないか、と思われる。先に記したように、真慧は鈴鹿郡原において、領主峯氏から追われた。峯氏は関氏の一族で、神戸《かんべ》、国府《こう》、亀山、加太《かぶと》に城を構えていた同族と手を組んで、鈴鹿川沿岸の鈴鹿郡、河曲《かわの》郡の二郡を制圧していたから、真慧としては関氏一族の支配地域から外へ身を置かねばならなかったのである。このころ伊勢国は雲出川以南を国司家の北畠氏、安濃・奄芸両郡を長野氏、鈴鹿・河曲両郡を関一族、それより以北は諸家乱立という勢力分布であったから、真慧は関氏と非友好的であった長野氏の支配下で、しかも長野氏が代官をつとめる幕府直轄領の一身田に白羽の矢を立てたのであろう。

そんな観点から真慧の遺品が伝えられている地を調べてみると、その多くが伊勢湾岸の禁裏御領栗真荘と、幕府御料所の地であったことに気付かされる。真慧の行動範囲はそういう在地の支配形態に影響されていたのである。「玄祐申状」に一身田の寺を「京都長野をかね申候御寺」と記しているのは、無量寿寺が右のような支配形態に対応するものであったことの表現であろう。

八　直参門徒の取りたて

高田派寺院やその門徒の中には、しばしば真慧の自筆名号を伝えている。拝見させてもらったものだけでも数十幅を数える。それは本願寺蓮如には及ぶべくもないが、中世の高田派歴代住持の中では、ずばぬけて多い数である。しかもその過半数は伊勢国内にあることと、さらに伊勢国内の名号は下方に「直参」の二字の書き加えられているものが圧倒的に多い、という特徴がある。そこに真慧の伊勢国に対する教化が独特なものであったことを示している。

「直参」というのは、字の通り、真慧に直属するという意味であるが、その成立については、それなりの経緯があった。それは「永正規則」という「真慧御書」(30)の第二項に端的に述べられている。

一　末弟等直参ノ事、是又其謂ナキニアラス、ソノテツキ(手次)、流儀ノ法度ヲソムキ、法儀ヲカスムル族ヲミカキ(見限)リ、直参ノノソミヲ成ニヨテ、許用ノ条勿論ナリ、モシ又テツキノ坊主、上古ノ法度ヲソムカスンハ、争是ヲ許用センヤ、

すなわち、もし手次寺の坊主が、教団の決定に背いた場合、その坊主の門下に属する門徒がその寺を離れ、真慧のもとに直参したい、と申し出てきたら、これを許可する。逆に坊主が法度に背いていない場合は、門徒がいくら直参を望んでも許可しない、というのである。これは要は手次の坊主の行儀を正しく保たせるための手段であり、一種の末寺統制策と言ってよかろう。本願寺の蓮如が末寺と門徒を統制するために、「破門」という強硬手段をとったことは周知のところであるが、真慧の門徒直参取りたては、破門ほど強烈なものではないものの、寺院にとって門徒を失うことは破門にも匹敵するような打撃を与えるものであって、末寺統制上有効に作用したに違いない。

先にも引用した「玄祐申状」に記す事実は、「永正規則」の規定を正しく実行したものであった。誓祐以下八名の者は、

各々心を引かへ、三日市之坊主衆を見かきり、何れも直参申候処、然ニ真蔵坊御公事を申され、御前にて致対

決、坊主衆於背御法度は、直参ノ事□（近頃カ）神妙ニ被思召候と被仰出、則直参之御文を各々え被下候

とあるので、もとは三日市の寺を手次としていた門徒であったようである。

三日市の坊主の門徒を、その寺から引き離して直参門徒とした例は、真慧の書状の中にも見られる[31]。

就清泉坊無覚悟、彼末弟等直参之事、勿論也、掠法命背師命之条、浅間敷次第暦（ママ）然之上者、於値遇族、不可然也、謹言、

九月十日　（真慧花押）

六良衛門かたへ

この清泉坊は鈴鹿市三日市摂取院の旧名であって、法のおきてに背いたとの理由で、門徒を奪いとられたことを示している。宛名の「六良衛門」は黒田浄光寺誓祐の俗名である。したがって右の「玄祐申状」の中の「直参之御文」とはこれを指しているのかもしれない。

坊主の行儀が正しければ、門徒が直参を望んでもこれを許さない、という「永正規則」の実例も「真慧書状」の中に見られる[32]。それは安濃津上宮寺の実蔵坊に対して、その門下の門徒は一人も直参化しない、ことを約しているからである。

このような門徒の直参化という現象は、先に述べたように伊勢国内において顕著であって、ほかの国ではほとんど見られないが、これはどう理解すればよいだろうか。それについての直接的な史料はないが、先に「坂本妙林院番帳」によって高田派末寺の分布を見た際に一言したように、越前は有力な大坊が数多くひしめいており、三河は明眼寺と満性寺の二か寺しか現れていないが、この二か寺は傘下に多くの末寺を擁していて、両国とも真慧以前から高田教団の教線は濃密なものがあったのに対し、伊勢は三日市と安濃津太子堂、黒田太子堂の三か寺があるもの

の、門徒の組織が薄弱であったところへ、一身田を拠点とする真慧の教化活動が強力に展開したためとしか考えられない。その強力な活動とは野袈裟という簡易葬式用具を道場に設備して一般庶民に葬儀を行ったことによるものと考えられる。

九　野袈裟の創案

野袈裟というのは、葬式の際に死者の棺を覆う、約一二〇センチメートル四方のほぼ正方形の布である。現在使用されている野袈裟は、僧侶が着用する五条袈裟や七条袈裟と同じように布の小片を縫いつないだ袈裟仕立となっているが、真慧が制作した当時のものは縦一二〇センチメートル・横四〇センチメートルほどの絹三枚を横に並べて縫いつないだだけの簡略なものだったようで、その中央に「南無阿弥陀仏」の六字名号を大書し、その両側に『無量寿経』の中から「其仏本願力、聞名欲往生、皆悉到彼国、自致不退転」という、いわゆる「破地獄文」を墨書し、さらにその外側に交付した道場名と交付年月、筆者署名を書いたものである。現行のものと違って、薄い一枚の絹を縫いつないだもののため、耐久力に乏しく早く破損したらしい。いま残されているものはすべて墨書部分だけを掛幅仕立に改め保存しているものばかりで

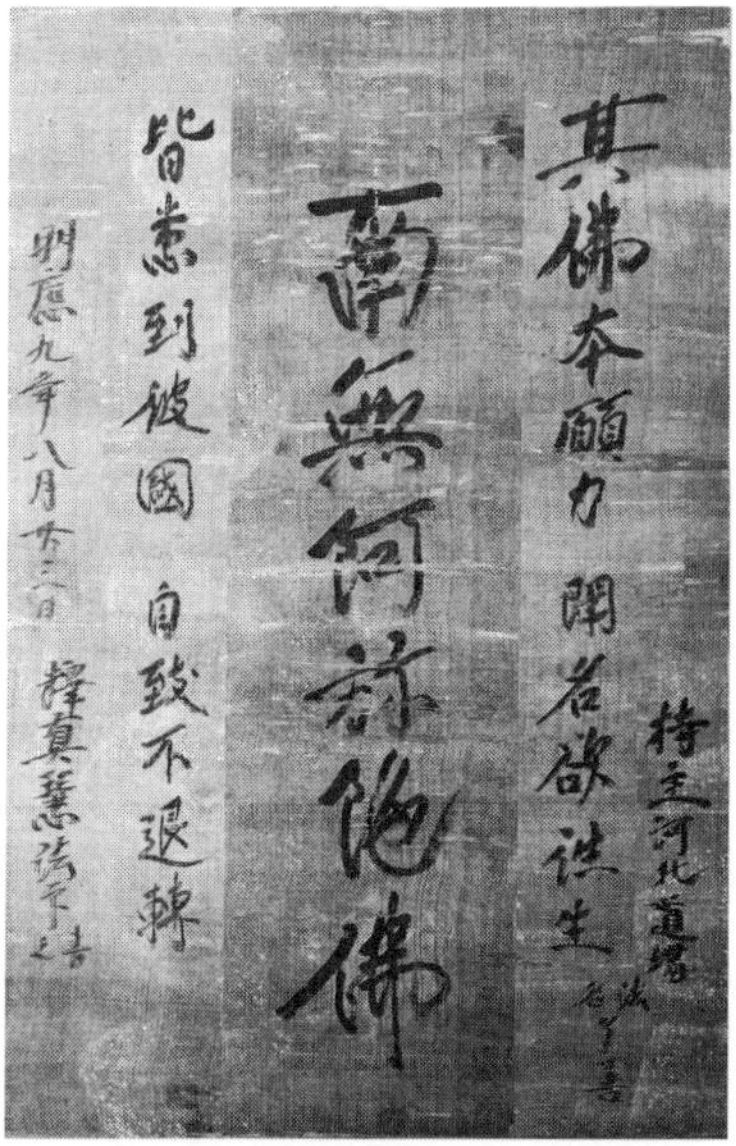

図49　真慧筆　野袈裟（津市久善寺蔵）

ある。

この野袈裟と共に棺腰巻を伝えている寺もある。津市片田薬王寺町光善寺に伝えられているものは、幅四〇センチメートル・長さ二五〇センチメートルの一枚の絹で、そこへ「光明遍照、十方世界、念仏衆生、摂取不捨」という『観無量寿経』の文、「願以此功徳、平等施一切、同発菩提心、往生安楽国」という善導「勧衆偈」の回向文を八行に墨書している。筆跡よりみて、明らかに真慧の筆である。ほかの寺院では、これも墨書部分だけを掛幅装に改めて保存しているところが多い。

これが真慧から下附されたときの模様を記したものに、「川北道場建立旨趣」(33)がある。それには、この道場の開基了善が自筆をもって次のように記している。

忝モ上人入御在シテ入仏開眼シ玉ヒテ、川北之道場ト定メ玉ヘリ、即《チ》九字御名号一幅、御書一通、野袈裟并ニ棺腰巻一俱、右三色永代此ノ道場ニ可《ノ》二所持《ス》一之旨蒙《リ》二御免一、道場建立ノ為レ深(ママ)美《ト》一下シ給フ者也、仍而歓喜之涙ヲヲサエ、道場建立ノ旨趣ヲ乍悪筆書畢

これによると、明応九年（一五〇〇）川北道場創立の際、真慧自身がここへおもむいて、九字名号と御書、および野袈裟、棺腰巻とを書き与えたことが知られ、現に津市大里川北町久善寺には、御書だけは失われたが、名号と野袈裟、棺腰巻は現在に伝えられている。ほかの諸道場もこうして下附されたに違いない。

真慧がこれを下附した目的は、道場において葬式を行わせるためであった、と考えられる。野袈裟と棺腰巻が葬式用具であることは言うまでもないが、名号もやはり葬式に用いるものだったかもしれない。というのは、右の建立旨趣の中に、「上人入御在シテ入仏開眼シ」とあって、この道場には阿弥陀如来像が本尊として安置されていた、と認められるから、この名号は道場の本尊ではないことになる。では何のためにこれが下附されたのか。いろんな

用途が考えられようが、高田派門徒の場合、現在は「野仏《のぶつ》さん」と称する阿弥陀如来画像を死者の枕許に掛け、葬式にはそれを箱に納めて、葬列で棺の前を歩く慣わしになっているので、真慧の当時この名号がそんな役目をしたのではないか、とも考えられるからである。

十　俗道場への簡易葬式用具設置

いずれにせよ、このような葬式用具を道場に設備したのは何の目的だったのだろうか。鈴鹿市西岸寺縁起(34)の中に、黒田浄光寺の開基誓祐が俗体の道場坊主であったころ、死者の弔いを行って、他宗より誹謗された、そのため真慧に願い出て野袈裟を作ってもらった、これが野袈裟の最初である、との記事があるが、その通り、道場坊主にも葬式を行うことができるように、との工夫によるものであったことはまちがいあるまい。

葬送儀礼は江戸時代になると大きく変化するが、中世までは僧侶に来てもらって葬式を営むことは、上層社会の限られた人たちだけが可能であって、一般庶民は死骸を村境の墓地などへ運んで行って置いてくるだけ、せいぜい土をかぶせてくる程度、という簡略なものだったらしい。そのために腐乱した死体が露出し、鳥獣につつかれたりして、見るも無惨な状況を呈した。その有様は六道絵などに描かれて著名であるが、それが人々に地獄を実感させ、死後の世界への恐怖をもたらしていた(35)。

真慧はそんな一般庶民にも簡略ながら葬式を行ってやって、安らかな死後の世界への道を、理屈で説くよりも実行で示そうと、簡易葬式用具を直参衆の道場へ設備させたもののようである。一身田のすぐ東に隣接する漁村白塚町には、高田派寺院五か寺が現存し、いずれも戦国期から江戸初期に書かれた野袈裟を伝えているが、その中の東

〔別表〕真慧筆野袈裟（現存）一覧表

授与年月日	西暦	真慧年齢	授与先	現所蔵者	備考
明応 九・七・七	一五〇〇	六七	（不明）	四日市市南小松町 中山寺	
〃 九・八・三	〃	〃	（不明）	鈴鹿市白子町 林昌寺	火災により焼失
〃 九・八・二三	〃	〃	河北道場了善	津市大里川北町 久善寺	棺腰巻ともに所蔵
〃 九・一二・一五	〃	〃	長法寺道場法名浄金	鈴鹿市長法寺町 正楽寺	
〃 一〇・二・二八	一五〇一	六八	一身田道場浄祐	津市一身田町 厚源寺	
文亀 元・三・二五	〃	〃	別保道場明玄	津市河芸町東千里 正法寺	
〃 元・四・八	〃	〃	神納道場	愛知県 個人蔵	
〃 元・七・一五	〃	〃	磯山東道場浄玄	鈴鹿市磯山町 専照寺	
〃 二・三・二九	一五〇二	六九	直参衆道場	津市大谷町 彰見寺	棺腰巻は中山寺に伝わる
〃 二・四・一二	〃	〃	（不明）	津市一身田平野 明覚寺	
〃 二・六・一四	〃	〃	楠郷御料所直参衆	四日市市楠町南川 南川道場	
〃 二・八・二二	〃	〃	六名中村衆	四日市市六名町 光輪寺	
〃 三・三・一六	一五〇三	七〇	塩屋道場直参衆	鈴鹿市稲生塩屋 本照寺	
永正 七・四・一四	一五一〇	七七	（不明）	津市栗真小川町 善行寺	
〃 七・六・四	〃	〃	地下惣道場	松阪市嬉野八田町 個人蔵	
〃 八・二・一八	一五一一	七八	直参衆兵衛太郎	津市片田薬王寺町 光善寺	棺腰巻ともに所蔵
〃 八・一二・八	〃	〃	府中道場	津市香良洲町 浄現寺	
〃 九・一〇・二二	一五一二	七九			（真慧示寂）

海寺の伝承に、江戸初期まで道場であったときは「無住ニシテ、大檀那往生等ハ玉保院請待之、貧人小児輩ハ同行頭ノ老人弔﹅之、外ノ寺々モ同事也」[36]と記されていて、道場の存在形態が知られる。

元来、棺の上に袈裟を掛ける風習はそう珍しいものではない。本願寺蓮如が没したときの記録に、棺の上に七条袈裟を掛けるべきであったが、見失ったので、俄に絹でもって代用したとの記事があり、実如以降歴代上人や本願寺一族の葬礼には、棺に七条袈裟を掛けたことが確認され、江戸時代になると、末寺でも棺には必ず袈裟を掛けるように定められた、という[37]。

真慧はそうした習俗にヒントを得て、野袈裟を案出したのであろう。絹布を三枚つなぎ合わせただけのものを「袈裟」と称するのは、むしろ右のような棺掛け袈裟の習俗を踏まえているからであろう。「野袈裟」の「野」は、「野辺の送り」などの「野」であって葬送とか墓地を意味する。先に述べたように、高田門徒は、臨終仏、葬送仏を「野仏」と呼んでいるのと同意趣である。

真慧がこれを案出した時期は、別表によって明らかなように、明応八～九年（一四九九～一五〇〇）であろう。その流布が明応九年（一五〇〇）からの十二年間に集中し、その場所も一身田を中心とした三重県内の中勢地域に限られているところに、また考えさせるものがある。

註

（1）『真宗史料集成』第七巻（同朋舎、一九七五年）収載「仏光寺法脈相承略系譜」による。
（2）この像は秘仏未公開で、先年とくに拝観を許されたもの。
（3）鈴木敏雄「津市における著名寺院巡拝記」（『高田学報』第二〇輯、一九三八年）。

（4）これらの彫刻・絵画は、金光寺所蔵南無仏太子像と願行寺所蔵光明本尊、高山寺所蔵聖徳太子および高僧連坐像を除いて、『真宗重宝聚英』第二巻・第七巻（同朋舎出版、一九八七・八九年）などに収載されている。高山寺の連坐像はごく近年発見され、鈴鹿市文化財に指定されたもの（補註2）。
（5）増補大神宮叢書『神宮参拝記大成』吉川弘文館、二〇〇七年、一七一頁。
（6）金井清光『時衆教団の地方展開』東京美術、一九八三年、四三五頁。
（7）増補大神宮叢書『神宮参拝記大成』八三頁。
（8）谷下一夢『増補　真宗史の諸研究』（同朋舎、一九七七年）に真慧の出自についての三つの論文が収載されている。
（9）両書とも『真宗史料集成』第四巻（同朋舎出版、一九八二年）収載。
（10）この伝承は五天良空の『正統伝後集』（一七二一年）をはじめ、真慧に縁の深い寺院の縁起に見えているが、その初見は親鸞四百五十年忌法要に際して刊行された『高田山峯の枝折』（『真宗史料集成』第四巻収載）と思われる。
（11）『真宗史料集成』第四巻収載、「真慧書状」第三通。
（12）たとえば赤松俊秀・笠原一男編『真宗史概説』平楽寺書店、一九六三年、一〇六頁など。
（13）『真宗史料集成』第四巻収載、『専修寺文書』第一五・一六・一八・一九号。
（14）『専修寺文書』第四九号。この記載が、正月から始まって翌年五月までしかないのは、六月以降を記載した紙を欠失したのかもしれない。しかしこの十七か寺で有力寺院は一応網羅しているようにも、思われる。またこの記載について「次第不同」との註記がある。これはこの記載がどうやら有力な大坊から順に書いているらしいが、勢力の強弱を測る物差がないところから「厳密な順番でない」という意味を含めたことわり書きのようにも思われる。
（15）『本願寺史』第一巻（浄土真宗本願寺派宗務所、一九六一年）三三七頁など。専修寺派寺院がすべて破壊されたとする直接史料は管見に入っていないが、加賀から越前へ移った、という伝承を持つ寺院は福井県坂井郡金津町（現在のあわら市）西光寺などがあるし、現に石川県下に高田派寺院は一か寺も存在しない。
（16）『真宗史料集成』第四巻収載。

(17) 現在の鈴鹿市三日市の寿福院の旧名であって、真慧当時、高田派教団の中で加賀の西林坊と並ぶ実力寺院であったことは、この「玄祐申状」後半部そのほかの史料によって確認できる。
(18) 『真宗史料集成』第四巻収載、『専修寺文書』第一九号および「真慧書状」第三通。
(19) 『真宗史料集成』第四巻収載、「伊勢川北久善寺文書」。
(20) 『専修寺文書』第二一号。
(21) 内閣文庫蔵「諸国御料所方御支証目録」そのほか。桑山浩然「室町幕府経済の構造」(『日本経済史大系第二　中世』東京大学出版会、一九六五年。のち『室町幕府の政治と経済』吉川弘文館、二〇〇六年)。
(22) 谷下一夢氏の論文は『龍谷史壇』に二度、『高田学報』に一度発表されたが、それら三編は註(8)の『増補　真宗史の諸研究』に収められている。小妻隆文氏の論文「皇室宮家と専修寺」は『高田学報』の第一六輯(一九三七年)に、「真智上人出自考」は第二〇輯(一九三八年)に掲載された。
(23) 拙稿「高田専修寺真慧と本願寺蓮如」(北西弘先生還暦記念会編『中世仏教と真宗』吉川弘文館、一九八五年。のち『真宗史論攷』同朋舎出版、一九八八年)。
(24) 『真宗史料集成』第四巻収載、「真慧御書」、智慧光院旧蔵本第七通。
(25) 高田派京都別院所蔵十字名号(『真宗重宝聚英』第一巻、同朋舎出版、一九八八年)。
(26) 津市一身田町玉保院所蔵(『真宗重宝聚英』第三巻、同朋舎出版、一九八九年)。
(27) 福井県法雲寺所蔵、「真慧自筆譲状」(『真宗史料集成』第四巻収載、「真慧書状」第一通)。
(28) 『専修寺文書』第四一号。
(29) 註(19)に同じ。
(30) 『真宗史料集成』第四巻収載、「真慧御書」のうち。『続群書類従』釈家部にはこれと同じものを「真慧上人御定」として収める。永正元年(一五〇四)十月八日付をもって、末寺や門徒に対して遵守すべきことを書き上げた一種の置文。
(31) 『真宗史料集成』第四巻収載、「真慧書状」第一二通。この書状は、真慧自筆原本が、誓祐の開基した津市河芸町北黒田浄光寺に伝えられている。
(32) 同右「真慧書状」第四通・第五通、永正三年正月二十三日付、上宮寺実蔵坊および末弟等宛。
(33) 註(19)に同じ。
(34) 西岸寺は真慧の著『顕正流義鈔』の最古の写本を持つ寺で、その縁起は正徳二年（一七一二）の奥書を持ち、興味深い記事に富んでいる。
(35) 勝田至「中世民衆の葬制と死穢――特に死体遺棄について――」（『史林』第七〇巻三号、一九八七年。のち『日本中世の墓と葬送』吉川弘文館、二〇〇六年）。
(36) 白塚町東海寺所蔵「泰山記　寺方古来秘伝」。筆者泰山は明和六年（一七六九）七十九歳にて没。引用中の「玉保院」は一身田町専修寺山門前にあり、本山維那《いのう》職をつとめる大坊。
(37) 佐々木孝正『仏教民俗史の研究』（名著出版、一九八七年）のうち、「本願寺の葬制」一七七頁以下に記載される「棺覆袈裟」の項。氏は現今の葬送習俗にも、生前に着用した衣類を死骸の上に逆さにかける「逆さ着物」の習俗があることを注意し、「天皇の葬送においても尊骸の上には「アハセノ御ゾ」をかけたが、さらにその上に梵字の書かれた野草衣を覆い土砂を散ずるのである。この野草衣は「ヒキヲホヒ」とも呼ばれており引覆曼荼羅であった。これは「逆さ着物」の習俗の仏教化とみられよう」と述べ、「逆さ着物の習俗が仏教化して棺覆袈裟の風習をうみ出し、袈裟に一種の咒力を認め、それによって死者の怖れを遠ざけることを目的としたことが推察される」と結論づけている。

補註

(1) 「一身田専修寺の成立について」（藤島達朗博士還暦記念『日本浄土教史の研究』平楽寺書店、一九六九年）。のち『真宗史論攷』（同朋舎出版、一九八八年）に収められた。

（2）　この連坐像は、『高田学報』第九八輯（二〇一〇年）に「口絵解説」と共に、カラー図版が掲載された。平松令三遺稿論文集2『親鸞の真蹟と真宗の美術』（法藏館、二〇二五年）に、「高山寺所蔵聖徳太子及和朝先徳連坐像についてて」として収載。

第四章　堯秀・堯円両上人の御事績とその背景

一　堯秀上人少年期の専修寺

高田派第十四世堯秀上人は、天正十年（一五八二）、第十三世堯真上人の嫡子として誕生せられた。天正十年といえば、織田信長が京都本能寺で明智光秀に討たれ、羽柴秀吉がいよいよ信長の後継者として天下統一への本格的第一歩をふみ出した年である。そしていみじくも、上人が十七歳で得度した慶長三年（一五九八）は、豊臣秀吉がその波瀾に富んだ生涯を閉じた年であった。つまり、堯秀上人の少年時代は、英雄秀吉が縦横に活躍した、日本歴史上最も華麗な時代にあたっていた。

もっとも、一身田という日本の片隅に住んでいた少年堯秀には、そんなはなばなしい歴史の動きを知る由もなかった。ただ一つ、専修寺をこの時代にふさわしい動乱の渦中にひきずりこんだのは、慶長五年（一六〇〇）の津城攻略戦闘だった。

豊臣秀吉の死後、石田三成らは、豊臣氏恩顧の諸大名をさそって兵を挙げ、徳川家康を排除しようとして東へ進撃し、この年の九月、関ケ原で天下分け目の大合戦が行われることになるのだが、それに一か月先立って八月、西軍の毛利秀元らの一隊は伊勢平野へ乱入し、徳川方に属していた富田信濃守信高の居城津城を包囲した。八月二十五日衆寡敵せず津城は落城し、城主富田信高は一身田専修寺に入って剃髪し、ついで高野山へ移った。後世の戦記物には、高野山の木食上人が両軍の調停をした、というように記すものが多い（『津市史』第一巻、津市役所、一九五九年、四一一頁以下）が、一方では信頼できる史料である『宗国史』（寛延四年〈一七五一〉、藤堂高文の編集した藤堂藩史料集。上野町教育会、一九四一年。のち同朋舎出版、一九七九・八一年）に、

慶長庚子、石田三成乱国、富田侯信高孤拠于洞津城、不受其制、安芸世子毛利秀元将二万兵、環而攻之、僧正堯恵講和議、富田侯保性命隠于高野、一統之後、再享封侯、皆寺主之力也、

（『宗国史』外篇第七、姻娅小伝、一身田門室）

とあって、堯秀上人の祖父堯恵上人が講和の調停役をつとめられた、と記している。

どれが正しいのかいま知る術はないが、いずれにせよこの戦闘において専修寺が示した役割を、少年堯秀はたのもしく感じたに違いない。歴史の大きな流れとしては、宗教戦争とも言われる一向一揆が、新しい封建勢力の前に屈服し、宗教的権威が絶対的であった中世から、新しい近世へと移りつつあったのだけれども。

二　堯秀上人の勉学

その後、堯秀上人は毛並のよい高級僧侶として、順調に僧侶の階級を一歩ずつ昇進していった。三十歳で法眼、三十六歳で法印、三十八歳で権僧正と昇り、そこで父堯真上人の入寂にあい、専修寺住持として正式に法灯を継いだ。元和五年（一六一九）九月二十日であった。

現在、高田山宝庫、そのほかに伝えられる上人の筆跡には、そのころの勉学のあとを示すものが多い。

①　無題（経釈要文）　一冊　高田専修寺蔵

いろいろの経釈文からの抜萃で、冒頭は『五会法事讃』の一部である。上人の備忘ノートと思われ、その筆跡は、筆先をピンピンとはねる独特な癖が見られる。末尾に次の款署がある（**図50**）。

「于時慶長五庚子黄鐘（平松註、十一月）下旬釈堯秀十九歳書之（朱文円印）」

この朱印は印文が「秀」らしいが、何だか素人作くさい印章である。

②　無題（経釈要文）　一冊　津市近縁寺蔵

①と同じように経釈文を書き抜いたノートで、朱筆で○印や合点が加えられている。末尾に次の奥書がある（**図51**）。

「慶長拾二年五月下旬廿九日書終　堯秀（花押）」

③　観経註密懐抄　六冊　高田専修寺蔵

（第一冊奥書）「慶長拾二年八月下旬四日　堯秀書之　生年二十六歳」

（第二冊奥書）「慶長拾三年二月廿日　二十七歳時書之」

（第三・四・五冊は奥書なし）

（第六冊奥書）（平松註、朱筆）「堯秀書之」

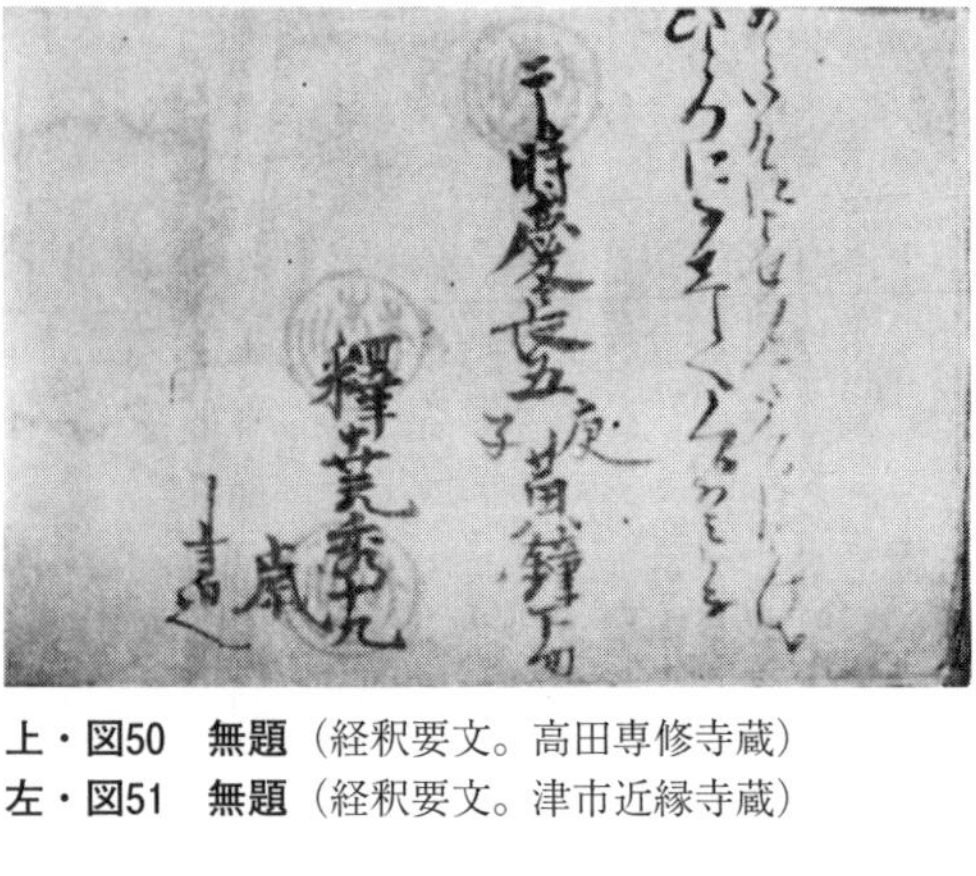

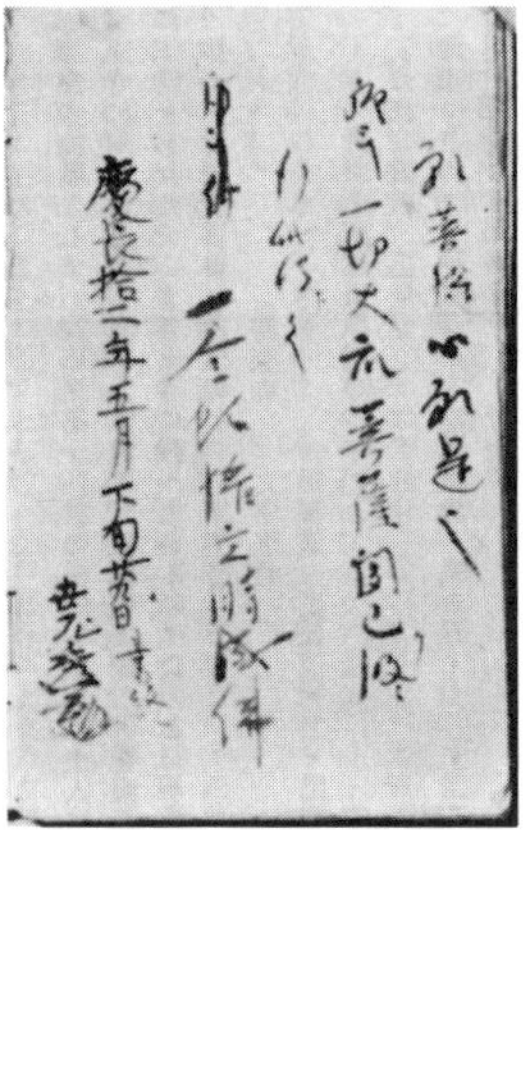

上・図50　無題（経釈要文。高田専修寺蔵）

左・図51　無題（経釈要文。津市近縁寺蔵）

④　諸要文　　一冊　　高田専修寺蔵

経釈文の要文の書き抜きで、末尾に次の奥書がある。

「慶長十五年五月中旬二日書畢　永銀（「大宝」の朱印模筆あり）」

⑤　選択集関係註釈書　九冊　　高田専修寺蔵

どれも表紙に渋紙を用いて、中央に外題を墨書した同一体裁の袋綴の書物で、九冊現存しているが、(D)口伝口筆集の奥書から知られるように、もとは二十四巻または二十七巻あったらしい。現存するものは次の通り。

(A)　徹選択集　　上下　　二冊

（下巻奥書）「于時慶長十六辛亥年九月上旬五日書之」

(B)　教相秘伝集　　　一冊

（奥書）「慶長十七年四月中旬一日書写之」

(C)　徹選択口伝鈔　上下　　二冊

（原本奥書）「永享十戊午年十二月十五日講談給……」

（筆者奥書）「慶長十七壬子年林鐘（平松註、六月）中旬二日書写者也」

(D)　口伝口筆集

（内題）「選択口伝口筆応永廿二年卯月十九日、酉誉住常福寺所聞所記也」

（奥書）「　　慶長十七年八月上旬二日

選択本鈔トモニ都合廿四（平松註、「七」を抹消して「四」とする）巻、全部仕者也

堯秀書之」

(E)　浄土略名目見聞　　上下　　二冊

（下巻奥書）「于時慶長十八年四月廿七日　書写畢」

(F)　徹選択鈔　　上下　　二冊

奥書なし。

⑥　正信偈集註　　一冊　　高田専修寺蔵

「正信偈」を大字にて記し、その行間や天地に註釈文を細かく書き込んだもの、奥書なし。

⑦　三部経大意　　一冊　　高田専修寺蔵

奥書なし。

三　道場から寺院へ

専修寺住職として、高田派第十四世の伝灯を継いだ上人は、末寺に対して名号、本尊（木像）、親鸞聖人像などを盛んに下附せられた。いま各末寺に残っているのは次の通りである。

津市一身田大古曽　西信寺　六字名号
〃　〃　勝楽寺　九字名号
〃　〃　〃　野袈裟　正保三（一六四六）・二・二八
〃　一身田上津部田　浄運寺　〃
〃　安濃町粟加　正全寺　六字名号

〃	一身田中野	浄泉寺	本尊裏書	寛永五（一六二八）・一〇・二八
〃	〃	〃	野袈裟	
〃	栗真小川町	善行寺	〃	
〃	〃	〃	六字名号	
〃	上浜町	深正寺	〃	
鈴鹿市須賀		林昌寺	〃	
〃	長太旭町	高山寺	本尊裏書	明暦二（一六五六）・五・二八
〃	林崎	照栄寺	六字名号	
〃	中箕田	正行寺	本尊裏書	承応二（一六五三）・一一・二八
〃	若松北	弘善寺	〃	寛永一四（一六三七）・七・二八
〃	柳町	慶因寺（補註1）	〃	正保二（一六四五）・九・二八
〃	磯山	専照寺	野袈裟	元和六（一六二〇）・一二・二八
〃	江島本町	寿善寺	六字名号	
〃	下大久保町	保智院	〃	
〃	神戸	西元寺	野袈裟	
〃	〃	称名寺	本尊裏書	寛永九（一六三二）・一二・二八
〃	〃	常善寺	野袈裟	〃　六（一六二九）・二・二八
〃	〃	願行寺	本尊裏書	〃　二〇（一六四三）・一〇・二五

鈴鹿市長澤町	深広寺	本尊裏書	承応二（一六五三）・一一・二八
亀山市川崎町	西願寺	〃	寛永一二（一六三五）・二・二八
四日市市南小松町	中山寺	六字名号、九字名号、十字名号	
〃　六名町	光輪寺	葬仏	万治二（一六五九）・七・二八
〃　小古曽	大蓮寺	六字名号	
〃　塩浜	法泉寺	本尊裏書	寛永一三（一六三六）・三・二八
〃　馳出	浄福寺	〃	
三重県玉城町田丸	三縁寺	六字名号	
瀬戸市矢形町	本泉寺	〃	寛永一七（一六四〇）・一〇・二八
福井市栃泉町	法光寺	七高僧裏書	寛文四（一六六四）・四
〃　鹿俣町	浄善寺	十字名号	
福島県南会津町	南泉寺	九字名号	

（明治十二年寺院明細帳、今回の堯秀・堯円両上人遺品調査によるもの）（補註2）

この数は、中興上人以降の歴代上人の中ではそう多い方ではない。祖父堯恵上人、曽祖父応真上人などにくらべれば多い方だが、中興真慧上人にくらべれば遥かに少ない。上人の在職期間の長さから考えると、もっとあってもよさそうな感じがする。

またこれらがほとんど伊勢国内に限られていることにも注意される。それは後にも記すように三河、越前にはまだ真智上人系の勢力が相当に根強く、一身田専修寺の勢威が完全でなかったことによるのだろう。

ただ日本全体の歴史の動きとして、江戸幕府が切支丹を禁止した結果、宗門改が厳しく実施されることになり、それが檀家制度を次第に形成することになって、寺院は社会的にも経済的にも安定度を増してきている。この傾向は高田派にも現れてきており、各末寺の寺号付与の年代を明治十二年（一八七九）寺院明細帳によって調べると、堯秀上人の時代に多い。その数字はいずれ別の機会に発表したいと考えているが、このころに寺号が付与されたということは、このころ道場から寺院へ昇格するものが多かったことを示すものにほかならない。

四　江戸幕府の宗教統制と、越前と一身田との本山争い

江戸幕府の宗教行政は、仏教勢力を政治支配体制の中への組み入れを基本的な方向として、強い熱意をもって行われた。藤井学氏の研究（「江戸幕府の宗教統制」〈『岩波講座日本歴史』近世3、岩波書店、一九六三年〉）によれば、それは次の三つのピークがあるとされる。

第一期――家康晩年の慶長十三年（一六〇八）から元和元年（一六一五）にかけての時期で、諸宗派、諸寺院に対する寺院法度を発布し、ここで各末寺の住持職任命権を、各宗本山に握らせた。

第二期――寛永十年（一六三三）前後の時期で、各本山から末寺帳を幕府へ提出させ、本末組織を整備させた。また幕府内に各本山を統轄する機関として寺社奉行を置いた。

第三期――寛文五年（一六六五）前後の時期で、全国的に宗門改を毎年実施するようにすると共に、日蓮宗の不受不施派など幕府が政策上布教を禁止した諸派に対する禁制を徹底的に行い、ここに幕府の宗教統制が完成した。

こうした江戸幕府の宗教行政は、高田派に敏感に反映したものとみえ、高田派によって最大の訴訟事件がこのころ発生している。

元来、高田派の末寺組織には、大きな古傷があった。それは中興真慧上人のころ、末寺には、おそらく鎌倉時代ころに創立した寺院で門徒を本寺へ手次する大坊主と、真慧上人の教化にあって直参衆と呼ばれる道場の小坊主と、二つに大別されたが、それが真慧上人の没後、小坊主らは実子応真上人を擁し、手次の大坊主らは養子の真智上人を擁して争った事件であった。両者は、和睦しては離反を繰返し、その間に越前の真智上人派が次第に勢力を失っていき、江戸時代に入ったころは、一身田に対して抵抗する力は何ほどもなかったように思われていた。

それが寛永十一年（一六三四）になって、真智方の後継者空恵とその子真教が、高田派の正統はこちらにあると幕府へ提訴したが、それが先に見たように、江戸幕府の宗教統制の第二期にあたっていたのは、偶然の暗合であろうか。幕府が本山の末寺統制を強化し、本山の権威が社会的にも経済的にも向上するのを目の前に見たのが、彼らに「夢よもう一度」と思いつかせることになったのに違いない。

この年の閏七月二十日の江戸での裁判は、彼らの意志に反して、一身田が正統であることが確認され、彼らは追放を申し渡された。それは多くの証拠が彼らにとって不利であったし、そうでなくても江戸時代の裁判は、社会体制にあまり大きな変動を来たすような判決を避け、なるべく政治的に「おさまり」の良い判決を出すのが常套手段だったから、当時本山としてすでに確固たる社会的地位を築いていた一身田専修寺が勝つであろうことは、当然だった。彼らはあまりにも非力であった。

しかし彼らはなおもあきらめず、追放の刑にもかかわらず越前国畠中村にあって「高田宮方法性寺」などと称し、本山の支配下に入ろうとしなかった。寛文三年（一六六三）、こんどは一身田の方から真教らを幕府へ告発した。

それは本山の統制に服さぬ末寺に対する制裁でもあり、幕府から布教を禁止した前回の判決の徹底的履行を求めたものでもあった。それがこのころ幕府が、不受不施派などの禁制諸派を徹底的に弾圧しようとした時期と同じであったことは、十分に注意されねばならない。

要するに、『専修寺史要』（高田派専修寺遠忌法務院文書部、一九一二年）に「真教争統」と題して記された一連の裁判事件は、高田派独特の事件ではあるが、決して孤立した事件ではなく、江戸幕府の宗教行政と敏感に相応じた事件であったのである。

五　堯秀上人大僧正昇進による受難

上人は寛永十八年（一六四一）正月、六十歳のとき、大僧正に任ぜられ、やがて住持職を長子堯朝上人に譲って隠居をした。大僧正に任ぜられたのは、上人の引退の花道を飾るための特別な措置だったのだろうが、それが堯朝上人にとんでもない災難が降りかかる原因となった。

というのは、上人が隠居してから三年目の正保元年（寛永二十一年、一六四四）、堯朝上人は江戸幕府から呼び出しをうけた。それは、父堯秀上人が江戸幕府の承認を経ずして、朝廷に直接奏請して、大僧正の位をもらったことに対する叱責であった。当時絶対的な権力の座にあった将軍の怒りに触れたとあっては、門跡としてもただちに江戸へかけ下って平身低頭せざるを得ない。幕府の公式記録とも言える『徳川実紀』正保元年十月十五日の条には、

一身田門跡堯朝、太刀目録、時服五、料紙十束を献じ、前住堯秀が先に大僧正に任ぜしを謝し奉る。堯秀、三年以前、御旨をこはず大僧正に任じたり。是は遠地に住て、国制をわきまへざるが致す所なれば、このたびは

ゆるさる。この後は御旨をうかがひて後、任ずべき旨、高家吉良若狭守義冬、其旅宿にまかり、仰をつたへしとなり。

と記している。余談ながら、ここに現れている吉良義冬は忠臣蔵の吉良上野介義央の父にあたる。それが我が堯朝上人を叱責した訳で、何だか憎々しい感じがするが、もちろんそんな先入観でこの事件を考えるべきではない。またこれを、「課長に相談せずに、直接部長へ申し出て許されたので、課長が面子を失って、八つ当たりしてきた」というように、幕府の「面子」とか「ヤッカミ」と解釈するのも、あまりに現代的で当を得ていない。実はこれも深い歴史的な背景がある。

図52　堯秀上人像（高田専修寺蔵）

江戸幕府が、僧正の任官について、朝廷の独断専決を停止したのは、慶長十八年（一六一三）、それまで天皇が高徳の僧に対して勅許していた紫衣着用を、幕府の承認なしでは勅許できないことと改めた法度と、一連の政策であった。それは先に述べた江戸幕府の宗教統制第一期に、一つの焦点となった政策で、仏教界に対する朝廷勢力の払拭をねらったものであった。江戸幕府のこれらの政策によって、僧位の昇進や、紫衣着用や、これまで朝廷の独占であった特権は全く骨抜きとなり、すべては幕府の承認が必要で、天皇の一存では何もできなくなってしまった。

寛永六年（一六二九）、これに抗議した大徳寺の沢庵和尚らは流罪となり、憤激した後水尾天皇は、辞表を叩きつけるような格好で譲位する、という事件も起こった。堯秀上人の僧正任官事件も、そういう歴史的な過去の上に発生したのだったから、幕府も事を重視し、門跡を江戸へ呼びつけて事情を聴取し、幕府に対する反抗心の有無を調べたのだろう。ただこの事件が、堯秀上人の大僧正任官後三年間は何のことなく放置せられていて、正保元年（一六四四）にいたって幕府がとり上げた理由はわかっていない。憶測を加えるならば、そのときの天皇は、寛永二十年（一六四三）まで、将軍家光の妹和子の腹に生まれた明正天皇であったのに、十月に退位して、壬生院園光子の腹に生まれた後光明天皇が即位されたので、あるいは急に幕府が朝廷の行動に監視の眼を光らせ始め、たまたま堯秀上人の昇位がその監視網にひっかかったのかもしれない。

ともあれ堯朝上人はその翌正保二年（一六四五）に、もう一度召喚されて江戸へ下っている。『徳川実紀』正保二年八月二十七日条には、その模様をこう書いている。

勢州専修寺門跡堯朝、去年九月参向せしが、けふ藤堂大学頭高次がもとへまねきよせ、朽木民部少輔種綱御使し、寺社奉行会集して、帰国の暇たまひ、かつ仰を伝へしは、先門跡堯秀、御旨を経ずして（大）僧正に任じける事は、国家の制度にくらきが致す所なるよし聞召、このたび寛宥せらる。今よりのちかまへて違犯すまじき旨なり。

つまり情状酌量して不起訴というところだが、ここへ来るまでにはこの記事から藤堂高次、朽木種綱の強力なとりなしがあったことを想像させる。藤堂高次はいうまでもなく藤堂高虎の息、三十三万石の津城主で、大藩だったというだけではなく、父高虎が家康から絶大の信頼をうけていた余音はまだ残っていて、幕府で相当の発言力があった。その高次の実姉が堯朝上人内室となっていて、堯朝上人とは義理の兄弟であった。朽木種綱は、その母丹桂院が専修寺第十二世堯慧上人の娘であり、したがって堯秀上人とは従兄弟同士ということになるのだが、そのころ幕府の若年寄として敏腕をふるっていたので、思いがけない災難に遭遇した専修寺としては、最もたよりにした親戚だった。

おそらくこの二人の働きで不起訴処分になったのだろう。

六　堯朝上人の死

ところが災難はこれで終わらなかった。やれやれと思う間もなく、堯朝上人が突然に薨去されたのである。昔からこれを自殺と言い伝えている。自殺の原因は、堯秀・堯朝両上人が一身田の街の周囲に堀をめぐらして、城郭の構えをとったことが幕府の忌諱に触れるところとなり、将軍の御機嫌をとり結ぶために、専修寺に伝わる親鸞聖人の真蹟を将軍へ献上せよ、と幕府から難題を吹きかけられ、帰山して末寺や門徒代表にそれを伝えたところ、「高田派が、最大の存在価値としてほかに誇示している聖人真蹟を手放すことは、高田派の自殺行為だ」と否認され、進退谷まった上人が、高田本山の危機を救うため、人柱として自決せられたのだ、と説かれている。

はたしてそうであろうか。たしかに一身田の街の周囲には堀があり、一身田の町を「寺内町」と呼んで、歴史地理学上も喧伝されているが、『徳川実紀』によると幕府の忌諱に触れたのは、この堀ではなく、堯秀上人の大僧正昇進であったこと、すでに記した通りである。

また幕府が専修寺に対して、聖人真蹟を献上せよ、と難題を吹きかけたかどうか、これは何の記録もない。東京浅草の唯念寺には、そうした堯朝上人自決までの経緯を記した古記録があったが、関東大震災で全部焼失したとも言われる。今となっては追及する術もないが、どうもこの話は「伝説」ではないか、という気がする。

というのは、幕府の専修寺門跡に対する忌諱は、正保元年（一六四四）と同二年（一六四五）の二回にわたる堯朝上人の江戸幕府参向によって先に記したように、処分は「不起訴」と決定してしまっている。正保三年（一六四

六）の江戸下向は何のためだったかはわからないが、『徳川実紀』は正保三年五月二十八日の条に、

専修寺門跡堯朝拝謁し、時服並杉原紙奉る。家司も拝し奉る。

とあり、同年六月二十九日の条に、

高田専修寺門跡堯朝旅館へ、使番蒔田数馬助長広して暇給ひ、銀五十枚、綿百把つかはさる。

と記している。この記述の体裁では、幕府との関係は平穏であって、さして険悪な気配はないようである。また上人の逝去について『徳川実紀』は一言も触れていない。もしその死が幕府にとって実質的に関係があるのであれば、表面上はどうとりつくろおうと、記載しているのが『徳川実紀』の記述の例である。

これらから推測すると、自殺ではないのかもしれない。むしろその前年（正保二年）正月二十三日、一身田に大火があり、両御堂をはじめ、寺内や町屋全焼という大災難があり、その復興策のため上人の体は休まる暇がなかったはずであり、疲労の蓄積が青年門跡の肉体の限界を越えたのかもしれない。

それまでの専修寺は、「祖師堂十八間、アミダ堂十六間」であったと、「明日香家年譜」（明日香家蔵）に記されている。また丑の刻に出火し、卯の刻までに諸堂焼失したというから、わずか四時間ほどの間のことであったらしい。しかし後世の文書ながら、朝廷へ下馬札の再交付を申請したときの口上書（享和元年三月付、高田派京都別院蔵）に、このときの火災で諸堂、町屋はもちろん下馬札まで焼失した、と言っているのをみると、随分の大火だったと思われる。

七　寺地拡張

堯秀上人は、すべてを長男に譲り渡して隠居し、やれやれと思ったのも束の間、わずか四年間ですべてを託した長男の死に遭い、しかも堂舎はみな灰燼に帰してしまったという専修寺史の中での最大の暗黒時代に、もう一度専修寺住持とならざるを得なかった。上人には堯朝以外に男子がなかったからである。もっとも正式に「再住」となったかどうかはわからない。しかし実質的に住持としての地位と職務に就かれたのはまちがいない。というのは、前に記したように末寺への寺号許可、本尊裏書などを「前大僧正堯秀」の名で書いておられるからである。

ここで上人が着手せられた第一の仕事はまず後継者を作ることであった。なるべく社会的に高い身分の家から養子を迎えるのが望ましいが、暗黒期の専修寺として多くは望めないような事態でもあった。それが当時右大臣という要職にあった花山院定好の第四子を迎えることができたのは、外交的成功と言えよう。そしてそれに配する内室として、津藩主藤堂高次の第五女糸姫が迎えられた。これは堯朝上人の未亡人高松院の姪にあたっているから、高松院の要請によるものと思われるが、ここに藤堂家とのつながりは二代にわたってなり、専修寺の経済力を大きく充実させることになった。暗黒期からの復興は、まず藤堂家の援護を受けて始まった。

まず糸姫入嫁の持参金のような格好で、万治元年（一六五八）、専修寺に隣接する津領のうちから、高一八五石余、面積にして十町四反八畝余の土地が専修寺へ寄進せられた。専修寺の宝庫に、

「一身田御寺内　津付百姓居屋敷高帳

万治元戊戌年十二月廿七日」

「専修寺殿付　一身田　大古曽　窪田　三ケ村之高帳
　　　　　　　　　　　　寛文四年甲辰十二月十四日」

の二つの検地帳が伝えられているが、それとそのほかの文書、とくに一身田の地下に伝わる庄屋文書とを総合してみると、この寄進による寺領の拡大状況は次のようであったらしい。

境内は　　　二町六反七畝余→八町八反六畝
寺内の屋地は　二町八反八畝余→四町七反五畝余
地下の町屋は　二町六反三畝余→四町六反

このほかに寺内への道路などが六反一畝ほど増えているが、それを除いて、境内が約三・四倍、寺内と地下は約二倍にふくれ上がったわけである。そしてそれがそのまま現在まで続いているのだが、今どれがその寄進地で、どれが旧来地かを正確に知ることは困難になっている。それはこの寄進地の検地帳に記されている小字名が今は伝承されていないためなのだが、『窪田御山御再興記』（安永七年〈一七七八〉ころ記述、高田専修寺蔵）に、

同年（平松註、万治元年）、御寺屋敷、高百八拾七石三斗弐升八合を、窪田地面之内にて津より被進候。但、東之境御対面所前大松より西通、南は一宮之東、山神より西通、北は北町中ごろ之山神より西通にて御座候由

とあるので、**図41**（二二九頁）のようになる。この一身田と窪田との旧境界は、実は条里制の境界であり、一身田村は条里制に従って方六町の村であったことなど、これに関連した歴史事実があるが、今はそれに触れないことにする。

ただ一つ付言しておくならば、一身田の聚落は、牧野信之助博士が「中世末寺内町の発達」（『土地及び聚落史上の諸問題』河出書房、一九三八年。のち日本資料刊行会、一九七六年復刊）という論文の中で紹介されてから、「寺内

町」とされているが、寺内町の特色である聚落周囲の濠は、一身田の場合は、前に述べたところに従って少なくとも万治元年以降でなければならないこと、また寺内以外に地下が古くから存在していたことでもって、「寺内町」と呼んでよいかどうか問題があることになる。

八　御堂を東面させるか、南面させるか

専修寺建築の復興は、まず御影堂だが『窪田御山御再興記』によると、

同（平松註、万治）二亥年より御堂御建立ニ御取掛り、諸事津より御取持、津附諸役人相詰、御世話申上候由

とあって、寺地拡張の翌年に始まったと考えられる。また「津附諸役人」つまり津藩の役人が一身田へ出張して協力した、と記しているように、津藩の強力な支援があったが、藤堂高次は普請奉行として藤堂仁右衛門高刑を命じていることが、その消息（後述）から知られる。仁右衛門は、津城代として家老中の最右翼であったから、仁右衛門の妻が堯秀上人の従妹であったという縁故関係もあろうけれども、城代家老を普請奉行にしているところを見ても、藩主の娘のお輿入に伴う事業として、津藩の力の入れ方のなみなみならぬものだったことが知られる。

こうして発足した再建工事で、第一に問題になったのが、御堂を南面して建てるか、東面して建てるか、ということだった。堯秀上人が東面して建てるように計画せられたので、堯円上人以下門末の者は南面の方がよいと考えても、誰もそれを堯秀上人に上申しようとしなかった。あるいは上申しても上人がとり上げられなかったのかもしれない。隠居せられたとは言え、実力は門跡の上にあり、しかも老齢でおそらく頑固だったのだろう。養子の新門跡堯円上人は、この老門跡の説得を妻の父であり、専修寺の最大の檀那でもあった藤堂高次に依頼した。高次以外

に説得できる人はなかったのだろう。その依頼の消息は、いま四日市市富田の正泉寺に蔵されている。本文は次の通りで、まことに興味深いいろいろの事実を教えてくれる。

一筆令啓上候。然者、貴様皆々御安泰之由承、珍重存候。今度、御朱印拝領申、忝存候。両人之者に、色々の事申進之候て、御やかましく御さ候はんと令レ存候。

今度立申候堂（平松註、御影堂）のこと、隠門（平松註、堯秀上人）は東むきにと申され候へども、ひがしむきはよろづにあしく御座候由、まつじもんか《（末寺門下）》、みな〳〵くやみ申候。

ひがしむきにては、とうみやうの火もとぼり申まじき由、申候、当国は春なつのうちは、大かた東風にて、雨ふり候時は、堂の中程までもふりこみ申候はんまゝ、まいりのもの共も、めいわくいたし候はんよし申候。

其上、地どりもひがしむきはあしく候由、まつじもんかどもは、みな〳〵申候まゝ、南むきに立申され候て、よく候はんと、いんもんへ御いけんの御ふみ、御申て下され候べく候。たのみ申候。

又、参宮のかいどうも、一身田のにしより、みなみに御ざ候へば、かいどうをうけ申候て、みなみむきにいたし候へば、様子もよく御ざ候。ひかしむきにては、かいどうにもそむき申候。永代の事にて御ざ候間、御ふんべつ被レ成、いんもんへ御ふみくだされ候はゞ、かたじけなく存可レ申候。

ひがしむきにたち申候はゞ、のち〳〵までいんもんをあざけり申候はんかと、めいわくにぞんじ候。せけんのさたをきかせ申候へば、九十九人まではひがしむきをきらひ申候。此事わたくし申進之候とは、いんもんへ御おんみつ被レ成候て、可レ被レ下候。当国には、まつ寺門下共も、みな〳〵ひがしむきをいやがり申候間、御六ケしく御座候共、いんもんへ御状の事たのみ入申候。

猶、期二後音之時一候。恐惶謹言

八月廿三日

専門　尭　円（花押）

藤堂大学頭様　参

（『真宗史料集成』第四巻収載。私に改行を施し、濁点などを付した）

尭秀上人がどうして東面の御堂を計画されたのか、その理由は書かれていないが、正保二年焼失の旧堂が東面だったからではないだろうか。それに対して門末の大部分が南面を適当とする理由として、このお手紙から知られるのは次の三点になる。

(1)この地方は、春や夏に東風が多いため、東面の堂では支障が大きい（現在、御堂の東側軒下に、大きく雨覆がとりつけられている。現在の雨覆は新しいものだが、この形はこの主張との関係で、最初からとりつけられていたのではないかと考えられる）。

(2)旧寺地は南北に細長かったから、東面の堂でよかったが、新寺地の寄進により、東西に長くなったので、地取りの上からも東面の堂は不適当。

(3)これまで名古屋・四日市方面からの参宮道路が、専修寺のすぐ東側を通っていたが、江戸時代に入って、橋梁技術が進歩した結果、約三キロメートル東方の海岸沿いを通ることになった。一方京都方面から鈴鹿峠、関を通って安濃津へ入る参宮街道が、専修寺の南方、丘陵の裾を通っていたのが、次第に北へ寄り、寺のすぐ南側を通るようになったので、これを受ける建築が望まれる。つまり、寺が対象とする道路の変遷による。

この主張はそのまま尭秀上人に受け入れられた。それは現在そのように建っていることが第一の証拠だが、藤堂高次から尭円上人に宛てた書状（高田専修寺蔵）にもそれが書かれている。

貴札令拝見候。其元弥御息災之由、珍重候。拙者一段無為ニ在之候間、可安御心候。此中は、歯之痛も能成申候。随て御堂南向ニ成申候由、一段之儀候。又御転任之事、被仰越候通、委得二其意一申候。此段は兎角大沢兵部殿へ差図次第に可レ被レ成候。普請奉行之事、仁右衛門（平松註、藤堂仁右衛門高刑）に申付候。猶、期二後音之節一候。恐惶謹言

十二月八日　　藤堂大学頭

高　次（花押）

専門様（平松註、専修寺門跡のこと）貴報

（『専修寺文書』第三一二号。『真宗史料集成』第四巻）

九　御堂建立は寛文六年か、どうか

こうして今の御影堂は、寛文六年（一六六六）三月完成したといわれる。ちょうど今年から三百年前である。その証拠として信頼できるものは、延宝七年（一六七九）九月十九日に行った供養願文に、

窃以、高田専修精舎、正保二年孟陬、雖罹畢方災、霊像経巻等、不触冷灰気、於是先師二大老、欲復旧観、求梁材於絶世、聚柱石於法門、苾蒭勠力、英檀傾心、是故寛文第六、早成造立之功、今伸供養之儀、……

と建立の経過を記している。また『堯円様大僧正御転任覚帳』（延宝四年〈一六七六〉十二月）にも、

御堂御建立寛文六丙午年中也。

とあるし、この御堂の本尊であったと思われる阿弥陀如来坐像に、寛文四年（一六六四）正月二十八日付の堯円上人の裏書があって、時日が相応している。

ところが、寛文六年竣工とするには都合の悪い史料もない訳ではない。その第一は御影堂鬼瓦に、

坂井孫右衛門作之、寛文七年未卯月吉日

と釘書銘があって、完成より一年後の年紀を示していることであり、第二は『如来堂御建立録』（『高田学報』第五五輯〈一九六五年〉、のち『真宗史料集成』第四巻に収載）に、御影堂建立の際の用材運送の先例を記して、

先年一身田専修寺本堂建立之節
一、檜　五本　　但拾弐間末口もの
一、槻三拾本　　但大小角物
右者、瑞龍院様（平松註、尾張徳川家二代光友）御代、寛文六年二月、御役人被レ添、勢州部田湊（平松註、津市）迄着木、被レ進候

とあることであろう。これらは信頼できる史料だけに、解釈に苦しまざるを得ない。

そのほかにも、先に示した八月二十三日付の藤堂高次宛堯円上人書状は、年号がないが、文中に「今度御朱印拝領中忝存候」とあり、その御朱印は寛文五年（一六六五）七月十一日付のもの以外に該当するものがない。また藤堂高次より堯円上人への書状（前掲）に「御転任之事」とあるのは、翌寛文六年六月勅許になった堯円上人大僧正への昇任を指すと考えられるから、この書状は二通とも寛文五年としていいだろう。

とすれば、あれほど大きな建築が、寛文五年に東面させるか南面させるか、すったもんだ揉めていて、その翌年に完成するとはとても思えないし、大きな用材が完成の年に運送されていることも不審である。

これらをどう考えたらいいのか、決定的な史料が現れるまで疑問としておかねばなるまいが、もし憶測が許されるならば、寛文六年は上棟ぐらいのことで、寛文十年（一六七〇）九月に本堂慶讃法会が修せられた（『専修寺史要』一三二頁。なおこれについての史料が鈴鹿市白子町青龍寺に蔵されていたというが、今これを見ることができない）という

から、そのときが竣工だったのかもしれない。

十 「千部読む花のさかりの一身田」

御堂建立後の専修寺は、財政的に相当窮屈だったらしい。堯円上人は、御堂落慶供養の法要を大僧正の位でつとめたいと念願せられたが、大僧正への昇進を朝廷と幕府へ奏請する運動資金にも事欠いて、十年も辛抱しなければならなかった。延宝四年（一六七六）に記述された『堯円様大僧正御転任覚帳』（高田専修寺蔵）にはそのことを、

御堂御建立に付、其御供養之時分は、大僧正にも御進なされ、其上にて供養の導師をも遊ばされたき旨にて、……

御堂御建立寛文六丙午年中也、御堂御建立に付、大分之御借金、殊に御門下中え御奉加並手初など御無心にて、漸御借金御返弁なされ候えども、未大分御借金残り候えば、思召儘御昇進なりがたく……

と記している。最大の檀那であった藤堂藩にしても寛文の末から延宝にかけて、藩財政に余裕は少なくなり、勤倹節約が大いに叫ばれたころで、専修寺への支援も次第に減少していただろうから、本当に苦しい財政だったと思われる。

しかし間口二十四間、奥行二十間、畳数七二五畳という巨大な堂が中心に見事に出来上がってしまうと、民衆の参詣も加速度的に増加したらしいし、また民衆からの浄財を集めての堂宇の建築も盛んに行われたらしい。『伊勢みやげ』という木版の冊子（一六八二年刊）に、一身田の西隣、窪田村庄屋橋爪定禅が発起し、民衆から財物を勧進して「霊名堂」を建立したことを記している。

図53　堯円上人像（高田専修寺蔵）

本堂の前に、五間四面ばかりなる堂あり、霊名堂といふ。阿弥陀の三尊たふとく安置せられ、左右にはおほくの位牌をたてて、……

と、今の霊名堂の前身の姿を描いている。ことに千部会は、多くの信徒を群参させたらしい。芭蕉とその門下の連句集『ひさご』に、

千部読む花のさかりの一身田

と、その繁栄の姿が詠まれている。

教学の上でも、京都市本誓寺（現、高田派京都別院）恵雲の『教行信証鈔』十五巻、津市彰見寺普門の『教行信証師資発覆鈔』二百五十巻などが著述され、東西両本願寺に対抗する業績となったが、中でも四日市市常超院の五天良空が著した『高田開山親鸞聖人正統伝』は、聖人伝を年齢順に詳記したもので、現代でもなお古典的生命を持続しているほどで、当時の真宗教学史を驚動させ、高田派の存在を天下に宣伝するものであった。

そうした中で、堯円上人はたまたま実子がすべて夭折したため、後継者として皇族の入室を奏請し、元禄十年（一六九七）伏見宮家よりの入室が許された。円猷上人がこれであった。皇族の入室は永正八年（一五一一）中興真慧上人が後嗣に常磐井宮の入室を得て以来一八六年ぶりのことであったが、専修寺門跡の世俗的地位はここに極まったと言えよう。

十一　堯円上人の遺品

上人の筆跡などで今に伝えられているものは、今後調査すれば相当数にのぼるものと思われるが、現存する寺院明細帳によって知られるものや、今回の末寺からの報告によって知られるものは、次の通りである。

なお本山の宝庫に上人筆として伝えられるものも多いが、すべて款署が無いので今回の調査にはこれを加えなかった。

津市一身田	玉保院	野袈裟（二幅）
〃　一身田大古曽	西信寺	本尊裏書　　寛文五（一六六五）・三・二八
〃　〃	〃	六字名号
〃　〃	勝楽寺	十字名号
〃　一身田平野	明覚寺	六字・九字・十字三名号（図54）
〃　栗真小川町	善行寺	十字名号
〃　白塚町	長安寺	野袈裟
〃　〃	信行寺	六字、九字、十字
〃　〃	東海寺	九字、十字
〃　長岡町	近縁寺	自筆消息（九月二十三日付）
〃　大里睦合町	実相寺	本尊裏書

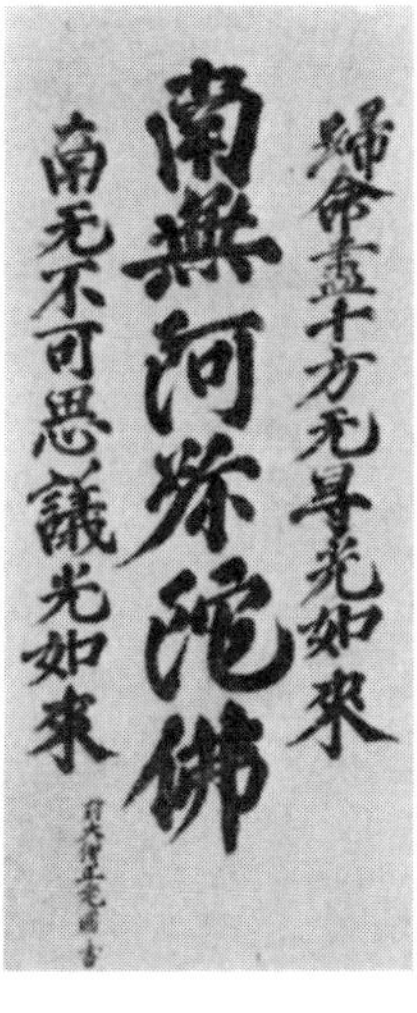

図54　堯円上人御筆跡
（津市明覚寺蔵）

津市芸濃町椋本	浄源寺	本尊裏書	万治元（一六五八）・一二・二八
〃　〃	〃	野袈裟	
〃　芸濃町雲林院	林光寺	〃	六字名号
〃　芸濃町多門	西運寺	〃	九字名号
〃　河芸町上野	最勝寺	九字名号	
〃　安濃町粟加	正全寺	九字名号	
〃　〃	〃	墨跡二行物	
〃　中村町	西生寺	古歌短冊（恋すてふ我名はまだき……）	
〃　久居町	西蓮寺	本尊裏書	正徳元（一七一一）・九・一五
亀山市太森町	西法寺	〃	天和元（一六八一）・一二・二八
〃　川崎町	唯願寺	〃	元禄九（一六九六）・九・二八
鈴鹿市野辺	法林寺	野袈裟	
〃　竹野	正運寺	〃	
〃　須賀	林昌寺	〃	
〃　平田本町	西光寺	本尊裏書	宝永二（一七〇五）・一一・二八
〃　木田町	光明寺	〃	万治四（一六六一）・四・二八
〃　長太旭町	宣隆寺	〃	元禄二（一六八九）・一〇・一五
	〃	野袈裟	

〃	高岡町	念声寺	本尊裏書	
〃	下箕田	信福寺	〃	貞享四（一六八七）・三・二八
〃	〃	〃	野袈裟	
〃	西玉垣町	正信寺	親鸞像裏書	宝永六（一七〇九）・六・二八
〃	道伯	随願寺	野袈裟	
〃	神戸	称名寺	〃	寛文三（一六六三）・霜・二八
〃	〃	願行寺		寛文六（一六六六）・六・二八
〃	〃	〃	方便法身像裏書	元禄五（一六九二）・一〇・一五
〃	〃	善昌寺	野袈裟	寛文六（一六六六）・二・二八
〃	〃	〃	本尊裏書	元禄三（一六九〇）・九・一五
〃	〃	常善寺	〃	寛文一一（一六七一）・六・二八
〃	若松中	見潮寺	（堯円上人画像）	
〃	津賀町	来教寺	本尊裏書	元禄五（一六九二）・一二・一五
〃	下大久保町	保智院	〃	
〃	〃	〃	山号許可	元禄七（一六九四）・八・一七
〃	小岐須町	遍照寺	野袈裟	正徳二（一七一二）・九・一五
〃	小社町	玉泉寺	〃	寛文七（一六六七）・一二・二八
〃	〃	〃	方便法身像裏書	宝永七（一七一〇）・霜・二八

鈴鹿市西庄内町		正福寺	方便法身像裏書	宝永四（一七〇七）・正・一五
〃	〃	常徳寺	〃	元禄七（一六九四）・霜・一五
〃	〃	〃	野袈裟	
四日市市和無田町		光善寺	六字名号	
〃	采女町	成満寺	〃	
〃	南小松町	中山寺	野袈裟	
〃	〃	〃	堯円上人画像	（寛保二〈一七四二〉・二・二七）
〃	川尻町	善性寺	〃	（寛保三〈一七四三〉・九・六）
〃	塩浜本町	法泉寺	〃	（元文三〈一七三八〉・三・二七）
〃	〃	〃	野袈裟	
〃	赤堀	誓元寺	親鸞像裏書	宝永六（一七〇九）・六・二八
〃	西日野町	顕正寺	〃	元禄七（一六九四）・七・二八
〃	〃	放光寺	六字名号	
〃	〃	〃	野袈裟	
〃	南富田	善教寺	〃	元禄一〇（一六九七）・一二・一五
〃	小古曽	大蓮寺	六字、九字、十字	
〃	赤堀	誓覚寺	堯円上人木像	（延享五〈一七四八〉・正・二九）
〃	貝家町	上品寺	自筆消息	大沢右京大夫宛

〃	楠町南川	聖洞寺	堯円上人画像	（延享三〈一七四六〉・九・一二）
三重県菰野町竹成		願行寺	〃	
岐阜県海津市		西林寺	七高僧裏書	宝永七（一七一〇）・四・一五
〃	〃	〃	太子像裏書	〃
福井県坂井市		法円寺	親鸞像裏書	寛文元（一六六一）・九・一五
〃	あわら市	法音寺	本尊裏書	正徳元（一七一一）・八・二八
〃	〃	浄徳寺（補註3）	〃	延宝七（一六七九）・九・二八
〃	〃	安養院	七高僧裏書	元禄一四（一七〇一）・八・二八
〃	坂井市	信行寺	太子像裏書	万治四（一六六一）・正・二三
〃	坂井市（黒目）	称名寺	七高僧裏書	
〃	〃	〃	絵伝裏書	延宝四（一六七六）・八・一二
〃	大野市	専福寺	親鸞像裏書	元禄二（一六八九）・二・七
〃	〃	〃	七高僧	元禄一六（一七〇三）・一〇・二八
〃	福井市	願生寺	〃	宝永二（一七〇五）・九・一五
〃	〃	〃	太子像裏書	〃
〃	〃	〃	親鸞像裏書	元禄一一（一六九八）・九・一三
〃	〃	勝鬘寺（補註3）	自筆改悔文	
〃	〃	浄徳寺（補註3）	本尊裏書	延宝七（一六七九）・九・二七

福井県坂井市　宝幢寺　本尊裏書　正徳五（一七一五）・三・一五
福島県南会津町　安照寺　方便法身像裏書　元禄五（一六九二）・正・一六
〃　〃　〃　六字、九字
〃　〃　南泉寺　墨跡
栃木県真岡市　専修寺　真仏上人像修理記録（延宝九〈一六八一〉・林鐘・八）　**図35**（二二〇頁）

解題と補記

著者平松令三（一九一九年生）は、京都大学文学部史学科国史学専攻卒。龍谷大学文学部教授、高田本山宝物館主幹、高田派教学院第六部会（当時）主任を担当している。

この論文は、昭和四十一年（一九六六）、『高田学報』第五六輯に収載された。この年が堯秀上人三百年忌、堯円上人二百五十年忌に相当するので、『高田学報』を両上人特集として構成することになり、当時、平松が『高田学報』の編集を担当していたことから、生桑宗明先生の強いおすすめによって執筆したものである。

高田派の歴史は、江戸時代初期に大きな危難の山があった。それは、越前専修寺との本山争いから始まって、正保二年（一六四五）の大火による伽藍焼失と、それに続く第十五世堯朝上人の死、そして現伽藍再建工事であるが、この間の事情については、これまで詳しく研究されたことがなかった。教団内で言い伝えられてきたのは、専修寺が、一身田の町の周囲に壕を掘り、町を城郭のように構成したことから、江戸幕府の咎めるところとなり、将軍へ親鸞聖人真蹟を献上せよと求められたのに対して、堯朝上人が切腹してそれを拒否したのだということであった。平松論文はこの事件の真相究明を中心課題としつつ、江戸初期一身田専修寺の歴史を史料によって検証しようとしたものである。

まず最初に、越前専修寺との本山争いであるが、これを江戸幕府の全国的な宗教統制の中に位置付ける。そして堯朝上人の事件が父堯秀上人の大僧正昇進にからむものであって、一身田の町の環濠に起因するものではないことを史料によって立証し、現伽藍への復興には津藩からの寺地寄進が大きく関与していることを述べる。これらの論述は大筋においてまちがっていない、と自認しているが、その後三十余年間の歳月を経て、いくつかの修正すべき点が現れてきている。

まず堯朝上人事件については、先ごろ上人の三百五十年忌法要が勤修されるのを機に、常磐井和子お裏方が詳細かつ厳密な検討を加えられ、その成果を『高田学報』第八二輯（一九九三年）に「堯朝上人の殉難」と題して発表せられた。平松は上人の死因について懐疑的に論述しているが、お裏方は明確に「自決」と断定しておられる。その点を含めて平松論文のこの部分は大きく修正されなければならない。

また一身田寺内町の成立についても、この論文を発表したのち、平松自身が見解を改めている。まず昭和六十三年（一九八八）度に津市教育委員会によって行われた一身田寺内町調査に参加した平松は、その調査報告書（『一身田寺内町――町並み調査報告書――』津市教育委員会、一九八九年）を執筆した中で、現在の環濠が万治元年（一六五八）以後の構築であることは動かないものの、天正二十年（一五九二）の史料にすでに「寺内地下」の呼称が見えることから、現寺内町の東半分については、もっと早くに寺内町として形成された、との見解に改めている。そしてその成立時期については、天正八年（一五八〇）の伽藍炎上によって、天正十年（一五八二）より復興工事が始まり、天正十六年（一五八八）に落慶法要が行われているので、その機会に町を寺内町として整備したもの、と推定している。

さらに平成七年（一九九五）の「寺内町一身田」（『中世の風景を読む』第三巻、新人物往来社。本書第三部第二章）においては、一身田の集落は、元来農村集落であると同時に参宮道に沿った街村集落であったが、高田派第十世真慧上人がここに無量寿院を建立してこの地方教化の中核とすると、そのころ中勢地区を広く支配していた国人領主長野氏に働きかけて、この地を敵にも味方にも「無縁」な「公界」の地として公認させ、それがのちの寺内町へと展開したものだ、とする新しい見解を打ち出した。今後こうした方向での研究の進展が期待される。

またこの論文では、伽藍の復興にあたって、「御堂を東面させるか」が問題となったことを記し、堯秀上人が東面させるよう計画せられたのに対し、堯円上人は門末の意見によって、津藩主を動かし、堯秀上人を説得して計画を変更させたことを述べている。堯秀上人がなぜ東面のように計画されたかについては、「正保二年焼失の御堂が東面だったからではないか」と述べたのだったが、今から思うとこれは誤りであって、これまでの御堂が南面だったのを堯秀上人が東面に改めようとしたのに対して門末が反対した、と考えた方がよさそうである。周知のように古来の寺院伽藍は軸線を南北にとり、仏殿は南面させるのが通例である。しかし浄土信仰が高まると、阿弥陀浄土は西方にあるとの理由で、阿弥陀を本尊とする堂は東面させることが多くなる。東西両本願寺とも主堂は東面している。堯秀上人はこの傾向に従って堂の東面化を計画されたのに対し、門末が従来通り南面の伽藍配置を望んだ、とするのが正しいと思われる。

この論文執筆から十数年後、専修寺のすぐ東に並んで建っている末寺の慈智院の本堂が、瓦銘などによって寛永十六年（一六三九）の建築であって、正保二年（一六四五）の大火を免れていることが判明したが、この堂が南面していることも、この推理の傍証ともなろう。一身田専修寺は真宗各派本山の中でただ一つ南面する伽藍だが、これは十五世紀末ここに無量寿院として建てられて以来の古い伝統を伝えるものと考えられる。
以上のようにこの論文は執筆以来三十余年が経過して、すこぶるカビ臭くなってしまっているが、一身田専修寺にとって非常に重要な時期について最初に考察を加えた論文として、記念碑的な意義もあろうかと思われたので、今回の論集（『論集　高田教学』真宗高田派宗務院、一九九七年）に加えていただくことにしたものである。

（平松令三）

補註

（1）慶因寺は明治時代に入って無住となり、その後は柳町の集落の門徒同行が護持し、道場兼集会所となって現在に至っている。

（2）堯秀上人の名号等下附について、寺院明細帳及び平松先生の調査に漏れている寺院が平松令三遺稿論文集編集委員の中にいたので、付け加えておきたい。鈴鹿市神戸の善昌寺に堯秀上人の署名を持つ相承付六字名号、九字名号、十字名号を伝える。また七高僧像と聖徳太子像には裏書きがないが、ある時に平松先生に見て戴いたところ、「江戸初期のもの」とご教示いただいたので、名号とほぼ同時に下附があったと考えられる。

（3）寺院所在地が県名のみの寺院については、その所在地を「高田の寺々」編集委員会編『高田の寺々』（真宗高田派宗務院、一九八〇年）と『真宗高田派　寺院録』（真宗高田派宗務院、二〇二四年）で確認したところ、福井県にあるとする二か寺の浄徳寺は確認できなかった。廃寺になったものか、転派、もしくはもともと他派寺院であったのであろうか。なお、鈴鹿市内の諸寺院蔵の野袈裟については、損傷が激しく新調したものの旧野袈裟を廃棄したのではないかと考えられたり、手違いから焼失してしまったり、無住となったことにより紛失するなど、現在ではそれぞれ寺の事情によって所在が不明となっているものもある。

第五章　円猷上人御事績の歴史的意義

平成十五年（二〇〇三）三月には、高田派第十七世円猷上人の二百五十年御忌法会が勤修される。ついては、上人を顕彰する記念誌を編集するようにとの要請があって、教学院第四部会がそれを担当することになったのが平成十四年（二〇〇二）八月末であった。それ以来、研究員諸氏と共にその任にあたり、このほどひとまず編集を完了して、原稿を印刷所へ渡すことができた。この記念誌は『円猷上人・円超上人遺芳』（真宗高田派宗務院、二〇〇三年）と名付けられ（以下『遺芳』と略称する）、法会までに印刷を終え、高田派各寺院へ配布されることとなっているので、詳しいことはそれを御覧いただきたいが、調査編集の過程でいくつか教えられることがあったので、それを申し述べてみたい。

一　皇族出身法主の実現

円猷上人はよく知られているように、伏見宮貞致《さだゆき》親王の第五子として誕生、勝宮と称され、十四歳のとき専修寺へ入室された。これは先住堯円上人に嗣子がなかったからである。

堯円上人には男子三人、女子一人の御子があったが、みな幼少のうちに逝去され、やむなく堯円上人の実家鷹司家から養子田鶴君を迎えたが、この人も少年のうちに逝去、そこでその弟君を迎えるがこれもまた七歳で逝去、という有様で継嗣に恵まれなかった。このためほかに候補者を求めた結果、伏見宮家から専修寺へ入室ということになったようである。

それにしても専修寺が皇族出身の人物を迎えるのは初めてのことであった。もっとも過去には先例が全然なかったという訳ではない。二百年ほど昔へ遡ると、第十世真慧上人は嗣子応真上人がいったん還俗されたため、常磐井宮家から養子を迎えられた。真智上人である。ところが真慧上人が示寂されると、応真上人が復帰されたため、跡目継承をめぐって応真・真智両上人の間に対立が生じ、教団も二つに分かれて抗争が長く続いた。しかし最終的には応真上人が正統と認められ、真智上人は歴代からはずされてしまっている。

そののち専修寺は天正二年（一五七四）門跡号を勅許されるが、門跡という名前だけで、皇族が住持になることはなかった。それが円猷上人の入室によって皇族の法主が実現したのだか、誰がそういう工作をしたのか、その辺の事情はまだつまびらかになっていない。

二　円猷という命名をめぐって

上人は十五歳になると、得度して円猷と名乗られた。この命名はもちろん先代法主堯円上人であるが、この命名には上人が皇族出身であることを強く意識したものであったようである。というのは、円猷の「円」の字は堯円上人の「円」を受け継いだものであって、堯円上人の法嗣であることを示しているが、それまでの高田派歴代の命名とは異なっているからである。

高田派では第十二世堯恵上人以来、堯真・堯秀・堯朝・堯円と五代続けて「堯」の一字を冠してきた。「堯」の一字を通字とすることによって師資相承を表そうとしたものであった。ところがその「堯」の一字をあえて使われなかったのは、上人が皇族出身であって、堯円上人自身を含めてそれまでの歴代上人とは違うのだ、という認識に基づくものであったと考えられる。

そもそも「堯」の字を冠した第十二世堯恵上人は、権大納言飛鳥井雅綱の子息であり、その跡を継いだ堯真上人は太政大臣近衛前久の猶子、堯秀上人も近衛信尹の猶子、堯朝上人も近衛信尋の猶子、堯円上人は花山院定好の実子というように、すべて堂上貴族の家柄であることから、「堯」を通字としていたのではあるまいか。「堯」の字は「高い」という意味もある。それに対し一ランク上位の家格である皇族の出身ということから、「堯」の通字をやめて、「円」を冠せられたもののようである。そしてそれが次代への通字となって、有栖川宮家より入室の第十八世は円遵、第十九世は円祥、第二十世は円禧と「円」が通字となって伝えられていく。新しい伝統の成立であった。

三　十六弁裏菊紋の採用

そのほか皇族を住持に迎えたことによって、専修寺にはいろいろと変化が起こっている。その一つが紋章である。それまで専修寺門室ではどんな紋章を家紋として使われていたのか、研究したことがないので、このたび歴代上人の御影などを調べてみたが、写真で見る限りでは、どうもきまった家紋らしい紋章は認められないようである。それに対して、円猷上人以降は、菊紋の使用が目立って多くなる。如来堂の軒丸瓦（**図55**）はその好例である。先住堯円上人の時代に建てられた御影堂の瓦は、「専修寺」の文字を浮き出した瓦であり、山門は三つ巴紋であったが、如来堂はすべて十六弁の菊花紋である。しかも中心部分は蕚の形を表したいわゆる「裏菊紋」である。

図55　如来堂軒丸瓦（高田専修寺蔵）

古来皇室は十六弁の菊花紋を紋所として用いられてきた。それも天皇家は表菊、皇族は裏菊というのが例であったが、それに従って円猷上人は十六弁裏菊紋を紋所とせられたようである。そしてその跡を継がれた円遵上人以下が、先に記したように皇族であったため、この紋所が高田派門室の紋所として定着したのであった。

なお明治新政府は、明治二年（一八六九）八月太政官布告を出して、皇室紋章を制定しているが、そこでは皇族は十四弁裏菊と指定されているので、高田派で使用してきた紋所とはわずかながら違いが生じている。

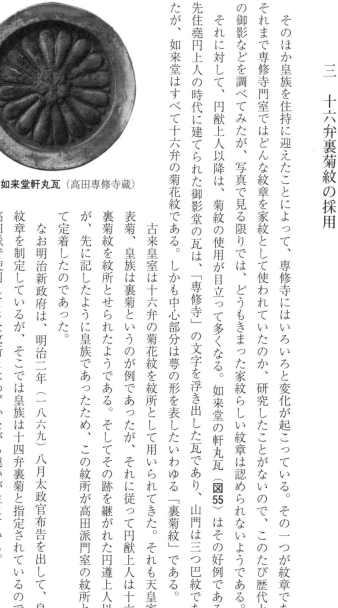

図56　如来堂軒裏の複雑な構造（扇垂木と詰組斗拱）

四　如来堂建立の辛苦

上人御事績の中で最大のものは、いうまでもなく如来堂の建立である。住持としての在任四十三年のうち、実に三十年が如来堂の建立にあてられている。

この事業は、先住堯円上人から申し送られた懸案事項であって、上人に課せられた宿命的な事業であった。ところが当時の社会は、元禄の繁栄を頂点として、経済は構造的不況に陥っており、不景気の真っただ中であった。しかも建築しようとする御堂は、かつて好景気のさ中に建立された壮大な御影堂の隣りへ並ぶものだけに、貧弱なものは建てられず、阿弥陀如来の仏殿として華麗なものが求められたから、困難さは倍増したのであった。

上人はほかのすべてを犠牲にしてもこの事業を完遂させるという決意だったようで、上棟式直後の御書（延享元年〈一七四四〉八月津片田講宛）に、

万事の希望を抛つて、偏に仏閣の営事を企、二十有余年を経て、今年甲子の春に無量寿仏殿の上棟に及ぶ

と述べられている。これはこのときの上人のお気持ちを率直に述べられたものだろう。御書のような文書に、こういう感慨をこめたお言葉は珍しいが、これはそれだけ上人のお気持ちが強かったことを示している。またそれゆえにこの御書を格別に迫力あるものとしている。

そして出来上がった如来堂は、禅宗様といわれる華麗絢爛たる手法をふんだんに駆使し、加えて空葺《からぶき》という当時としては最新技術によって屋根を軽量化し、見事な建築に成功したのであった。

その辛苦の状況については、『如来堂御建立録』（専修寺御用大工高木家旧蔵、『高田学報』第五五・五七輯〈一九六五・六六年〉。のち『真宗史料集成』第四巻、同朋舎出版、一九八二年）に詳しく、一日一銭講や万人講などを組成して募財につとめたことが記されているが、上人御自身の直接かかわられた御事績の中では、次に述べる一光三尊仏の出開帳がそれであったし、各地大講の振興も、間接的ながら資金調達に役立てるという意図もあったのではなかろうか。

五　一光三尊仏の出開帳

下野国高田に安置される一光三尊仏が、親鸞聖人によって信濃善光寺より頂戴して来られたという伝説は、一部の神秘的な部分はともかくとして、大筋では十分に信頼してよい、と考えられる（「高田山草創伝説を分析する」〈『高田学報』第八七輯、一九九九年〉。のち『親鸞の生涯と思想』吉川弘文館、二〇〇五年）が、その後の護持状況についてはつまびらかでない。いつのころからか、貴重な仏像なるがゆえに、歴代法主の手でなければ開扉してはならない、というので「秘仏」となっていた。そして近世に入ってからは、第十四世堯秀上人が寛永十五年（一六三八）に、第十六世堯円上人が延宝五年（一六七七）に、参詣せられた際にだけ開扉され、一般の参詣が許されていて、専修寺住持一代につき一度の開扉というのが定着していたようである。円猷上人が享保三年（一七一八）に参詣開扉せられたのもそうした先例を踏襲せられたものであった。

ところがそれから十年後の享保十三年（一七二八）、再び下野国高田へ下向し、参詣開扉され、その翌年には高田を出て、江戸浅草唯念寺と伊勢一身田へ出開帳という前代未聞の運びとなった。ここにいたる経緯については、何らの史料も見出されてないが、これが如来堂建立のための募財が意図されていたことはまずまちがいあるまい。

というのはこのころ江戸での出開帳は、元禄五年（一六九二）信濃善光寺が江戸本所回向院で出開帳を行い、賽銭だけで一万両を越えたことから盛大に行われるようになって、興行色が顕著になったことから、江戸幕府が統制に乗り出し、堂舎の建造や修理を目的とするもの以外は禁止されたからである（比留間尚『江戸の開帳』吉川弘文館、一九八〇年）。高田の一光三尊仏出開帳についても、幕府寺社奉行の許可を得て挙行したことは、宝庫に伝わる史料（「高田如来御開帳日次」など。ただし寺社奉行へ提出した文面などは伝わらない）によって明らかだからである。

これから考えると、上人の享保十三年の高田参詣は、現地の門徒たちの諒解をとりつけるためであったと考えられる。この出開帳についての上人の積極的な関与が窺われる。そのことは、延享二年（一七四五）に行われた二度目の出開帳について、高田門徒の中に「不得心の輩」があるのに対して、上人は自筆で御消息を送り、出開帳終了後は必ず御帰還いただくことを誓約しておられる（『遺芳』五二頁）ことからも明らかである。

この延享二年の出開帳は、京都と名古屋、および一身田で行われたが、このときは下野高田の如来堂建立も行われており、一身田と高田両堂の一挙建立をねらったものであった。ただその場所に江戸を避けたのは、江戸での出開帳は三十三年以上の間隔を空けないと幕府の許可が下りなかったためであろう。

ともあれこうして一光三尊仏の出開帳が始まるようになった。これは上人が後代の教団に残された大きな遺業であった。

六　広域組織〝大講〟の状況

「大講《おおこう》」というのは今も高田派寺院の一部で行われている講である。数か寺から二十数か寺まで大小さまざまだが、何か寺かの寺院がグループを作り、一年輪番の宿寺へ集まって盛大な法会を行う講である。いうなれば広域寺院講である。これは高田派だけのことではなく、本願寺派でも行われていて、これを「法中講《ほっちゅうこう》」と呼んでいるようである。

いずれにせよ、こういう講が真宗教団でいつごろからどのようにして成立したかについてはわかっていないらしい、というよりいまだ研究が行われていないらしい。しかし今そんな基本的な問題を追及している余裕はないので、とりあえず高田派教団の状況を見ると、そういう広地域の講として著名なのは鈴鹿市の「七里講《ななさとこう》」で、中興真慧上人に直参した人々の講だと言い伝えている。たしかに最古の感があるが、それを確かめる史料を欠いている。

史料もあってただ一つ研究が進められているのは「三重大講」である。この講は三重県第二十組に属する四日市市の寺院十八か寺によって構成されており、『高田学報』第七八輯（一九八九年）に長松時見氏が「三重大講について」と題して研究を発表せられた。以下この大講について考えてみることにしたい。

七　「三重郡廿八日講」について

長松氏によると、この講は明治年間まで「三重郡廿八日大講」と称しており、高田派第十四世堯秀上人からこの講へ宛てて三通の御書が発給せられている。第一通が寛永二年（一六二五）七月二十八日、第二通が翌三年（一六二六）三月二十八日、第三通が同年七月二十八日付（いずれも原本は四日市市上品寺蔵）である。そして第十六世堯円上人の時代には、四幅の絵伝と親鸞聖人像が制作され、これらを輿に入れて宿寺《やどでら》に保管されている。今回宿寺の西光寺へ調査にうかがって拝見したが、江戸初期の見事な絵伝で、第四幅の銘札に、長松氏が紹介せられたように、「依㆓三重郡廿八日講中之願望㆒許者（ママ）」の文言と、元禄七年（一六九四）十月二十八日の年紀および高田派第十六世堯円上人の署名花押がある。

これらの史料によって、この三重郡廿八日講が寛永二年（一六二五）ころに成立したことは、長松氏の論文にある通りであってまちがいなかろう。ただそれがそのまま現在の三重大講となっているかというと、古老の間の伝承によると、昔の廿八日講は、現在の三重県第十八組寺院十六か寺と第二十組寺院十八か寺などを含めた大きな講だったのが、いつのころか二つに分割されて、第十八組の方は「両郡講」と名乗り、第二十組の方が「三重大講」となったのだという。たしかに先に記したこの講最古の文献である堯秀上人御書三通が、この三重大講には伝わらず、第十八組両郡講に属する上品寺に所蔵されていることは、この伝承を裏付けるものである。長松氏もこの伝承を認めて、ほかの史料からの分割は宝暦八年（一七五八）以前と推定しておられる。

私は今回の調査にあたって生桑完明先生の自筆ノート『高田派歴代法主の撰述』（平松へ与えられたもの）の中に、

「元文三年（一七三八）十一月二十八日付の三重郡朝明郡廿八日大講あての円猷上人御書」との記録のあることを知った。ただその本文は記されていない。そこで両郡講へ照会してみたが、この御書は伝わっていないとのことであった。しかしこの生桑先生のノートによって、両郡講がこのときには成立していたと認めてよいであろう。

一方、三重大講の方では、現在も護持し、宿寺の間で毎年申し送りを行っている御書に元文元年（一七三六）十月十五日付の円猷上人御書がある。その全文は『遺芳』（四一頁）に収載したが、末尾の年月日と署名と宛名の筆跡は左に掲げた写真（**図57**）のように円猷上人自筆としてまちがいない。そしてその宛名をよく見ると、「三重郡廿八日大講中」となっている。つまり従来の廿八日講に対して「大」の一字が増えているのである。そういえば両郡講の御書も生桑ノートは「両郡廿八日大講」となっていることに気付かされる。この「大」の一字が加わった元文元年から元文三年がこの講の分割時点であったと考えてよいのではなかろうか。ただ残念ながらなぜ分割が行われたのか、その理由はわかっていない。したがってこれを上人の御事績の中へ数え得るかどうかは問題がない訳ではないが、次に述べるように、上人がこの講を含め、これらの大講に対してしきりに御書を発給しておられることは、大講の振興をはかられたものと考えることができよう。

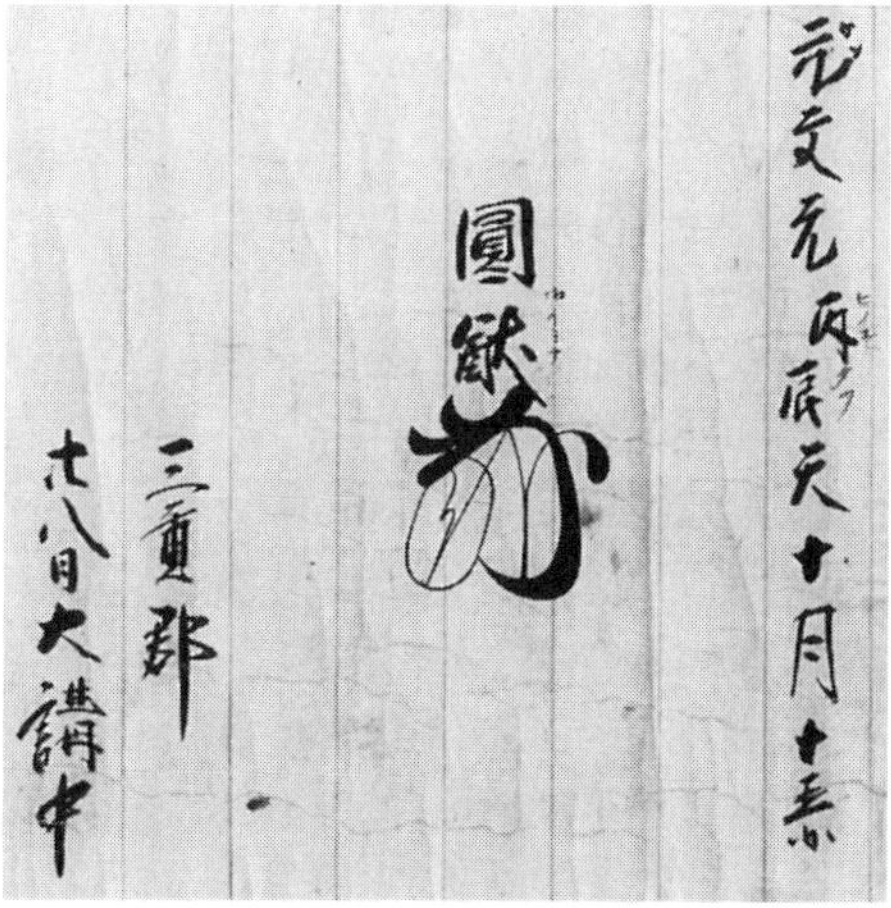

図57　三重郡廿八日大講宛円猷上人御書　自筆部分（四日市市三重大講蔵）

八　講による伊勢国内高田派寺院の組織化

以上に述べたような大講は円猷上人当時相当多数組成されていたらしい。それを窺い得る一つの事実として、如来堂建立の基礎工事にこれらの講が三十六講参加したことが『如来堂御建立録』に記されている。この基礎工事というのは、柱石の下を五尺掘り、そこへ小石を入れて突き固める作業で、元文五年（一七四〇）に始まった。その模様を次のように記している。

一、御石突始は、七里講為二古例一突始被レ仰、村々より色々の幟持参、面々見事成装束にて、笛太鼓にて拍子を揃、村々の小歌を謡突初候。参詣、山門より鐘楼堂辺迄、群を成し候。

一、次に南北三拾六講、其外俗講等、面々幟持参、賑々敷御事。

この記事でまず注目されるのは、これらの講の中でまず七里講が筆頭であることであって、真慧上人直参という伝承が生きて働いていることを思わせるが、今はそれにかかわっているときではない。次に注目されるのは「南北三拾六講」という記載である。これについては、次の時代を生きた近縁寺（津市）秀諦（一七八〇～一八五四）の著した『下野流高田衆教目録』（『真宗全書』第七四巻、国書刊行会、一九七六年）の中の円猷上人御書について記した次の記事が参考になる。

○同上（平松註、円猷上人を指す）御書二通

勢州御末寺ヲ分二南北一、賜二御書一。文異カ故ニ。南方ノ御書。北方ノ御書トテ二通写有レ之。寛保年中之事也。

○同上巻御書一通

延享五年戊辰年。如来堂御上棟ニ付。巻キ章一通アリ。当国南北御末寺三十六講へ賜レ之。

これによると、伊勢国内の高田派寺院が円猷上人の時代から南と北に区分して管理されるようになったことと、そこに三十六の大講が成立していたことが知られる。残念ながらそれに関する上人の御書は伝わっていないが、この『衆教目録』の記事は十分信頼できそうである。

ところで、現在伊勢国内の高田派寺院数は約四百か寺であって、江戸時代はそれより若干多い程度で大きな違いはなかったと思われるから、大講の参加寺院を十か寺平均とすると三十六講では三百六十か寺であり、「南北三拾六講」というと伊勢国内総末寺数に近い。つまり円猷上人の時代に伊勢国内の末寺を三十六講として組織化するようになった、と考えて大きなまちがいはないのではなかろうか。

九　伊勢国三十六講

この三十六講については、小妻隆文氏が宝暦八年（一七五八）の「季宮《としのみや》（のちの第十八世円遵上人）得度記録」の中からその具体的名称を探し出された。元文五年（一七四〇）から十八年後の史料であるが、十分信頼できると思われる。念のためそれを記すと次の通りである。

御近所講	御近所二十七日講	安濃上講	安濃中講
清水講	洞津講	垂水講	片田上講
片田下講	雲出講	川南講	蓮融講
長野講	七栗講	榊原講	瀬川講

大願講　　松阪講　　明星講　　二十七日講
満足講　　二十二日講　　稲生講　　白子講
念仏講　　真実講　　松栄講　　河内講
三日市講　　鈴鹿上講　　鈴鹿中講　　峰谷講
十九日講　　七里講　　両郡講　　三重講

（「円遵上人行実」〈『高田学報』第五四輯、一九六五年〉。同年、小妻隆文『円遵上人行実』として高田学会から発行）

ところで、これらの大講が今どれだけ伝存しているか、まだ調査を行っていない。いずれ機会を見て調査してみたいと思っている。

なお第八節で引用した『如来堂御建立録』記事でもう一つ注目されるのは、「俗講」という文言である。これが何を意味するか明らかでないが、「俗講」というからには、在家の人々による講であることはまちがいない。とすると、茶所講とか御飯講など本山への奉仕講や、白塚通夜講のような講を指しているのだろうか。

十　大講への積極的な御書の発給

円猷上人御事績の一つにこれらの大講への御書の発給がある。堯秀上人の御書については、三重郡廿八日講への御書三通があることは右に述べた。しかしその跡を継がれた堯朝・堯円両上人にはそうした御書が知られていない。ところが円猷上人にいたって、次頁の表の通り多数の発給が認められる。上人の跡を継がれた第十八世円遵上人以下の各上人が大講への御書を発給されるが、これは円猷上人に見習ってのことであり、上人はその先例を開かれた

大講宛円猷上人御書

発出年月日	西暦	宛先	存否	根拠史料	備考
享保六年二月二八日	一七二一	六名廿八日講中	○	原本（自署）	三重第十六組寺院六名講蔵
〃 六・―・―	〃	神戸掛所	×	高田史料	
〃 一四・二・一九	一七二九	三州廿八日講中	○	原本（自署）	愛知県三河大講蔵
元文元・一〇・一五	一七三六	三重郡廿八日大講中	○	原本（自署）	四日市市三重大講蔵（図57）
〃 二・五・二三	一七三七	江戸称念寺信心講	×	生桑調書	
〃 二・一二・―	〃	江戸惣門徒	×	〃	
〃 三・一一・二八	一七三八	三重朝日両郡廿八日大講	×	〃	
〃 四・七・八	一七三九	洞津女人講中	○	原本（自署）	津市上宮寺蔵（図58）
〃 五・六・八	一七四〇	江戸登山真実講	×	生桑調書	
〃 五・一〇・一五	〃	朝明郡富田一色村龍泉寺廿八日信暁講中	○	原本（自署）	四日市市龍泉寺蔵
寛保元・三・八	一七四一	江戸澄泉寺廿八日講	×	生桑調書	
〃 二・一一・―	一七四二	華洛直参総門徒	○	写本（平かな）	京都別院蔵
〃 三・六・一一	一七四三	尾州女人講	×	原本（自署）	
〃 三・七・―	〃	関東総門徒	×	生桑調書	
〃 三・一〇・八	〃	江戸称念寺女人講	×	〃	
延享元・八・―	一七四四	伊勢国近所講	○	原本（平かな　自署）	津市万年寺蔵。片田講本と同文
〃 二・五・―	一七四五	伊勢国片田講	○	原本（平かな　自署）	津市片田講蔵。近所講と同文
寛延二・一一・二八	一七四九	洞津講	×	生桑調書	
〃 四・六・二八	一七五一	勢州安濃郡増信講	○	原本（署名は円智）	津市安濃町増信講蔵
〃 四・九・二八	〃	勢州一志郡波瀬村女人講	×	生桑調書	

〔註〕根拠史料の「生桑調書」は生桑完明先生自筆ノート『高田派歴代法主の撰述』、平松蔵。「高田史料」は松山忍明氏自筆編年史料集五冊、真宗高田派教学院蔵。『遺芳』に掲載のものを修正増補した。

ものといえる。

これらの御書のうち、原本が伝存するのは九本である。そのうち最後に出された増信講宛御書は、法嗣円超上人の急逝と遭遇したためか、発出が遅れたようで、上人滅後円智（のち円遵と改名）上人の署名なので、これを除外して八本についてみることにするが、そこには一般の書状とは異なる独特な様式が見られるので、それを検討することにしたい。

十一　古文書学から見た御書の特徴

大講宛御書の様式は、古文書学の立場から見ると、際立っていろんな特徴がある。というのは、高田派で「御書」と称しているのは、本願寺では「御文」とか「御文章」と呼ばれている文書で、その淵源が親鸞聖人の御消息にあることはいうまでもない。「あなかしこ」で終わるのはその何よりの証拠である。そのことはまた古文書学的に言えば私文書であって、「書状」の部類に属する訳である。

ところが大講へ発出された御書は「書状」の形式から大きく逸脱してしまっていて、とても書状とは言えない。一つの独自の文書形態をなしているというべきだろう。そこで以下その特徴をとり上げることにする。

①書下し年号であること。

書状の日付は月日だけを書くのが原則であって、年号は書かない。私的な文書だからである。ところが円猷上人の大講宛御書には、公文書のように年号をつけた、いわゆる書下し年号になっている。

②署名が別行になっていること。

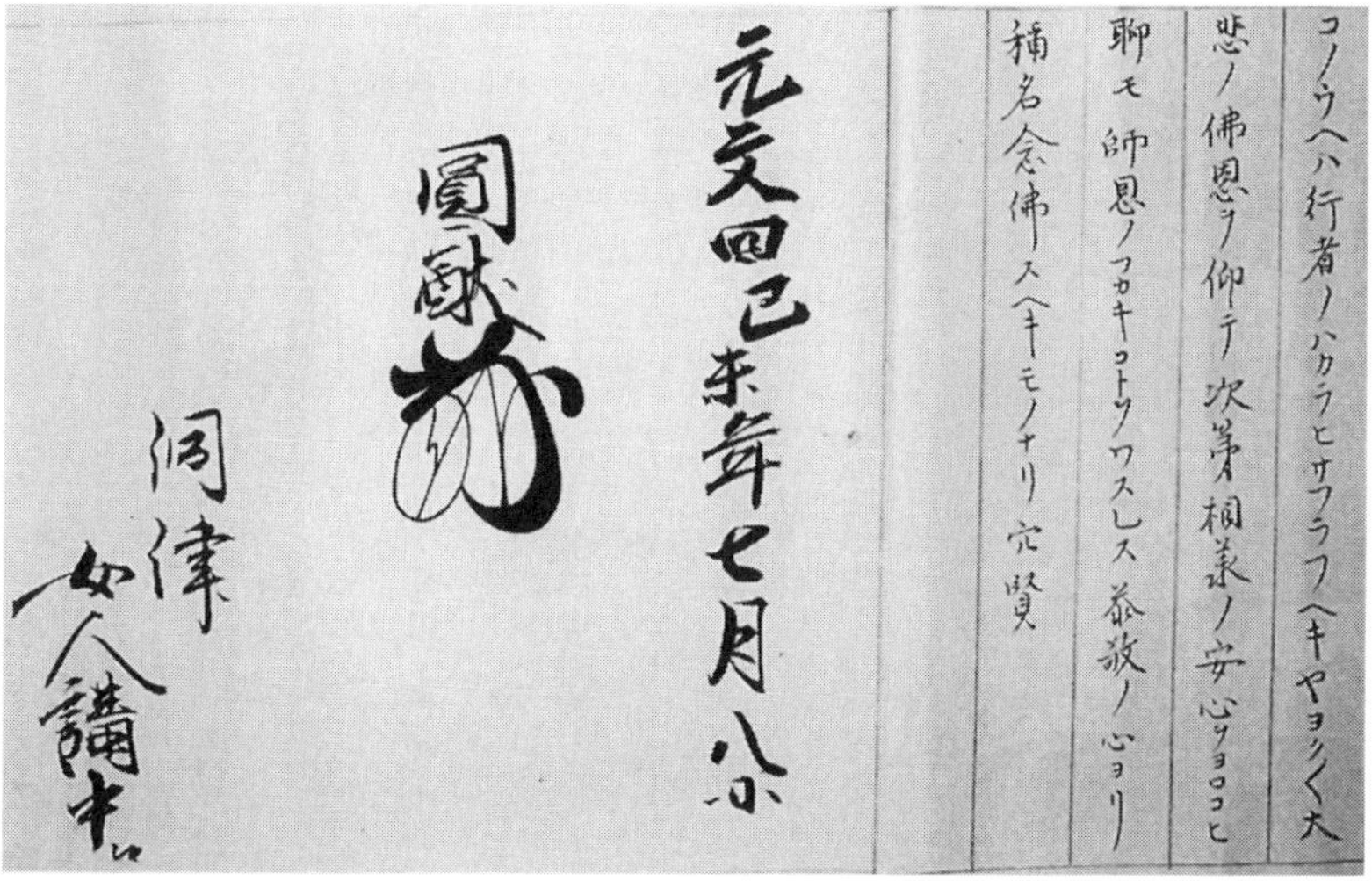
コノウヘハ行者ノハカラヒサフラフヘキヤヨクヨク大
悲ノ佛恩ヲ仰テ次第相続ノ安心ヲヨロコヒ
聊モ師恩ノフカキコトヲワスレス恭敬ノ心ヨリ
称名念佛スヘキモノナリ穴賢
元文四己未年七月八日
圓猷（花押）
洞津
女人講中

図58　洞津女人講宛円猷上人御書　末尾（津市上宮寺蔵）

書状の署名は日付の直下へ書くのが原則である。古文書学ではこれを「日下署判」と言って、江戸幕府の将軍が部下に対して発出する文書でも、署判は必ず日下である。朱印状でも朱印は日付のすぐ下に捺されている。ところが上人の御書は署名は日付とは別行として、しかも上方に書かれている。これは次項の宛名の書かれる位置と関連しているようである。

③署名が上人自筆で、花押が加えられていること。

署名が本文とくらべてとくに大字で、上人自筆である。ここに写真（**図58**）を掲げた洞津女人講宛御書のように、日付も宛名も同じく上人自筆の御書もあるが、伊勢国片田講宛御書のように署名だけ自筆の御書もあって、これは一定していないらしい。花押は筆太の部分は捺し型で捺印した上を墨で塗りつぶしたらしいが、細い線は細い筆で書き加えられている。珍しい形式の花押である。今回いろいろの花押集について調べてみたが、このような花押は見当たらなかった。上人は何をお手本になさったのだろう。

④宛名の位置が極端に低いこと。

一般に書状の宛名は、料紙の半分より上方に書かれる。行頭を日付と揃えるか、あるいは日付より上へ位置させるのが通例である。ところが大講宛御書の宛名は、上人の署名より遥かに下方に書かれている。料紙の下端へ押しつけられるような形で書かれている。

実は書状の宛名の位置については、武家文書では室町時代から変化が現れてきていた。将軍の発出した「御内書」という家臣宛の書状形式の文書で、宛名を低く書くようになって、江戸幕府では二代将軍秀忠のころから朱印状や判物の宛名は料紙の下端近くまで下げて書くのが通例となってきている。諸大名でもそれにならって家臣への文書は、宛名を低く書くのが一般化していた。円猷上人の御書の形式はこうした時代の風を見倣ったものではあるまいか。

⑤本文の書止め文言が命令口調であること。

本文の書止め文言も、右と同様の傾向を持っている。書状ならば、通常は「何々すべく候、あなかしこ〳〵」と結ぶべきところを、「穴賢」の前の書止め文言が「そうろう」体ではなく、「何々すべきものなり」と命令的な口調になっているのが特徴である。書状は命令形で書き止めないのが原則なのに、その原則に従っていないのである。

十二　円猷上人御書の歴史的意義

以上のように見てくると、上人の御書は古文書学的には完全に書状形式から逸脱してしまっている、といえよう。となると問題なのは、この形式が上人の創出せられたものかどうかである。そこで上人の先代堯円・堯朝両上人の御書が残っておれば対比できるが、残念ながら原本が伝わっていない。円猷上人に最も近いのは、先にも記したよ

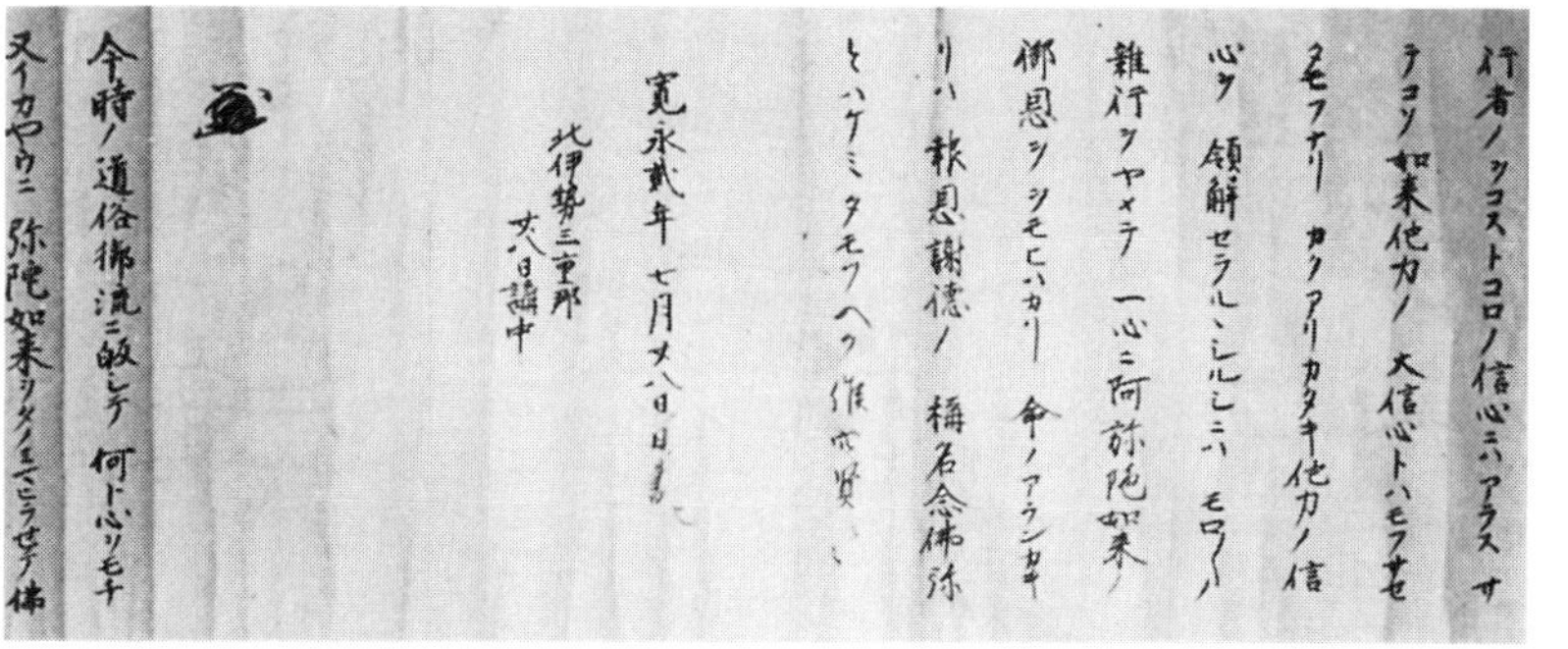
行者ノツコストコロノ信心ニハアラス サ
テコソ如来他力ノ大信心トハモフサセ
タモフナリ カクアリカタキ他力ノ信
心ヲ領解セラルヽシルシニハ モロ〜ノ
雑行ヲヤメテ一心ニ阿弥陀如来ノ
御恩ヲシモヒハカリ 命ノアランカキ
リハ報恩謝徳ノ 稱名念仏弥
とハケミタモフへク候也穴賢〵
寛永弐年七月廿八日書
北伊勢三重郡
廿八日講中
今時ノ道俗佛流ニ皈シテ 何トヽ心ヲモチ
又イカヤウニ弥陀如来ヲタノミモフラせて佛

図59　三重郡廿八日講宛堯秀上人御書（四日市市上品寺蔵）

うに堯秀上人の三重郡廿八日講へ宛てて出された御書三通である。

この堯秀上人御書（**図59**）の形式を見ると、日付は「寛永弐年七月廿八日」と書下し年号になっているが、その下に署名はない。そして宛名は料紙の半分くらいの位置に書かれていて、円猷上人のように下方ではない。注目されるのは、署名のない代りに、御書の冒頭のところに堯秀上人の自筆花押が、書かれている点である。これは武家文書で下文《くだしぶみ》などに見られる袖花押の形式に似ている。このように御書の冒頭に花押を書く風は、すでに真慧上人に見られるところで（一例として津市河芸町黒田浄光寺蔵「永正規則」）、堯秀上人までその形式が踏襲されていたと見られる。

ということになると、円猷上人御書の形式は独創的なように見えるが、こうした文書形式は一般には何か拠り所があって生ずるのが通例であって、ある人が突然として創出するという例は少ない。そこで上人は何かを拠り所とせられたのではないかを考えることとした。とくに当時の東西本願寺門主発出の御消息との対比が必要となる。そこでまず本願寺史料研究所へ照会してみたが、そういう門主御消息は採訪されていなかった。また『真宗史料集成』第六巻「各派門主消息」（同朋舎出版、一九八三年）に収められている御消息は、すべて本山や大学図書館に残されている案文（控）を底本としており、原本に依っていない。したがって年月日や署名・花押・宛名の状況は明確でない。

そこで関係方面を探したところ、大阪市内に伝えられる二通の御消息について、そのコピーを頂戴することができた。一通は西本願寺第十三世良如上人（一六六二年寂）のものであり、もう一通は第十七世法如上人（一七八九年寂）のものである。これを見ると、いずれも年号は書かれているが、月日とは別行であっていわゆる「書下し年号」ではないし、署名と花押は月日の直下に書かれていて、円猷上人のように大書されていない。宛名は良如上人のものは料紙の中段にあり、法如上人のものは下段に下げられている。これらの形は江戸幕府で将軍の発出する朱印状や判物と全く同じ形式である。

また円猷上人の場合署名は必ず上人自筆であるが、西本願寺のこの二通は、共に署名も本文と同筆のように認められ、したがって署名も花押が門主自筆とは認められない。

こうして見てくると、円猷上人御書の年月日と署名部分の形式は、上人の独自のもののように思われてくる。今までの調査では本願寺派の二通しか対比していないので、もっと広く他派の例を探し出し対比してみる必要があるが、目下のところ円猷上人御書は独創的であった可能性が高く、しかもこれが後代の法主に引き継がれて高田派御書の定型となっていった点で、その歴史的意義は大きい、と言えよう。

付記　円超上人の伝灯相承について

このたび刊行せられた『遺芳』の「円猷上人小伝」において私は、「円猷上人の譲状に基づき、上人は延享三年（一七四六）八月、住持職を法嗣円超上人に譲っておられる。それなのに、それがどうして御歴代からはずされたのか疑問である」と記した。

これに対して「円超上人が住持職に就任されたと断定してよいのか、御歴代からはずされたとの記事は妥当でないのではないか」との疑問が寄せられてきた。

そういわれてみると、譲状は円猷上人が御病弱だったため、万一の場合を想定して、あらかじめ作成して手許に保管しておられたものかもしれない。「延享三丙寅年八朔」との日付があるからといって、この日に伝灯相承が行われたかどうか、現代の遺言状のような感覚で書き置かれたもの、と考えられないでもない。とすると「歴代からはずされた」との記述はいささか穏当を欠いていたかもしれない。しかしそうなると、円超上人の御遺骨包紙に「高田専修寺第十八世無土信心院大僧都円超上人大和尚」という、すでに住持職に就任しておられたかのような墨書があるのは、どう理解したらいいのだろうか。ともかくも今後一層史料を探して、事実を究明しなければならないと考えている。

第六章　「かんこ踊」と「おんない念仏」
――顕智上人の濡れ衣を晴らす――

一　教団外の人々の眼に映った高田派教団の行事

一般に伝統的行事というものは、それを行っている当事者にとっては当たり前で何とも気にならないのに、その行事にかかわりのない外部の人間から見ると、奇異に思われ、「どうしてそうなの」という質問を投げかけられることがある。「どうして?」という質問を受け、初めて「なるほどそんな風に思われているのか」と気付かされる場合も少なくない。

我が高田派教団の伝統的行事についても、他派の真宗教団からは不審に思われるような点があるらしい。たとえば一光三尊仏について、「なぜ十七年目ごとにしか御開扉しないのか。ありがたい御尊像なら、いつでもお姿をおがむことができるようにしてもらえないのか。秘仏にしておられるのは、密教みたいじゃないか」という、いささか非難めいた声を耳にすることがある。

ごもっともなように聞こえるけれども、伝統的行事というものは、祖先が長い歴史を積み重ねた上に成り立っているものであって、一片の理屈だけで簡単に割り切れるものではない。一光三尊仏の御開扉などはその好例だろう。ただこういう外部の声にはどう対応するのか、派内で研究をしておく必要があるのではなかろうか。

二　高田派では踊り念仏を行っていたとの疑惑

今回とり上げたいのは、高田派は過去に踊り念仏を行うなど、教義上でも不純な夾雑物が混じり込んでいたのではないか、近世に教学が整備されるに伴って、教学上はそうした夾雑物は拭い去られたけれども、行事などにはまだ尾を引いて残っているところがあるのではないか、という指摘である。それは先の一光三尊仏の問題や、千部会の問題とからませて考える人があり、高田派外ではモヤモヤとくすぶっているように思われるので、この際はっきりさせておきたいと思ってとり上げることとした。

その問題をはっきりと具体的に公表したのは、かつて大谷大学教授であった日下無倫氏（一九五一年没）である。氏は大正・昭和にかけて、日本仏教史・真宗史の泰斗として著名な学者だが、その代表的な著書『真宗史の研究』（平楽寺書店、一九三一年。のち臨川書店、一九七五年復刊）の巻頭「真宗諸派の起源」の中で、北陸方面の初期真宗教団には、時宗系踊り念仏の影響が大きかったことを述べた上で、次のように記している。

この踊念仏が啻《ただ》に北陸の教団に影響せしめられたばかりでなく、下野高田の教団にも存在してゐた形跡があるから、北陸教団の如道はその源を高田教団に発足してゐる関係上、北陸教団に於ける踊念仏は、或は高田教団から影響をうくるものと考へられぬでもない。然しかうした両教団の影響如何の穿鑿は他日に譲ることとして、現に下野高田から移建された所の伊勢高田派本山専修寺では、大法会に際して、ま、踊念仏を修するの遺風がある。これは下野高田の遺風たるや明らかであって、近くは昭和三年四月新法主の得度式記念として、この念仏が修せられたのを見てもわかる。（『真宗史の研究』一〇一頁）

というのである。ここに日下氏が「論より証拠」としてとり上げた昭和三年（一九二八）四月の「踊念仏」というのは、次頁にその写真（**図60**）を掲げるが、専修寺の御対面所前の中庭で、一身田の青年団が踊っている「かんこ踊」である。このとき私は小学生であって、これを見物に行ったことを記憶している。

この「かんこ踊」は、伊勢国内の多くの農村で広く行われていた民俗芸能で、その数はいま判明しているだけで二十六地区だから（「三重県下のかんこ踊を考える」〈『三重の古文化』第八四号、二〇〇〇年〉）、江戸時代には二百か所を越える地域で行われていたのではなかろうか。高田派本山の所在地一身田でもそれが伝承されていて、平常はお盆に行っていたのだが、新法主様のお得度だというので、そのお祝いに境内で踊ったまでのことである。平成十一年、現法主の伝灯奉告法会に境内で能楽が演ぜられたが、それと同じような芸能奉納であって、これをとがめだてするのは明らかにまちがっている。日下氏は悪意があってこんなことを書かれた訳ではあるまいが、氏の意識の根底には高田派に対する一種の偏見が横たわっていたからであろうことは否定できまい。

三　鈴鹿市三日市の伝統行事「おんない念仏」

次に問題となったのは、鈴鹿市三日市で毎年八月四日の夜に行われる「おんない念仏」である。

この三日市という地区は、親鸞聖人の直弟顕智上人（高田派第三世）とその門弟善然（「善念」とも）とが、伊勢国内教化の最初の拠点としたところと伝承されている。如来寺と太子寺と称する両堂が並んで南向きに建ち、それ

図60　昭和３年４月25日、新法主（堯祺上人）御得度祝賀行事として行われた一身田青年団による「かんこ踊」（常磐井家所蔵写真帖より）

図61　三日市「おんない念仏」の傘鉾

ぞれの前に、二か院ずつの高田派寺院があって、この四か寺で如来寺・太子寺をお守りしているという伽藍配置は古代寺院を思わせるものがあるし、何よりも顕智・善然両上人像と言い伝える等身大の真宗僧侶形木造肖像彫刻〈うち一体〈善然上人像〉は重文指定〉が保存されていることは、この開基伝承を支持してくれる。

「おんない念仏」は、毎年八月四日の夜、この三日市地区の住民が組織する「四日講」によって演ぜられる。この日はまず四日講の世話方衆が如来寺へ集まって、本堂の前に「傘鉾《かさぼこ》」〈**図61**〉と称する傘を四本立てる。この傘鉾というのは、灯籠の上に傘をとりつけ、周囲に幕をはりめぐらして、その下へ人形や弾《はじ》き猿や腰巾着などのいろんな手芸品をいくつもぶら下げたもので、土地の娘さんたちの作品にふさわしく色美しい。傘の直径は一・五メートルほど、高さは二メートルを越える。

行事は日没後、あたりが真っ暗になってから始まる。集まってくる講員はそろって菅笠をかぶり、肩衣をつけていてその数は百名を越え、東組と西組に分かれて、傘鉾のまわりにしゃがみこみ、調声の発声によって念仏をとなえ、続いて歌を唱う。それは「唱う」といっても、少し節がついてはいるが、格別にメロディーがある訳ではなさそうで、傍で聞いていると、低い声でうなっているような感じである。

歌詞はすべて和歌と同じ五七五七七の三十一文字からなり、東組に二十八首、西組に二十二首、合計五十首あるが、重複しているものがあるので、それを差引くと三十七首である。講員たちは、如来寺でまず一首をとなえてから、傘鉾をかついで門を出て、三日市集落のあちこちを巡回し、その場所ごとに定められた歌を唱う。その場所も唱う歌も、東組と西組とでは違っていて、二時間足らずで行事を終える。

この「おんない念仏」について三日市では、この地を教化していた顕智上人が突然姿を隠されたので、村人たちが上人を探して廻ったことから始まったもので、「おんない」は「御身無い」から転じたものだ、といっている。もちろんこれがこじつけがましい縁起説話であることはいうまでもない。しかしこれが行われる八月四日（旧暦の時代は七月四日）が顕智上人の忌日であることはまちがいない。上人が延慶三年（一三一〇）七月四日に往生されたことは、のちに述べるように高田山宝庫の史料によって確認できるところだからである。

四　五来重氏の「おんない念仏」観

この「おんない念仏」について学問的な分析を試みたのは、大谷大学教授五来重氏（一九九三年没）であった。五来氏は日本宗教民俗学の開拓者としてその業績は高く評価されている。私にとっては京都大学の先輩であり、いろいろとご指導を賜った。氏に「おんない念仏」を紹介し、この行事についての宗教民俗学的分析を依頼したのは、私が『高田学報』の編集を担当していたころであった。『高田学報』第四七輯（一九六〇年）に当時新門であられた現法主の（補註1）「おんない念仏歌考注」という御労作を発表していただいたので、それを受けてこの機会に「おんない」の研究をさらに一段飛躍させようとねらっての企画であった。

このころ氏は念仏芸能の研究に熱心に取り組んでいた時期だったから、私の希望を快く受け入れ、やがて「伊勢三日市の「おんない」と真宗高田派の大念仏」という原稿が送られてきた。長文（『高田学報』では一九頁分）の力作であった。私はありがたく頂戴し、それを『高田学報』第四八輯（一九六一年）の巻頭に飾らせてもらった。今になって読み直してみると、次に述べるように見当違いな点もあり、高田派教団にとって問題の論文だと思われるが、当時としては宗教民俗学による進歩的な業績と評価したのだから、この責任の一半は私にもあるかもしれない。

五来氏が、先に紹介した日下無倫氏の高田派に関する論文を知っていたかどうかは定かではない。両氏は同じ大谷大学の教授ではあるものの、年代が隔たっているのと、研究分野が全く違うことから、直接の関係はなかったのではないかと思われる。しかし意識の根底には同じように高田派に対する偏見が潜んでいる点では共通しているのではあるまいか。

五来氏は「おんない」の行事が、傘鉾の形式や詠歌の文言、集落内の聖地巡回の様相などを分析した結果、顕智上人との関係から生まれた特別な行事ではなく、祖霊や怨霊を鎮送する一般的な民俗儀礼を根底とした大念仏の一種である、と認定する。もとは踊りを伴っていたはずで、「融通念仏」ともいわれるように、集団で念仏をとなえ、歌舞することによって、念仏の功徳を積み上げると共に、その功徳を互いに融通し合おうという呪術的な信仰であって、鎌倉時代の勧進聖がこれによって念仏を広めた、という。

そして真仏・顕智によって始まる初期の高田派教団は、正にそうした大念仏によって教化を広めたのであって、三日市の「おんない」は顕智とその門弟善然の大念仏的教化の名残りである、と断定し、その大念仏的行事の中から踊りを欠落させたのは、『顕正流義鈔』を著した真慧上人（高田派第十世）が、「真仏・顕智をとび越して親鸞に直結した本願寺化の結果」である、との結論を出している。つまり初期の高田派教団は、大念仏という呪術的な夾雑物を大量に含んだ教団であって、真慧上人によってその夾雑物を排除し純粋化がはかられた結果、現在のような姿になった、というのである。

五　『顕正流義鈔』に対する誤評価

まず指摘されなければならないのは、真慧上人が、高田派の法義や行事に夾雑物を排除して「本願寺化」を行った、という見解である。これはとんでもない誤解である。五来氏に悪意があってのこととは思わないが、本願寺が真宗の正統であって純粋な法義と儀礼を受け伝えているのに対して、高田は不純な夾雑物に汚染されていたという訳で、そこには偏見が横たわっていることを示している。

氏は真慧上人の著『顕正流義鈔』をもって、教義の純粋化を目指した書というが、氏はこの書の題名を見ただけでそう思い込んでしまい、内容を読んでいないのではあるまいか。この書は、高田派教団内の純粋化をはかろうとしたものではなく、本願寺蓮如に対して、論争を挑み、彼のあまりに過激な行動に是正を促した書である。そのことについては、堤玄立氏が指摘し（「真慧上人の往生義」〈『高田学報』第六四輯、一九七四年〉。のち『信と証――親鸞教学序説――』法藏館、一九八〇年）、私も「高田専修寺真慧と本願寺蓮如」（北西弘先生還暦記念会編『中世仏教と真宗』吉川弘文館、一九八五年。のち『真宗史論攷』同朋舎出版、一九八八年）において述べたところである。

氏は「おんない」がかつては踊りを伴った大念仏であったことを述べ、今その踊りが伝わらないのは、行儀の真宗的純正化を目指した真慧上人がやめさせたからだろうという。しかし真慧上人の伊勢国教化の模様を調べてみると、そんなことがあったとはとても考えられないのである。まず上人が伊勢へ入られると、それまで高田門徒の拠点だった三日市の僧たちとの対立が発生し、三重郡小松（四日市市）と鈴鹿郡原（鈴鹿市）を拠点として活動し、のち一身田へ移っていて、三日市に入った形跡がない（「専修寺真慧の教化について」〈『龍谷史壇』第九九・一〇〇合

刊号、一九九二年〉。本書第三部第三章）。

また上人が伊勢国内の重要拠点として無量寿寺（のち高田派本山専修寺）を建てた一身田の地に「かんこ踊」が伝承されていたことは先にも述べたが、この踊りは歌謡を全く伴わず、「かんこ（羯鼓）」を叩いて飛びはねるだけの踊りである。真慧上人のお膝下の地でありながら「おんない」と正反対という現象は、五来氏の論法では説明できないのであろう。

真慧上人が教団活性化のために尽力されたことはまちがいないところで、野袈裟など新行儀の創設を行っておられるが、既存の行儀をやめさせるというような統制を行われた、という行動は全く存知していない。五来氏の真慧上人に対する評価は方向が誤っているのである。「おんない」は真慧上人によって変形させられたのではなく、当初からこういう形だった、と考えるべきではなかろうか。

六　「おんない念仏」はやはり顕智上人忌の行事

そこで大念仏成立のころに遡ってみたい。平安末期に始まった大念仏は、鎌倉末期ごろから踊り念仏となって、民衆生活の中へ広く浸透し始めたといわれている。その波がやがて伊勢国へ流れ込んできて、それが「かんこ踊」となって各地に定着したことは、五来氏の説くところである。氏は「おんない」もその中の一つと述べている。しかし「かんこ踊」と「おんない」とを同じように取り扱っていいのだろうか。私は問題があるように思う。

「かんこ踊」が大念仏の系統を引くことは五来氏の指摘を待つまでもない。一身田の「かんこの胴」には墨黒々と「大念仏」と書かれている。津市河芸町上野に伝わる江戸時代庄屋の日記（『河芸町史』史料編上、河芸町、二〇

○○年、文化十四年〈一八一七〉七月条〉にも「大念仏」と称して「かんこ踊」を行っている記事がある。しかしそこには霊魂に対する念仏供養という宗教性は全く見られない。一身田の「かんこ踊」には先述の通り歌謡が全然伝わっていないし、上野のは歌詞の有無はわからないものの、隣村の北黒田や久知野で大正年間まで伝わっていた「かんこ踊」歌詞を見ても、宗教性は全く欠落してしまっている。どうやら大念仏は芸能としては伝承されているけれども、宗教的儀礼としては全く機能していなかったらしいのである。

これは伊勢国内に伝承された「かんこ踊」を通観してみて、大きな原則的傾向と認めてよいように思われる。とすると、この「おんない」はどういうことになるのだろうか。五来氏は「おんない」も、もとは踊り念仏だったのに、その踊りが消されて、念仏の方だけが残ったと推定し論述を進めておられるが、この推定には疑問があるのではなかろうか。踊り念仏の中から踊りが欠落したのではなく、当初から踊りはなかったのではないだろうか。「おんない」の成立については、考え直す必要があろう。

それは、ことに「おんない」が行われる旧暦七月四日についても考えられる。五来氏は「七月四日というのは、七月廿四日までの三七廿一日の別時念仏の入りの日ともかんがえられる」と述べているが、七月四日はまちがいなく顕智上人の命日である。このことは高田山宝庫に伝えられる歴代上人御遺骨容器のうち、顕智上人御遺骨包紙（一八五頁**図29**）に「けんちの御房の御しやり《（舎利）》ゑんきやう《（延慶）》三年かのへいぬ七月四日のとりの時の御わうしやう《（往生）》也」、と鎌倉時代の筆跡で書かれている（『高田学報』第五三輯、一九六四年、口絵写真および拙稿「高田派歴代上人の御遺骨について」。のち『真宗史論攷』に収載）から明確で、疑う余地はない。

つまり「おんない」は、やはり顕智上人の命日に際し、上人を追悼する行事から発足したものであって、その後の社会の流れに影響されて、美しい傘鉾を飾ったり、大念仏の歌詞をとり入れたりしたのではあるまいか。

七　『本願寺文書』による疑惑

この五来氏の論文の中で、真仏・顕智両上人による高田派教団が、大念仏という呪術的な信仰に汚染されていたことを説くにあたって、一つの史料を揚げている。この論文の中に登場する唯一の文献史料であるが、それは『本願寺文書』の中の一枚で標題などないが、五来氏はこれを「専修寺系図」と名付けている。一枚の折紙に「真仏次男信性」と書き出し、以下九名ほどの僧名と若干の証を書き並べ末尾は「顕智　真仏ノムコ也、今ノ専修寺ノスチハコレ也」と結んでいるからであろう。

その中の一人「真正」に、次のような註記があり、五来氏はこれを重視している。

大念仏衆之躰也
真正　此仁帰参　実如様御代法名被下
イソヘ勝願寺異兄也

この記事によって五来氏は「とにもかくにもこの教団に大念仏衆が混入していた事実はみとめなければならない」と述べる。そして善光寺に融通念仏が入り込んでいた事実を挙げるなどして、善光寺に縁の深い高田派教団は大念仏に汚染されていたと断定するのである。

しかし右に引用した中に「実如」という本願寺第九代宗主の名が見えるように、この記録は十六世紀以降に制作されたと認められる。すなわちここに記載された人々が生存していた時代から三百年近くも経過した後に制作されたものであって、史料価値はまことに低いといわざるを得ない。歴史学の研究者としてはこのような価値の低い史料に拠った論証は到底納得できるものではない。

百歩を譲ってこの史料を認めるとしても、「大念仏衆のような風体をしていた」というのは、「大念仏衆之躰也」というだけのことで、大念仏を勧進して歩いた、という訳ではないし、しかもそれがこの文面に記されている九名の人のうちの一名のことである。これをもって高田派教団全体を論じようとするのは、あまりにも無茶である。しかもこの「真正」というのは全く未知の人物であって、高田門徒であったかどうかもわからない。そんなことを思うと、先に述べたように、五来氏の見解は高田派に対する偏見が先入観となっていたとしか思われない。

真仏・顕智両上人の信仰に、大念仏のような呪術的念仏信仰が入り込んでいたかどうか、それは先年来、当本山から刊行している『影印高田古典』の第一巻「真仏上人集」（真宗高田派宗務院、一九九六年）と同第二〜第四巻「顕智上人集」（一九九九〜二〇〇二年）を見ていただければもう一目瞭然であろう。

補註

（1）高田派第二十四世法主常磐井鸞猷氏は、平成二十五年（二〇一三）に第二十五世慈祥氏に法灯を譲られ、現在は前法主である。

初出一覧

第一部　親鸞の生涯をめぐって

第一章　親鸞の生涯
原題同名（真宗教団連合編『親鸞』朝日新聞出版、二〇〇九年）

第二章　親鸞の六角堂夢想について
原題同名（福間光超先生還暦記念会編『真宗史論叢——福間光超先生還暦記念——』永田文昌堂、一九九三年）

第三章　後鳥羽院と親鸞
原題同名（『龍谷大学論集』第四四〇号、一九九二年）

第四章　善鸞義絶状の真偽について
原題同名（『龍谷大学論集』第四三二号、一九八八年）

第二部　初期真宗教団と真仏・顕智

第一章　初期真宗教団の展開をめぐる諸学説
原題「解説」（柏原祐泉・黒田俊雄・平松令三監修『親鸞大系』歴史篇第六巻「教団の展開」、法藏館、一九八九年）

※後付けの「付表　本章掲載文献一覧」は、本書の編者による書き下ろし

第二章　真仏上人の生涯
原題同名（真宗高田派教学院編・平松令三責任編集『影印高田古典』第一巻「真仏上人集」、真宗高田派宗務院、一九九六年）

第三章　真仏上人の筆跡
原題同名（真宗高田派教学院編・平松令三責任編集『影印高田古典』第一巻「真仏上人集」、真宗高田派宗務院、一九九六年）

第四章　顕智上人の生涯
原題同名（真宗高田派教学院編・平松令三責任編集『影印高田古典』第二巻「顕智上人集」上、真宗高田派宗務院、一九九九年）

第五章　新発見の古写本『三河念仏相承日記』
原題同名（『教学院紀要』第一五号、二〇〇七年）

第三部　下野国高田から伊勢国一身田へ――真宗高田派の展開――

第一章　下野国高田山専修寺史考
原題同名（『高田学報』第七八輯、一九八九年）

第二章　寺内町一身田
原題同名（網野善彦・石井進編『中世の風景を読む』第三巻「境界と鄙に生きる人々」新人物往来社、一九九五年）

第三章　専修寺真慧の教化について
　原題同名（『龍谷史壇』第九九・一〇〇合刊号、一九九二年）
第四章　堯秀・堯円両上人の御事績とその背景
　原題「堯秀、堯円両上人の御事績とその背景」（『高田学報』第五六輯、一九六六年。のち、真宗高田派教学院
　　編『論集　高田教学』真宗高田派宗務院、一九九七年再録）
　※後付けの「解題と補記」のみ、再録本に初出

第五章　円猷上人御事績の歴史的意義
　原題同名（『教学院紀要』第一一号、二〇〇三年）
第六章　「かんこ踊」と「おんない念仏」――顕智上人の濡れ衣を晴らす――
　原題「顕智上人の濡れ衣を晴らす」（『教学院紀要』第一〇号、二〇〇二年）

図版一覧

図1　日野氏系図（鎌倉時代・重文・高田専修寺蔵）
図2　『伝絵』親鸞得度の場面（重文・高田専修寺蔵）
図3　『伝絵』親鸞が法然の禅房を訪れる場面（重文・高田専修寺蔵）
図4　高田派第二世真仏筆「親鸞夢記云」（重文・高田専修寺蔵）
図5　『伝絵』「六角堂夢想」の場面（重文・高田専修寺蔵）
図6　「選択相伝の御影」（岡崎市妙源寺蔵）
図7　『伝絵』「信行両座」の場面（重文・高田専修寺蔵）
図8　『伝絵』越後へ向かう親鸞の場面（重文・高田専修寺蔵）
図9　『伝絵』越後国府での親鸞の場面（重文・高田専修寺蔵）
図10　『伝絵』稲田草庵の場面（重文・高田専修寺蔵）
図11　『伝絵』康永本　稲田草庵の場面（重文・東本願寺蔵）　写真・東本願寺提供
図12　『伝絵』「山伏教化」の場面（重文・高田専修寺蔵）
図13　一光三尊仏計測図（計測と記入は高田派第十七世円猷・高田専修寺蔵）
図14　栃木県専修寺如来堂
図15　堂内の内陣と外陣の境にある欄間彫刻　『親鸞聖人根本道場　専修寺』（栃木県専修寺）より転載
図16　親鸞自筆書状「ひたちの人々」宛（重文・西本願寺蔵）　『増補　親鸞聖人真蹟集成』第四巻（法藏館、二〇〇六年）より転載

図17　『伝絵』親鸞火葬の場面（重文・高田専修寺蔵）
図18　『伝絵』親鸞墓碑（重文・高田専修寺蔵）
図19　慈信房義絶状（末尾部分）（高田専修寺蔵）
図20　親鸞聖人自筆消息（覚信房宛）（重文・高田専修寺蔵）
図21　顕智上人書写　親鸞聖人消息（覚信房宛）（高田専修寺蔵）　『影印　高田古典』第三巻（真宗高田派教学院、二〇〇一年）より転載
図22　真仏上人像（栃木県専修寺蔵）
図23　真仏報恩塔（重美・蓮田市辻谷）
図24　『経釈文聞書』より（高田専修寺蔵）　『影印　高田古典』第一巻（真宗高田派教学院、一九九六年）より転載
図25　『教行信証』行巻より（高田専修寺蔵）
図26　顕智上人像（栃木県専修寺蔵）
図27　顕智上人筆「聖徳太子衣料拝領記」（高田専修寺蔵）
図28　顕智上人筆付箋紙（高田専修寺蔵）　『影印　高田古典』第四巻（真宗高田派教学院、二〇〇二年）より転載
図29　顕智上人御遺骨包紙（高田専修寺蔵）
図30　『三河念仏相承日記』（岡崎市東泉寺蔵）　写真・同朋大学仏教文化研究所提供
図31　御神体の虚空蔵菩薩立像（真岡市三宮神社蔵）
図32　紺地十字名号（高田専修寺蔵）
図33　「親鸞聖人絵伝」高田建立の段（高田専修寺蔵）
図34　「高田山専修寺絵図」（享保三年・栃木県専修寺蔵）
図35　真仏上人像胎内納入修理記録（栃木県専修寺蔵）
図36　栃木県専修寺如来堂現状平面図　『親鸞聖人根本道場　専修寺』より転載

図37　木造釈迦涅槃像（栃木県専修寺蔵）　『親鸞聖人根本道場　専修寺』より転載
図38　「一身田御略絵図」（宝暦十二年ごろ・高田専修寺蔵）
図39　「一身田惣絵図」（寛政四年・高田専修寺蔵）
図40　昭和三十年ごろの一身田環壕（南側）　『図説　津・久居の歴史』上（郷土出版、一九九四年）より転載
図41　万治元年の検地帳による専修寺への寄進地（窪田村）ともとからの一身田村　著者作成図
図42　一身田付近の中世古道（推定）と江戸時代の街道　網野善彦・石井進編『中世の風景を読む』第三巻「境界と郁に生きる人々」新人物往来社、一九九五年）より転載
図43　伝翁面（室町時代・津市一御田神社蔵）　『図説　津・久居の歴史』上より転載
図44　厚源寺第六世元誓の『要文集』に書写されている「厚源寺玄祐申状」（津市厚源寺蔵）　写真・金信昌樹提供
図45　「長野尹藤条々書」（高田専修寺蔵）
図46　明治八年の地籍図とその小字名による条里制地割と、寺内町との関係　著者作成図
図47　「坂本妙林院番帳」（『専修寺文書』第四九号。高田専修寺蔵）
図48　真慧関係地名図（伊勢国）　著者作成図
図49　真慧筆　野袈裟（津市久善寺蔵）
図50　無題（経釈要文。高田専修寺蔵）　『高田学報』第五六輯（一九六六年）より転載
図51　無題（経釈要文。津市近縁寺蔵）　『高田学報』第五六輯より転載
図52　堯秀上人像（高田専修寺蔵）
図53　堯円上人像（高田専修寺蔵）
図54　堯円上人御筆跡（津市明覚寺蔵）　『高田学報』第五六輯より転載
図55　如来堂軒丸瓦（高田専修寺蔵）
図56　如来堂軒裏の複雑な構造（扇垂木と詰組斗拱）　写真・金信昌樹提供

図57　三重郡廿八日大講宛円猷上人御書　自筆部分（四日市市三重大講蔵）　『教学院紀要』第一一号（二〇〇三年）より転載

図58　洞津女人講宛円猷上人御書　末尾（津市上宮寺蔵）　『教学院紀要』第一一号より転載

図59　三重郡廿八日講宛堯秀上人御書（四日市市上品寺蔵）　『教学院紀要』第一一号より転載

図60　昭和三年四月二十五日、新法主（堯祺上人）御得度祝賀行事として行われた一身田青年団による「かんこ踊」（常磐井家所蔵写真帖より）

図61　三日市「おんない念仏」の傘鉾

註　出典記載がないものは、すべて専修寺提供の写真である。

写真キャプションの表記（尊称の有無、「重文」「重美」など）は、初出論文に準じた。

解説

はじめに

平成二十五年（二〇一三）に亡くなられた平松令三先生は、生前、三冊の論文集を刊行された。『親鸞真蹟の研究』（法藏館、一九八八年）、『真宗史論攷』（同朋舎出版、一九八八年）、『親鸞の生涯と思想』（吉川弘文館、二〇〇五年）の三冊である。この平松令三遺稿論文集全二巻は、これら三冊に収録されなかった親鸞・真宗史に関する論文のうち、重要と考えられるものをまとめたものである。この第一巻は『親鸞の生涯と高田門徒の展開』と題し、関連する論考を収めた。

第一部　親鸞の生涯をめぐって

巻頭に配置した第一章「親鸞の生涯」は、親鸞の七五〇回忌を目前に控え、真宗十派で組織される真宗教団連合編として『親鸞』が刊行された際、劈頭を飾った論文である。先生はすでに『親鸞』〈歴史文化ライブラリー37〉

（吉川弘文館、一九九八年）を上梓しておられるが、この「親鸞の生涯」は、凝縮された分量でありながら、考察をさらに深められ、新見解も随所にちりばめられたものとなっている。特に、親鸞は善光寺勧進聖であったという年来の持論に関する補強は注目される。例えば、親鸞が関東に向かったことについて「自主的発意ではなく、親鸞の所属した善光寺勧進聖が関東へ向かったから、それに随行した偶然的なもの」との意見が述べられている。また、親鸞が関東を離れるに至った理由についても善光寺勧進聖との関係から説明され、真仏や顕智といった勧進聖の後継者が育ったことで「親鸞の関東での仕事は一段落したので、京都へ帰ることになった」と記されている。

以下、親鸞の生涯に関する各論を三本集めた。親鸞の生涯で大きな転換点となったのは六角堂の夢想であることは言うまでもない。しかしながらこの夢想は、『親鸞伝絵』諸本の成立とも関連して複雑な様相を呈しており、前掲した単著『親鸞』（吉川弘文館）でも相当数のページを割いて詳細に論述されている。第二章「親鸞の六角堂夢想について」では、前半で、親鸞が六角堂に参籠した事情に関して、聖覚が介在していた可能性が指摘される。後半は、夢告の偈文についての考察である。「廟窟偈」説を退け、次いで「行者宿報」であるとする赤松俊秀説を検証して、それを修正する見解が提示されている。覚如は『親鸞伝絵』初稿を書いた当初は、親鸞が吉水に入室した詳しい事情を知らず、また六角堂での夢想を「建仁三年辛酉」としたのは年表を見間違えたか、年表自体が誤っていたかのいずれかであるという。そして、徳治二年（一三〇七）覚如が恵信尼の消息に接した時には、すでに示現の文を記した紙片は失われていた可能性が高い旨が述べられる。その場合、親鸞は六角堂に二度参籠したとも解釈できるから、覚如は『親鸞伝絵』を改訂する際、吉水入室段と六角夢想段の順序を入れ替えなかったのではないか、と論じられている。

いわゆる承元の法難に関して、親鸞が『教行信証』化身土巻の後序で、朝廷に対して激しい怒りを表明しているのは周知の通りである。ところが『高僧和讃』源空讃では、その念仏弾圧を主導したと考えられる後鳥羽上皇が法然のことを尊敬したと記されている。第三章「後鳥羽院と親鸞」は、このような矛盾した記載がなされたのはなぜなのかという問題意識から端を発して、親鸞の後鳥羽院に対する意識の変化を探っている。後鳥羽院の隠岐配流は、人々に同情心を抱かせるとともに、怨霊となることへの畏怖の念を生じさせたという。親鸞は帰洛後そのような市民感情を知って、念仏弾圧を以前と変わらず憎む一方で、人々と同様配流については同情の想いを持った。そこで大衆教化のための和讃では、後鳥羽院も念仏の帰依者であったと詠って、「大衆の姿勢に順応する方向をとったのではあるまいか」と述べられる。親鸞の複雑な心中を読み解こうとした論考である。

親鸞晩年の重大事件である善鸞義絶状に関しては、先生は三本の論文を発表しておられる。「親鸞の慈信房義絶状について」（初出一九六三年。のち『親鸞真蹟の研究』に収載）、「善鸞義絶状の真偽について」（初出一九八八年）、そして「善鸞義絶事件の再検討」（初出二〇〇三年。のち「善鸞義絶事件の根本的再検討」と改題して『親鸞の生涯と思想』に収載）の三本である。このうち「善鸞義絶状の真偽について」のみ単著に収載されていないので、第四章として本書に収めた。本願寺派『宗報』に載せられた善鸞義絶状偽作説に対する反論を皮切りに、義絶状の信憑性が論証され、義絶状は公開された文書であったことが強調されている。

第二部　初期真宗教団と真仏・顕智

第二部には、初期真宗教団に関するものを収めた。第一章「初期真宗教団の展開をめぐる諸学説」は、『親鸞大系』歴史篇第六巻「教団の展開」に付された解説である。『親鸞大系』の編集に当たって、先生は歴史篇第五巻

「教団の成立」と第六巻を担当された。第五巻の解説は「草創期の親鸞教団をめぐる諸学説」と改題されて『親鸞の生涯と思想』に収められているが、これと対をなす第六巻の解説は単著に収載されていなかった。そこで今回、『親鸞の生涯と思想』の例に倣って「初期真宗教団の展開をめぐる諸学説」とタイトルを変更して収載したものである。文中で言及された文献の一覧を編者で作成して文末に付した。

平成六年（一九九四）、真宗高田派に教学院が設置され、先生はその第六部会（のち、組織改編に伴い第四部会）の主任として活躍された。その主な研究成果は『影印高田古典』として公にされ、今までに六巻が刊行されている（真宗高田派宗務院発行）。第一巻は「真仏上人集」で、解説の冒頭に先生の「真仏上人の生涯」が置かれている。これを第二章とした。真仏伝に関しては、早く昭和三十九年（一九六四）の『高田学報』第五三輯に「高田の歴史ガイド（第二回）真仏上人伝の問題点」が書かれているが、本稿はその後の研究の進展も踏まえ、短文ながら最新の知見に基づく真仏の伝記が記されている。

次の第三章「真仏上人の筆跡」には、長らく親鸞の筆跡と混同されてきた時代から真仏の筆跡が見出され、研究が進んできた様子が語られる。そして現在のところ、『影印高田古典』第一巻に収載された十一点のほか、『教行信証』（専修寺本）、「三帖和讃」（国宝本）、『西方指南抄』（直弟本。『影印高田古典』第五巻・第六巻に収載）に真仏の筆跡が含まれているとの見解が述べられている。『影印高田古典』第一巻には先生の解説としてほかに「六角堂夢想偈文」があるが、『親鸞真蹟の研究』に収められた「浄肉文と六角堂夢想偈文」が〔補記〕も追加されて委曲を尽しているので、本書には収載しなかった。

第四章「顕智上人の生涯」は、『影印高田古典』第二巻「顕智上人集　上」に掲載された論文である。顕智は「聖」として各地を遍歴する念仏僧であったこと、とりわけ京都には再三上洛して親鸞のもとを訪れ、また親鸞没後は大谷廟堂の建立や運営にも関与したことなどが述べられている。『影印高田古典』の「顕智上人集」には、先生はほかに第三巻に「親鸞聖人の〝五巻書〟をめぐって」、そして第四巻に「顕智上人自筆記録および上人御遺骨包紙」と「顕智上人略年譜」を執筆しておられる。「親鸞聖人の〝五巻書〟をめぐって」は、『親鸞の生涯と思想』に「親鸞消息の相承と回覧と集成と」と改題されて収載されている。「顕智上人自筆記録および上人御遺骨包紙」に関しては、先行する論文として「親鸞聖人及歴代上人の御遺骨について」（初出一九六四年。のち『真宗史論攷』に収載）がある。

『三河念仏相承日記』は、初期真宗の実態を知ることができる文献として貴重である。従来、愛知県岡崎市上宮寺に伝わった江戸時代の写本しか知られていなかったが、同じ岡崎市の東泉寺にも写本が所蔵されていることが明らかになり、「新発見の古写本『三河念仏相承日記』」として写真版で全容が公開されたものである。東泉寺本は南北朝の筆致と認められ、貞治三年（一三六四）に著されたものとされる。この発見によって『三河念仏相承日記』の史料的な価値はさらに高まったと言える。これを第五章として収載した。なお、東泉寺本の活字による翻刻は、『大系真宗史料』文書記録編第一巻「初期教団」（法藏館、二〇二〇年）、『浄土真宗聖典全書』六「補遺篇」（本願寺出版社、二〇一九年）に収載されている。

第三部　下野国高田から伊勢国一身田へ――真宗高田派の展開――

第三部には、中世から近世に至る高田派に関する論考を集めた。真宗史の研究は、研究者が東西本願寺系に多いことから、研究対象がどうしても本願寺中心になりがちであった。そうした中、高田本山専修寺の門前に住まわれた先生の高田派に関する諸論考は、貴重な研究成果として学界に寄与するところが大きい。

下野国高田（栃木県真岡市高田）に所在するもとからの専修寺を「本寺」と呼んでいる。第一章「下野国高田山専修寺史考」は、その「本寺」の歴史を考察した論文である。専修寺の草創に関しては「高田山草創伝説を分析する」（初出一九九九年。のち『親鸞の生涯と思想』に収載）があるが、本稿はそれより十年前に発表されたもので、草創期の状況のみならず、近世に至る歴史や建造物に関する考察にまで筆が進められている。

専修寺は、やがて本山機能を伊勢国一身田（三重県津市一身田町）に移すことになる。第二章「寺内町一身田」では、その集落の変容が論じられている。一身田は十五世紀に入ったころには惣村的自治が行われていたが、その村人と真慧の直参衆らが協力して堂宇（無量寿寺または無量寿院と呼ばれた）を建立し、真慧を招致したことで、寺内町へと変貌することになったという。そして、このような一身田の変貌の過程は、寺内町の成立について従来考えられていた類型には当てはまらず、真慧の「無縁性・公界性」が、滞在する一身田にも及び、ここから寺内町への道を歩き始めた、と論じられる。なお、「一身田」は「いっしんでん」と「いしんでん」の二種の読み方があるが、当地に生まれ育った先生は「いっしんでん」と読む、と主張しておられた。このため本書では「いっしんでん」とルビを打った（ただし、ルビの拗促音を小書きにしないという法藏館の編集方針により、本書のルビ表記は「いつしんでん」となっている）。

真慧は永享六年（一四三四）から永正九年（一五一二）に生きた人で、ほぼ同時代の本願寺第八世蓮如が「本願寺中興の祖」と言われるのに対して、「高田中興」と称される。両者は交流があったことから、対比して論じられることがあり、先生も「高田専修寺真慧と本願寺蓮如」（初出一九八五年。のち『真宗史論攷』に収載）という論文を発表されている。第三章として収めた「専修寺真慧の教化について」は、真慧の出自の問題から北陸や伊勢国での活動の諸相、「野袈裟」という簡易葬具を創案したことなど、真慧の総合的な研究となっている。文中には、「一身田専修寺の成立について」（初出一九六九年。のち『真宗史論攷』に収載）で示された一身田無量寿寺の成立時期の見解に関する補正も記されている。参考までに、昭和三十九年（一九六四）に発行された『高田学報』第五二輯では真慧の特集が組まれ、先生はこの時「真恵《（ママ）》上人年譜」を作成しておられる。

第四章「堯秀・堯円両上人の御事績とその背景」は、近世初頭の高田派法主である堯秀と堯円の二人について論じたものである。堯秀は、元和五年（一六一九）堯真の後を受けて、高田派第十四世を継いだ。寛永十八年（一六四一）、六十歳で堯朝に職を譲って隠居したが、正保三年（一六四六）その堯朝が没したので、再び法主となった。堯円は、承応三年（一六五四）に十四歳で第十六世を継職して以降、宝永七年（一七一〇）に七十歳で隠居するまで、五十六年の長きにわたって高田派法主として活躍した。本論文はのちに『論集　高田教学』に収載され、その際に先生みずから「解題と補記」を書いておられる。初出時の見解についていくつかの修正が記されており、重要と考えたため、本書にも付載した。『論集　高田教学』の収載時には初出にあった最終節「堯円上人の遺品」が省略されたが、本書では初出通りの体裁とした。

第五章「円猷上人御事績の歴史的意義」は、堯円の跡を継いで高田派第十七世となった円猷の事績を追った論考である。在任中最大の事績は如来堂の建立で、一光三尊仏の出開帳はその募財が目的であったとされる。円猷に関係する講は多く、それらに発給した『御書』は独特の形式を持ったものであり、これが高田派『御書』の定型となっていったことが述べられている。

第三部の最後に第六章として「「かんこ踊」と「おんない念仏」——顕智上人の濡れ衣を晴らす——」を収載した。原題は「顕智上人の濡れ衣を晴らす」であったが、タイトルを変更した。この論文は、伊勢国内の農村で広く行われている「かんこ踊」と、三重県鈴鹿市三日市で毎年八月四日の夜に行われる「おんない念仏」(三重県指定無形民俗文化財)について論じたものである。従来、前者は踊念仏の影響が高田派に及んでいる証左と説かれ、後者は顕智とその門弟善然が大念仏的な教化を行っていた名残とされてきたが、これらに対する反論が述べられている。「かんこ踊」が昭和三年(一九二八)に専修寺境内で行われたのは新法主得度に際しての単なる芸能奉納であり、「おんない念仏」は「かんこ踊」とは関係がなく、顕智の命日に際して行われた追悼行事であると結論付けられる。そして、真仏・顕智には大念仏のような呪術的念仏信仰はなかったと説かれている。

おわりに

文中でも述べたように、先生は三重県津市一身田、高田本山専修寺の門前に生を受け、そこに住まわれて、九十歳近くに至ってもなお研究を続けられた。専修寺の宝物館主幹も長らく務められ、収蔵される良質な史料を駆使しての研究は、先生の独壇場であった。先生にとって親鸞ならびに高田派の研究は、いわばライフワークの一つだったと言えるであろう。本書によって、そうした先生の研究の一端を窺っていただければ幸いである。

平成二十九年(二〇一七)十一月二十八日、高田本山専修寺の御影堂と如来堂が国宝に指定された。先生は生前、専修寺の建物も国宝指定を受けることを待ち望んでおられた。ところが専修寺の場合、御影堂の再建と如来堂の建立の間には八十年程の間隔がある。一般的に見て、成立時期の異なる建造物が同時に国宝指定を受けることは難しいと考えられるが、先生は、専修寺は両堂揃ってこそ意義があるので揃って指定されるべきだと語っておられた。先生がご存命であったら、このたびの国宝指定をさぞ喜ばれたに違いない。

その高田本山に関する先生の業績として、蛇足ながらもう一つ挙げるとすれば、責任編集された『高田本山の法義と歴史』（同朋舎出版、一九九一年）がある。専修寺の伽藍から本尊・名号、そして宝物に至るまで図版篇の解説をすべて書かれ、本文篇には「歴史の部　前篇」として、真慧までの高田派の歴史を通覧した文章も掲載されている。

（文責　山田雅教）

平松令三（ひらまつ　れいぞう）

1919年、三重県に生まれる。1941年、京都帝国大学文学部史学科卒業。三重県一身田郵便局長、真宗高田派本山専修寺宝物館主幹、三重県文化財専門委員、龍谷大学文学部教授、真宗連合学会理事長、三重県史編纂専門委員などを歴任。2013年、逝去。
主な著書は、『親鸞真蹟の研究』（法藏館、1988年）、『真宗史論攷』（同朋舎出版、1988年）、『聖典セミナー　親鸞聖人絵伝』（本願寺出版社、1997年）、『親鸞』〈歴史文化ライブラリー37〉（吉川弘文館、1998年）、『親鸞の生涯と思想』（吉川弘文館、2005年）など多数。

平松令三遺稿論文集1
親鸞の生涯と高田門徒の展開

二〇二四年一一月二〇日　初版第一刷発行

著　者　平松令三
発行者　西村明高
発行所　株式会社　法藏館
京都市下京区正面通烏丸東入
郵便番号　六〇〇-八一五三
電話　〇七五-三四三-〇〇三〇（編集）
〇七五-三四三-五六五六（営業）

装幀　野田和浩
印刷・製本　中村印刷株式会社

ISBN978-4-8318-8761-0 C3015